闽南师范大学学术著作出版专项经费资助

理念·定位·目标

中小学办学思想凝练

杨小玲 著

中国轻工业出版社

图书在版编目（CIP）数据

理念·定位·目标：中小学办学思想凝练 / 杨小玲著. -- 北京：中国轻工业出版社，2025. 4. --ISBN 978-7-5184-5237-8

Ⅰ. G637

中国国家版本馆 CIP 数据核字第 202414Y9F8 号

责任编辑：张文佳　　责任终审：高惠京

文字编辑：姜瑞雪　　责任校对：吴大朋　　封面设计：锋尚设计

策划编辑：张文佳　　版式设计：砚祥志远　　责任监印：张　可

出版发行：中国轻工业出版社（北京鲁谷东街 5 号，邮编：100040）

印　　刷：北京君升印刷有限公司

经　　销：各地新华书店

版　　次：2025 年 4 月第 1 版第 1 次印刷

开　　本：710×1000　1/16　印张：13. 5

字　　数：260 千字

书　　号：ISBN 978-7-5184-5237-8　定价：48. 00 元

邮购电话：010-85119873

发行电话：010-85119832　010-85119912

网　　址：http: //www. chlip. com. cn

Email: club@ chlip. com. cn

如发现图书残缺请与我社邮购联系调换

230484Y1X101HBW

前　言

在当前追求基础教育优质均衡的背景之下，办学思想作为确保学校优质发展的关键，其不仅关乎学校的发展方向，也直接影响到基础教育质量的提升。然而，在当前国内教育环境中，不少中小学校面临着办学思想的缺位、同质化和浅表化、办学思想与办学行为相脱节等问题。另外，目前关于办学思想的理论研究显得不够深入与系统，这无疑加剧了上述问题的复杂性。因此，深入研究办学思想，不仅能够丰富学校管理与发展的理论基础，还能显著提高中小学的顶层设计水平，为校长的专业成长、教育家办学等提供坚实的理论支持。

在中小学管理领域，与办学思想紧密相关的概念众多，形成一种“概念丛林”的现象。这使得中小学校长在理解办学思想内涵时陷入困惑，同时也导致了概念误用情况的出现。通过对这些迷思概念的详细梳理和分析，并借鉴西方著名教育哲学家罗宾·巴罗（Robin Barrow）的分析框架，本书明确地将“办学理念、发展定位和育人目标”界定为办学思想的核心组成部分。这三个要素分别代表学校管理者对“好教育”“好学校”“好学生”的追求与期待。其中，办学理念作为办学思想的灵魂，是对学校存在的意义和价值的深层思考，它体现了对优质教育的向往，其提出必须建立在坚实的理论基础之上。针对当前中小学办学理念普遍存在的问题，提出办学理念提炼的基本途径，并总结出四项表述办学理念的基本要求：整合思维，突出个性；寓意深刻，情理兼容；诠释清晰，简洁明了；朗朗上口，易于传诵。发展定位则是对学校发展愿景和理想状态的定位，实质上是对理想学校的期盼。针对目前中小学在发展定位中存在“模糊不清、盲目攀高和缺乏个性”的问题，提出了把握发展定位的四种策略，并概括了三项发展定位表述的基本要求：要素齐全、言简意赅；立足实际，量时度力；有所侧重，言能践行。育人目标则是对理想学生形象的追求，它在办学思想体系中占据重要地位。针对中小学育人目标存在的问题，提出了优秀学生的素质要求，并提出确立育人目标需要遵循的四大原则：全面发展与个性张扬相协调、需求性与适应性相结合；层次性与可测性相结合；简洁性和清晰性相结合。

办学思想的实施与践行，需要学校共同体成员的共同努力。无论是办学理念的提炼、发展定位的把握，还是育人目标的确立，校长都起着相当重要的作用，但它又并非仅仅依靠校长一己之力就可以实现，它需要全体学校共同体成员的协作与努力。因此，将学校共同体成员视为办学思想的实践主体，并明确他们在办学思想形成与践行过程中的角色，对于确保办学思想的顺利形成与落实，切实有效地促进和引领学校的发展至关重要。

综观全书内容，其主要贡献在于：规范和论证了办学思想的核心要素，并提出将学校共同体视为办学思想形成和践行的主体，从而促进国内外研究者在相同的语境中进行交流和对话，以推动优质学校的建设。此外，本书从理据、路径、注意事项等对办学思想的三个核心构成进行系统的探讨，并在借鉴相关资料的基础上，设计了凝练、践行和更新办学理念的量表，为中小学办学思想的凝练与践行提供了宝贵的建议。

作者

目　录

绪 论

当前社会正处于一个关键的转型期，这一转型不仅引起经济结构的根本性变革，而且也导致教育基础发生了结构性的变化，具体包括：第一，知识基础的变化；第二，学校地位基础的变化；第三，学校秩序基础的变化；第四，学生动机基础的变化。[1] 面对这些挑战，“教育必须不停地审视社会对其提出的具体要求，并采取对策，而不是继续传播过时的技能和信息。”[2] 学校，作为实现教育改革理想的关键节点，必须深入思考如何进行必要的变革，以适应日益激烈的竞争和不断变化的外部环境，确保学校的持续和高质量发展。这意味着，面对教育基础的结构性变化，学校的管理者和教育者必须积极响应社会对教育所提出的新要求，及时更新知识、信息和技能，采取恰当的策略，以确保所培养出来的人才满足当前社会的需求。简而言之，想提升学校的办学质量，学校管理者和教育者必须认真审视这些变化，并实施相应的教育教学改革。

在这样的时代背景下，为了探索学校成功办学的关键，世界各国纷纷开展了多样的教育改革和学校重建运动，旨在提高教育系统的效能。换句话说，世界各国政府和民众都期盼能够创建出优质学校，为学生提供高质量的教育，培养出优秀的学生。在我国，随着义务教育的普及，人民的教育需求已从“有学上”转变为“上好学”。满足人民对接受优质教育的需求，解决优质教育资源相对不足和分布不均的问题，成为我国当前义务教育面临的主要任务。因而，《中共中央国务院关于深化教育教学改革全面提高义务教育质量的意见》《教育部等八部门关于进一步激发中小学办学活力的若干意见》等政策文件相继提出要促进优质学校成长，不断扩大优质教育资源。至今，我国已经创建了众多的优质学校，学校的办学活力不断增强。然而，从目前所创建的优质学校来说，仍存在一些亟待解决的问题。

---

[1] 藤田英电．走出教育改革的误区［M］．张琼华，许敏，译，北京：人民教育出版社，2001：序1.

[2] 约格什·阿塔尔．变化背景下的教育：新的社会功能［J］．教育展望，2002（1）：11-21.

一、优质学校创建中存在的问题

自20世纪80年代初期以来，我国启动了优质学校的建设工程，旨在从最初的确保“有学上”逐步转变为追求“上好学”。在这一过程中，优质学校的建设策略主要依赖于“数量扩张”和“外延式发展”。这种策略在当时具有合理性和必然性。然而，随着“上好学”成为广大民众的核心教育需求，优质学校建设便面临着规模扩张与内涵式发展之间的双重挑战。

（一）“资源—规模”驱动效应逐渐减弱

我国优质学校建设之初，最为迫切的挑战是教育资源不足。为此，国家采取了政策扶持和资源倾斜策略，以集中有限的教育资源，短期内提升部分学校的办学质量。然而，正如詹姆斯·科尔曼在《科尔曼报告》中所指出，通过大量数据分析发现，学校的物质条件和管理方式对学生学习成效的影响十分有限，真正决定学生学习效果的是学校的学习氛围和教师及学生自身的素质。因此，优质学校的持续发展不应依靠外部拉动，而必须着力解决学校内在动力的问题。换句话说，单纯增加教育资源的投入和扩大优质学校的规模，已经无法满足当前义务教育的发展需求，即“资源—规模”带来的驱动效应正在逐渐减弱。

（二）“特色—优势”亮点效应迅速内卷

学校特色的建设不仅是学校个性化的体现，也是提升学校办学水平的重要手段和优质学校建设的关键策略。通过建设学校特色，可以增强学校内部的办学活力，避免学校之间的同质化。然而，在当前中小学校特色化建设过程中，却出现了一些学校不愿继承原有特色或忽视校情，简单模仿或拼接名校做法的现象，这与优质学校建设的初衷严重背离。这一问题主要表现在以下三个方面：首先，部分学校在确定学校特色时，缺乏对自身校情的深入了解和对学校文化底蕴的挖掘，往往依赖于外部专家的意见或建议，或是简单模仿其他学校的做法。其次，一些学校在特色化建设中表现出明显的同质化趋势，缺乏创新和独特性。也就是说，虽然学校有进行特色化学校建设，但是从其学校开设的课程内容来看，缺乏一体化的脉络且日趋同质化。最后，学校特色化建设过程中师生主体的缺位。师生是学校特色化建设的参与者和受益者，然而，在学校特色化建设过程中，往往忽视了教师的实际需求和学生的个性化需求，导致学校特色化建设形式大于内容，难以维持其创造性和独特性。

（三）“思想—内涵”引领效应减弱

办学思想是学校的灵魂，对于学校发展起着决定性作用。为了确保办学思想引领作用的发挥，必须将其落实到学校的办学实践之中。换言之，学校办学者需要将办学思想落实到课程、教学、管理等方面，使办学思想转化为全体师生的共同价值观和自觉行动，从而发挥其引领学校发展的作用。然而，观察当前中小学优质学校的实际情况，不难发现“思想—内涵”引领效应正逐渐减弱，这一现象主要体现在两个方面：第一，存在忽视办学思想更新的现象。办学思想应当反映时代主流精神和客观社会需求，并随着时代发展、学校实际和所处社会环境的变化而进行相应的调整和更新。实践证明，那些发展迅速、效益显著的学校，与其办学思想能及时更新是密切相关的。然而，目前不少优质学校仍停留在原有办学思想所取得的办学成就之中，未能根据学校实际情况对办学思想进行适时更新和调整。第二，由于学校教师、学生的流动性，学校原有的办学思想难免与教师的经验、认知存在偏差。如果缺乏教师对办学思想的认同，特别是当教师难以接受办学思想，甚至产生抵制情绪时，那么教师在日常的教育教学活动中就难以自然而然地践行学校的办学思想。[1]

二、办学思想有助于新优质学校建设

在当前推动教育高质量发展的时代背景之下，优质学校建设已进入一个新的发展阶段。那么，只有厘清新优质学校的特性，才能够针对性地解决在新优质学校建设过程中遇到的挑战。余文森教授强调，新型优质学校的建设不再单纯依赖于优质资源的配置，而是依托于学校的内发动力。具体而言，学校内部具有较强的自我生长的潜力和需求，它是学校追求优质发展最重要的元素；学校是一个开放系统，能够在保持自身特色发展的同时，与外部环境发生积极的资源交换，既确保自身特色发展又能与时代潮流相融合；学校配备了支持学校自主发展的配套系统，确保学校的可持续成长。

结合新优质学校的特质，中小学办学者应当如何做才能够应对在创建新优质学校过程中遇到的问题？许多学者和研究者均提出，关键在于提炼和践行办学思想，以此引领学校的全面变革，实现新优质学校建设。余文森教授指出，新时代的优质学校是一个能够自我生长的生命系统，通过提炼、论证和落实办学主张是建设新型优质学校的重要途径。他还强调办学主张不同于办学理念，它包含学校对“办什么学校、做什么教育、培养什么人”的清晰定位，是以校长的办学思想为统领，引导和推动学校面向新型优质学校。[2] 黄炜也提到，一个好的办学理念能够有效地凝聚共识，让全体师生实现同频共振，构建共同愿景，并确立出合适的育人目标。换言之，优质学校之所以优质，就在于学校能够凝练出科学合理的办学思想，走学校内涵发展的道路。学校的办学思想源于办学实践中对办学育人的深入探索和思考，是在历任校长的引领下，学校长期办学实践经验的智慧结晶，是学校改革的指南针，具有定向、定位的双重功能，同时也是推动学校成长系统的主要内驱力。因此，通过办学思想的凝练与践行，能够有效地解决当前新优质学校建设面临的困境。[3]

---

[1] 王天平，等．新时代义务教育优质学校建设的困境与路径［J］．教育科学研究，2023（01）：57-63.

[2] 余文森，等．以提炼办学主张引领新型优质学校建设［J］．中小学管理，2023（01）：36-39.

[3] 黄炜．以办学理念引领学校整体变革的校本探索［J］．中小学管理，2023（11）：38-40.

三、中小学办学思想存在的问题

鉴于办学思想在引领优质学校建设中的关键作用，对当前中小学办学思想的详细了解变得尤为关键。经过对中小学的学校发展规划文本、学校简介以及教育文献等多方面资料的深入研究，可以较为系统地了解中小学办学思想的实际情况。然而，在研究的过程中，发现当前中小学办学思想存在两个比较显著的问题：一是办学思想的同质化、表浅化趋势；二是办学思想与办学行为之间相脱节。

（一）办学思想存在同质化、表浅化趋势

通过调研发现：许多中小学的办学思想似乎如出一辙，呈现出同质化、表浅化的情况，以至于一些学者用“千校一面、万人同语”来描述这种状况。造成这种情况的原因是复杂多元的，有历史、政治、经济、文化等外部因素，但是，中小学的办学思想缺乏个性却是最为关键的因素。

中小学办学思想同质化现象，最为明显的是不少中小学倾向于“照搬”其他学校的办学理念，导致办学理念出现趋同化。例如，2012 年湖南省教育督导室对长沙 21 所省级示范性高中的评估报告提到，在这些受评估学校中，以“为学生奠基”作为办学理念的学校有 5 所，以“以人为本”或“以学生为本”作为办学理念的学校有 7 所。[1] 可见，这些示范性高中的办学理念存在明显的趋同化。此外，通过浏览各个学校的网站、教育局网站等，对我国中小学的办学思想进行抽样调查。抽样调查的范围为：全国 22 个省的省会城市（港澳台除外）、4 个直辖市、5 个自治区的小学，依托中国教育在线的学校黄页，随机选择每个省份的 8 所学校作为调查对象，合计 248 所学校。统计结果表明，中小学办学思想的趋同化现象确实普遍存在，很多中小学以“和谐”或“以人为本”作为学校的办学思想。其中，有 53 所中小学的学校办学思想和“和谐”有关；有 47 所中小学的办学思想和“育人为本”“人文精神”或“以人为本”有关；有 54 所中小学提出的发展定位是“创办人民满意的学校”或“创办一流的名校”；有 46 所中小学提出的办学理念是“以德治校，特色立校，质量强校，科研兴校”。中小学以这些内容作为办学思想，反映了中小学对国家教育指导思想和方针的贯彻与落实。但是，这样的办学思想表述往往缺乏深度和学校特色，只是对国家方针、政策的简单移植或表面化解读，拿到其他学校照样适用。

中小学办学思想的表浅化亦是一大问题。以办学理念为例，部分中小学在阐述办学理念时，会将某一特色作为学校的办学理念。例如，某一所学校的特色是棋类教育，学校提出的办学理念是“以棋育德、棋益智、棋养性、棋交友”或“以棋立德、以棋促学、以棋养能”；又如，另一所学校的特色是乒乓球教育，

[1] 阳锡叶．高中办学理念何以如此趋同［N］．中国教育报，2013-04-12. 第 001 版．

学校提出“以乒乓特色兴校、用国球精神育人”的办学理念。[1] 这样的办学理念不能说它是错误的，但是以某一项特色项目为办学理念的表述，显得过于狭窄和局限；难以全面反映学生德智体美劳的全面发展需求。因此，为了避免这种“以点带面”的肤浅化表达，学校必须在理论层面深入地开展办学思想的研究。

（二）办学思想与办学行为之间相脱节

在当前中小学的办学实践中，存在办学思想与办学行为之间显著脱节的现象。正如拉尔夫·瓦尔多·爱默生（Ralph Waldo Emerson）所说：“没有行动，思想永远不会成熟而变为真理。”[2] 这一观点同样适用于办学思想：若是缺乏相应的办学实践行为，办学思想将永远停留在理论层面，无法成为指导学校发展的实际力量。就目前情况来看，尽管不少中小学明确提出本校的办学思想，但在将这些办学思想转化为具体办学实践的过程中，存在明显的短板，主要体现在以下三个方面。

1. 办学思想缺位，无法有效引领办学行为

在一些中小学中，存在这样的现象，即认为国家层面上已经有办学方面的指导，对办学思想进行进一步的概括或提炼似乎显得多余。这就导致了这些学校在办学思想方面出现了空白。面对不断变化的社会环境，这些学校要么盲目照搬、跟风；要么被动地依照行政命令办学，导致学校工作缺乏统一的指导和协调，不利于学校的深层次发展。然而，在某些情况下，尽管学校没有明确提出办学思想，但是在学校的办学行为中，却有一股无形力量的引导，使得全校师生能够共同努力，取得较好的办学成果。这种无形的力量，往往源自师生共同的信念，是学校在长期办学实践中积淀的教育经验。因此，学校有必要对这些宝贵的教育实践经验加以概括和提炼，使它明晰化。

2. 办学思想前后冲突，难以践行

目前中小学的办学思想存在互相矛盾或前后冲突的情况。这种情况的出现，主要在于办学思想有很多的伙伴概念，例如，办学理念、办学宗旨、学校精神、学校核心价值观等，属于一种“概念丛林”[3]现象。这些术语，含义上有所不同，但其内在指向是一致的。然而，实际情况是，不少中小学在表述学校的办学理念时，和学校宗旨或学校精神等的表述内容不仅不同步，甚至出现相互冲突的情况。概念的混乱以及内容的冲突，不仅令学校教职员工感到迷茫，也使得在践行学校办学思想的过程中变得困难重重。在一些中小学的办学文本中，存在着多种不同办学思想的陈述。这种情况的出现，主要是在学校发展过程中，不可避免会出现校长的更替，而历任校长会依据学校的不同发展阶段和需求，对办学思想做出不同的诠释和更新。然而，未经过梳理就把历任校长的办学思想并列在办学

[1] 郑如法．当前办学理念的常见问题［J］．教学与管理，2009（1）：17-18.

[2] 王正平．世界人生名言大辞典［M］．北京：华夏出版社，1993：738.

[3] 石中英．穿越教育概念的丛林［J］．北京教育（普教版），2017（6）：20-21.

文本中，显然是不恰当的。现任校长要做的是对这些办学思想进行仔细的梳理和整合，而非简单地将所有办学思想都呈现在办学文本之中。在梳理和反思的过程中，学校需要明确认识到办学思想作为学校的教育价值取向和追求，应保持一定的连贯性和稳定性。避免频繁更换或出现前后不一致，相互矛盾的情况，否则会造成学校发展的停滞或者陷入困境。

3. *办学思想与办学行为的“名实相悖”*

在当前教育实践中，一些中小学虽然明确提出学校的办学思想，并将之公开宣传，但是在办学行为上却未能真正地以此作为学校指导思想，仅仅将办学思想作为一种理论上的奢侈品，当作墙上或者纸上的文本“供奉”起来。这种“名实相悖”的现象主要由两个方面的原因造成：一方面是学校原有办学思想可能存在缺陷，不适合校情，导致办学思想在落地过程中，学校各部分的执行力度不足所致。若办学思想未能转化为具体行动，其实质上仅仅停留在空想的层面。另一方面是学校在表达办学思想时，有时会倾向于“照搬”某种政策、口号或模式。虽然这些口号和模式本身可能并无错误，但若未根据学校的实际情况进行适当的调整，全体教职工便难以形成共识，更难以在实际工作中有效地践行办学思想。

此外，一些中小学尽管拥有先进的办学思想，但其办学行为与所宣扬的办学思想不符，甚至采用完全不同的思想指导实际的办学行为。例如，有的学校忽视自身的优势和条件，盲目追赶潮流，简单复制其他成功学校的办学思想，而未经过调整的办学思想难以在实际中生根发芽，造成了思想与实践之间的不一致。以当前流行的“创新教育”为例，一些学校在未深入理解创新教育本质的情况之下，将所有事物都贴上创新教育的标签，误以为举办一些小发明、小创造、小制作之类的活动即可称之为创新。然而，在培养学生创新精神的主阵地——课堂教学中，无论在形式方面还是在内容方面，依然以传统教育为主，按部就班，强调固定的公式、标准答案等，这显然并不符合真正的创新教育理念。

要改变办学思想与办学行为之间的脱节问题，中小学不仅需要探讨如何有效践行办学思想，更关键的是，学校办学思想应当基于对校情的深入了解而提出，并且具有科学合理的形成过程和依据，以确保办学思想能够有效地指导办学行为。综上所述，鉴于当前中小学办学思想在新时代优质学校建设过程中的引领作用以及其存在的现实问题，对办学思想进行系统的理论探讨显得尤为必要。有必要对办学思想进行系统的理论探讨。

【本章导读】从中外众多优质学校来看，办学成功的密码在于拥有科学、合理而个性化的办学思想。因而，在这一部分中，提出以下两个观点，第一，办学思想是学校个性化办学的关键；第二，办学思想是学校获得良好发展的指针。在第一个观点中，主要围绕着个性化人才的培养展开论证，指出知识经济时代，需要个性化的创新性人才，个性化的创新性人才离不开个性化学校，而个性化学校建设的关键在于学校拥有个性化的办学思想。在第二个观点中，指出学校办学思想的提出与更新，体现了一所学校在横纵方面的发展史；同时还指出办学思想是学校发展规划的灵魂，亦是校长引领学校发展的关键。

第一章　办学思想：学校成功办学的密码

学校成功办学的关键因素究竟是什么？围绕着这个问题，世界各国开展了不少有关如何重构学校的教育探索与实践，但是人们预期的完美效果并没有出现。正如戴维·提雅克（David Tyack）所说："近期重构学校的乌托邦式的冲动，大多是流星闪烁，刚刚引起注意，就马上无影无踪了。"[1] 在我国的基础教育领域，这一问题同样存在：尽管不断有新的教育改革方案推出，各类教育改革实验也不断进行。但基础教育的整体改革效果仍然不尽如人意。[2] 究其原因，主要是因为这些改革往往只是关注学校的外部改进，或在进行学校内部变革时，仅聚焦在特定人群或者某个具体领域，如：课堂教学改革、教材更新、教师素养提升等。这些改革虽然各有其价值，但均未能触及学校变革的核心。正如美国学者约翰·I. 古德莱德教授（John I. Goodlad）所言："教育变革最理想的单位是由学生、教师和

[1] 莱文（Levin，B.）. 教育改革——从启动到成果［M］. 项贤明，洪成文，译. 北京：教育科学出版社，2004：143.

[2] 王有升. 理想的限度：学校教育的现实构建［M］. 北京：北京大学出版社，2003：54.

校长——每天生活在这里的人——作为主要参与者组成的单独学校。”[1] 换句话说，真正的学校变革应当是一种全面的、系统性的更新与统整，不仅涉及物质层面的更新，更关键的是人和文化层面的变革。这种变革是多种力量共同作用的结果，要实现这些力量的有效整合，需要从学校的核心价值、理想、愿景等高度加以统整，即从办学思想的高度加以顶层设计。因此，办学思想是决定一所学校成功办学的关键。一个符合时代需求、科学先进且能够凸显学校个性特色的办学思想，是一所学校走向成功、成为优质学校的密码。

第一节　办学思想：学校个性化办学的关键

进入 21 世纪以来，全世界经历着重要的科技革新、经济与政治领域变革、人口及社会结构的深刻转变。在这一全球性的社会转型过程中，我们都清楚“人的要素比所解决的问题更加核心和更占优势，人的潜力的发展与发挥在最终决定着经济和社会的或任何种类的发展的成败。”[2] 从这个意义上说，教育在社会发展中的角色变得前所未有的重要，它肩负着培养和激发人的创新能力及创造潜能的使命。担负着教育人、培养人重任的学校，必须摒弃那种忽视个性、千校一面的教育模式，转而追求多元发展，并实施个性化教育原则。这样学校才能有效地承担起促进人的全面发展的重任。为了更好地履行这一使命，在全球范围内所掀起的学校改革活动中，教育个性化已经成为指引 21 世纪学校改革的教育思潮。教育个性化旨在培养具有独特个性的人才，而个性化人才的培养需要个性化的环境，即需要学校实现个性化。学校个性化的实现，在于学校能够设计出科学合理且符合学校自身特色的办学思想。

一、人的个性化发展：社会发展的必然需求

在知识经济时代，信息技术高速发展，知识性质也随之发生嬗变，呈现出“文化性、境遇性、价值性”的特征，且知识运用的个性程度日益加强。同时，人们对商品的需求也开始转向以个性化需求为主。个性化、小批量成为知识经济时代生产的主要特征。面对数码化的知识含量，以及铺天盖地、迅速更新和快速增加的知识，要求人们具备分析、判断、处理和筛选各种知识的能力，才能够将知识转化为技术和经济效益。从这个意义上来说，知识经济时代是一个科技创新的年代，它“以创造性的人力资源为依托，以高科技产业和创意产业为支柱，”[3]

---

[1] John I. Goodlad. The Dynamics of Educational Change：Toward Responsive Schools [M]. New York：McGraw-Hill，1975：175.

[2] 波特金，埃尔曼杰拉·马利查. 学习无极限 [M]. 北京：华夏出版社，1988：119.

[3] 周璇，刘悦男. 个性化、多元化教育理念与高校人才培养战略 [J]. 学术交流，2008 (12)：303-306.

它对新时代人的素质提出更高要求，更加强调人的创造性和人格的独立性，而创造性“总是寓于独特的个体中，这种个体的基本品质就是要具有个性。”[1] 换言之，知识经济时代需要个体个性的弘扬以彰显创造性。个体个性的弘扬，离不开个性化的教育，也就是说只有个性化的教育才能够充分挖掘个体的潜力，使个体潜力得到最大限度的延伸。知识经济时代是国际化和多样性并存为基础的社会。世界范围内的经济贸易、科学技术、文化与教育等方面的交流与合作日益频繁和密切。国际交流与合作的实现，是建立在对世界各国的生活方式、价值观念、教育等方面差异和特色互相尊重的基础之上。可见，国际化需要培养出尊重和理解文化多样性的个体，且多样化需要并造成的，不是做应声虫的“大众人”，而是彼此很不一样的人，是个性人，不是机器人。[2] 与此同时，在知识经济时代，现代科技和生产在创造丰富物质财富的同时，脆弱性和不平等却日益加剧：如全球生态失衡、能源枯竭、不宽容和暴力问题日益严重等。面对现代科技所带来的负面影响，人们观念开始转变，再次认识到社会发展的核心和目的是为了人的发展。这就要求个体具有尊重生命、注重权利平等、维护社会正义，认同文化多样性等良好个性以承担起创造可持续、和谐未来的责任。

可见，知识经济时代，人不再是分裂的人，不再是仅仅简单地追求物质财富或是单纯作为资本创造者的存在，而是一个有着实力与灵魂、完善的新人。罗马俱乐部在报告中也指出：“当前最迫切的任务是促进人类个性的发展，没有这一点，人类将不可能在走向悬崖绝壁前自动停下来。”[3] 总而言之，在知识经济时代，迫切需要一批既具有创新能力又个性充分发展的创新型人才。

二、学校个性化：人的个性化发展的关键

良好、积极个性的创新型人才的培养，需要教育工作者的精心引导和培育才能实现。这一要求再次强调了学校教育的重要使命：“超越狭隘的功利主义和经济主义，将人类生存的多个方面融合起来”“采取开放和灵活的全方位终身学习方法：为所有人提供发挥自身潜能的机会，以实现可持续的未来，过上有尊严的生活。”[4] 换言之，学校教育以及教育者应将增强个体的生存能力，促进个性的全面发展视为其核心任务，并且教育者的任务在于“培养一个人的个性并为他进入现实世界开辟道路”。[5] 事实上，这一观点并非新颖之见。早在 1949 年，联

---

[1] 教育部高等教育评估中心组织编写．高校本科教学自评工作手册（第 2 卷）[M]．北京：华夏出版社，2007：704.

[2] 阿尔文·托夫勒．未来的冲击 [M]．孟广均，等译，北京：中国对外翻译出版公司，1985：265.

[3] 张鹏程．教育个性化与校本课程开发 [J]．当代教育科学，2003（18）：26-27.

[4] 联合国教科文组织．反思教育：向“全球共同利益”的理念转变 [M]．联合国教科文组织总部中文科，译．北京：教育科学出版社，2017：摘 2.

[5] 联合国教科文组织国际教育委员会．学会生存——教育世界的今天和明天 [M]．华东师范大学比较教育研究所，译．上海：华东师范大学出版社，1996：260.

合国大会通过的《世界人权宣言》就已明确指出："教育的目的在于充分发展人的个性并加强对人权和基本自由的尊重。"[1] 据此，"维护和增强个人在其他人和自然面前的尊严、能力和福祉，应是21世纪教育的根本宗旨。"[2] 由此可见，在人的发展过程中，人的个性发展是最为关键的。

个性发展的实现，需要将个性化教育理念渗透到教育领域的各要素和各环节之中。这一过程主要是在学校这一个特殊环境中实现的。正如苏联教育家乌申斯基所说，"只有个性才能作用于个性的形成和发展"。[3] 可见，教育对于个体发展的促进，必须依赖于学校的个性化。因此，个性化学校是培养出富有生命活力的个性化人才的关键。具体而言，个性化学校的构建在很大程度上主要通过其组织文化来体现。根据组织文化结构，学校的个性化可以分为以下三个层次：物质层的个性化、行为特征层的个性化、精神或理念层的个性化。

物质层的个性化涉及学校的校舍、建筑布局、绿化景观、必要的教学与科研设备、实验室、图书资源、校徽及校标等。这些元素不仅是学校个性和特色的体现，而且构成了学校独特的文化符号。学校，作为学生学习和成长的场所，它是一个特定的环境，是空间、意义、时间与活动四个要素的综合体。当这些要素融合于学校的物质环境中，它们犹如隐性课程一般，对学校师生产生潜移默化的影响，而且向外界展示了学校独有的个性和魅力。具体来说，学校的个性化可以通过对校园环境的精心设计和布置体现出来，使校园成为展现学校个性化特征的载体。以日本的出石町立弘道小学为例，该校设计风格被视为日本教育界的一大亮点，该校强调教学的开放性，采用合班教学、小组教学、个别化教学等多样化的教学模式。为了更好地体现学校的开放性，该校采取拆除教室与走廊之间的墙壁的做法，使同年级不同班级的学生能共享活动空间，从而促进学生之间的对话交流。此外，在每个教学区域内都设有榻榻米角，用于提供个别辅导，旨在"营造一个与像自己妈妈一样的老师说话的场所。"物质层面的个性化设计和建设，不仅能营造和个性化教育理念相契合的学校氛围，而且为培养具有独特个性的人才创造了有利的条件和环境，使学生在个性化的环境中受到潜移默化的影响。

行为特征层是体现学校个性化的核心所在，涵盖内容相当丰富，包括学校独特的规章制度、管理条例、学生守则、领导体制、评价及奖惩机制、人才培养模式、校本课程以及多样化的主题活动等。通过不同个体的实践和解释，展现出独特的风貌，对学生的个性发展起着塑造的作用。例如，课程设置作为学校教育体系的核心，其设计和实施应当体现教育个性化的理念。高度集中的课程管理和统一标准的课程内容往往显得僵化，这不仅不利于激发学生的主体性，也限制了教

[1] 转引自：申素平．教育法学：原理、规范与应用［M］．北京：教育科学出版社，2009：37

[2] 联合国教科文组织．反思教育：向"全球共同利益"的理念转变［M］．联合国教科文组织总部中文科，译．北京：教育科学出版社，2017：28.

[3] 哈尔拉莫夫，教育学教程［M］．丁酉成，等译．北京：教育科学出版社，1983：477.

师自主性的发挥。如果学校在开足国家统一课程的基础上，能够利用自身的人力、财力和物力资源，开发与本校实际情况相适应的补充性校本课程或多元化的教育活动，不仅能避免与国家统一课程体系的潜在冲突，还能促进学生个性的全面发展。此外，多样化的课程内容与教育活动为不同层次的学生提供了在其擅长领域内展示和获得成功体验的机会，这对于促进学生健康个性的形成至关重要。

精神层或理念层的个性化是至关重要的，它包括但不限于学校内部师生共同认同的价值观、目标、行为方式、治学态度以及种种思想意识，表现为学校风气、人际关系以及校园人的审美趣味、思维方式和道德情操等。[1] 思想是行动的先导，学校的理念层面直接决定了学校特定的行动模式和管理方式，不同的理念会导致学校采取不同的办学策略和模式。因此，从根本上讲，学校个性化的实现，必须建立在学校理念层次的个性化。若学校缺乏自身独特的理念，它很可能会依附于某种现实力量，无法在教育改革的浪潮中保持独立性，而是不断地随着政策文件、会议指示的变化而被动调整，最终导致办学特色的丧失，进而无法维持办学的个性化。这也说明，学校的持续发展和学校教育特色的塑造，根本上依赖于学校是否能建立并维护一套适合学校自身特点、符合时代要求的个性化理念。只有当全体师生对这套理念达成共识，并将其融入日常的教学和管理实践中，学校才能在追求特色化的道路上实现自我超越，从而促进个性化人才的培养。例如，在英国，不同的替代性学校都有自己“信奉的教育哲学和秉持的教育理念，从而显示出他们各自的教育特色。如有的学校以实用主义、经验主义作为他们的办学指导思想，有的学校则是本着不忽视任何一个学生的具有全纳色彩的民主主义理念来设计和规划学校工作。但不管是以哪一种哲学思想为理论基础，这些学校的共同指向都是一样的，那就是努力关注和照顾每一个学生的实际，力求凸显个性教育特色。”[2] 因此，学校个性化的最高追求是确立一套既符合学校特色又符合时代发展要求的个性化理念，并使之成为全校师生共同遵循的信念。只有当这样的理念被全校师生内化，并指导学校的日常运作和决策时，学校才能够在追求独特教育特色的过程中实现自我超越。这不仅有助于学校形成鲜明的办学特色，更是实现学生个性化培养的关键所在。

从总体上看，个性化学校是培养个性化学生的沃土，在人的个性化发展培养中起着关键性的作用。那么，在学校这个场域，推动学校个性化及学生个性化发展的策略是纷繁多样的，可以从学校空间布局的优化、管理体制的革新、各项制度的完善，也可以从教学方法与组织形式的创新、特色课程及活动的设计与实施、校园文化的塑造以及教师个性化专业发展等途径来实现。这些因素和活动共同作用于学校个性化建设，从而深刻地影响着学生的个性化成长。

---

[1] 范国睿. 教育系统的变革与人的发展 [M]. 合肥：安徽教育出版社，2008：297.

[2] 杨艳蕾. 英国替代性学校：教育个性化的探索 [J]. 外国中小学教育，2007（5）：31-33.

三、办学思想设计：学校个性化的必然选择

正如前文所述，学校的个性化对于促进人的个性化发展至关重要。然而，仅仅实现学校某一个方面的个性化并不足以全面促进个体的个性发展。这是因为“学校是由相互作用的各个部分构成的一个整体，其中每一个部分都影响着其他的部分，”[1] 因此，学校要获得成功，必须让各种力量和所有要素都积极参与其中。然而，学校中存在不同的利益群体，每个利益群体都有自己对学校教育的理解和体会，这种差异本身是一种宝贵的资源。然而，如果学校中的各项活动缺乏统一的方向和目标，就只能产生短期效应，而无法持续促进学校个性化的发展。约翰·I. 古德莱德教授在对多所学校进行考察的过程中发现：“教师们并没有积极追求什么共同目标，学校的教育目标（学校声称的）和学校提供的实际教学之间有着明显的差距。”[2] 因此，学校需要从整体上进行设计和规划，以确保学校各要素之间的协调一致，并充分发挥出其潜力。这种整体性的设计不仅能够促进学校个性化的实现，而且对于培养具有多样化能力和特点的人才至关重要。通过这种方式，学校可以成为一个真正促进个体个性化发展的环境，为学生提供一个既满足个人需求又促进整体发展的教育环境。

学校中的每项教育活动和要素均可视为某种特定思想的体现或产物。这些教育活动，尽管在形式和内容上存在差异，却统一聚焦于如何“办学与育人”这一核心议题。办学思想就是对这一核心议题的思考。换句话说，办学思想是学校全体成员必须遵循的大方向和总体要求，对学校的各项教育活动起着决定性的指导和统筹作用。[3] 学校办学思想是关于办学与育人的所有认识、看法和主张的综合，它指导着学校的各项行为和发展方略。无论是校本课程的开发、学校文化的塑造，还是教师队伍的建设等，均需要以学校办学思想作为指南。在办学思想中，对学校的理性认识、理想追求以及形成的教育观点是其最为核心的部分。理性认识涉及对“学校是什么？学校能做什么？”的理性审视，这包括了学校的使命、职能与价值观等。理想追求则关注于“办什么样的学校？培养什么样的人”的设想与展望，涵盖了学校的愿景、目标、改革方向以及学生发展的目标等；此外，还涉及为实现这些理想追求和学校目标所采取的各种战略措施。总的来说，学校的办学思想是一个内涵丰富、多维度的概念，它不仅涵盖了学校的发展方向、目标定位、社会责任与理想追求，还包括为了实现这些目标所采取的具体办学策略。办学思想对学校的办学理念、办学目标等重要议题提供了明确的解答，

---

[1] （美）约翰·I. 古得莱德．一个称作学校的地方［M］．苏智欣，等译．华东师范大学出版社，2006：35.

[2] （美）约翰·I. 古得莱德．一个称作学校的地方［M］．苏智欣，等译．华东师范大学出版社，2006：序 2.

[3] 宋嗣廉，韩力学．中国师范教育通览（中卷）［M］．长春：东北师范大学出版社，1998：112.

指明了学校的发展路径，形成了具有指导性、方向性的思想体系。它是学校所有活动的出发点，学校管理、师资队伍建设、教育科研、信息技术运用、校园环境营造、文化氛围培育、教学评价、校本课程开发以及教学资源配置等，都和学校的办学思想有关。考虑到办学思想在学校发展中的作用，为了促进个体的个性化发展，创建具有个性化学校显得尤为重要。这一过程要求学校办学者对于学校的师资水平、生源状况、优势及其学校所处的地域环境等多方面因素进行深入的理性分析，提炼出既符合时代精神又能满足社会需求的个性化办学思想，以满足培养多元人才的需求。有必要指出，长期以来，在我国教育实践中，部分学校办学者倾向于依赖党和国家教育方针，认为只需依循传统经验或遵循上级的指示即可，而忽视了构建自身独特办学思想的重要性。这一现象导致了大量学校面临“千篇一律、千校一面”的困境，缺乏个性化特色。然而，随着我国现代学校的转型，以及国家对学校特色化、多样化发展的积极鼓励，越来越要求学校要能够形成个性化的办学思想，以培养出符合时代需求的优秀人才。办学思想的凝练，不仅要考虑到国家的共性要求，还需要考虑到学校的多样化需求；不仅应基于学校所处的时代背景，更应充分利用学校自身的独特性和潜力。因此，要实现学校的个性化，必须从办学思想的个性化入手。然而，提出一个成熟、有特色且能促进学校持续发展的办学思想绝非易事，这一过程不仅需要深刻的洞察力和创新力，还需要对学校办学思想进行持续的研究和设计。无疑，这是实现学校个性化发展的必然选择，也是对学校办学者智慧与能力的真正考验。

第二节　办学思想：学校特色发展的指针

一所学校的办学思想，不仅是该校持续发展的指针，也是其不断进步的动力源泉。随着社会及教育需求的变化，学校的办学思想必须进行相应的更新与调整，以确保其发展方向与时代脉搏同步。这一过程恰好从横纵两方面勾勒出该校发展的历史进程。更进一步，办学思想作为学校的顶层设计，其科学性、前瞻性及合理性不仅反映了学校办学者的顶层设计水平，也是学校发展规划的核心所在。在这个意义上，办学思想不仅是学校发展的灵魂，也是校长及其管理团队引领学校发展的关键。

一、办学思想演变史：学校发展史的勾勒

首先，一所学校办学思想的演变史，勾勒出一所学校的纵向发展史。在不同的历史阶段，学校所倡导的办学思想，既承载着学校自身的使命，又承载着一定的社会使命。与此同时，办学思想的内容和方向在很大程度上决定了学校的发展轨迹与整体进步。以案例 1 中上海大同中学为例，该校办学思想的变化，不仅描绘出学校近年来的发展趋势，也体现了学校办学者如何根据社会发展和学校发展

需求的变化，持续地更新、丰富和优化办学思想。在办学思想的指引之下，上海大同中学实现了“在继承中创新、在创新中突破、在突破中发展”的良好态势。通过深入分析上海大同中学的案例，我们可以看到，该校每个阶段的办学思想，不仅契合了时代的发展需求，还突出了学校自身的特色和风格。这种灵活而具有前瞻性的办学思想确保学校能顺应时代潮流，持续前进并成功实现其办学目标。

案例1　上海市大同中学办学思想的变化

自1978年以来，上海市大同中学的办学思想经历了多次重要的更新与演化，这些变化不仅体现了学校在教育理念方面的创新，也映射了其在不同历史阶段对社会需求的积极响应。

1978—1989年，王孟斑校长任期内，大同中学提出了“三全”办学思想及“三品”育人理念。1989—1992年，在陈德生校长的带领下，学校提出“全面发展、学有特长”的办学思想，创立鼓励特长生的“五免”制度。此外，学校还建立大同国际友好学校，标志着其向国际化迈出了坚实的一步。1992—1997年，在王世虎校长的带领下，学校提出“坚持和谐发展，全面提高素质，健康发展个性，培养四有新人”的办学思想，并提出“四个学会”（学会做人、学会学习、学会生活、学有特长）的育人目标。这一阶段，学校引进国际IB课程中的“知识论”（TOK），并创办了具有大同中学特色的课程体系。1997—2000年，在张浩良校长的带领下，学校提出“把大同中学办成一所教育质量高，社会效益好，国内一流的实验性示范性高级中学”的办学目标。2000—2007年，在杨明华校长的带领下，学校提炼出“育人为本，德育为先，坚持改革，服务社会，发展自我”的办学理念，并以“人格健全，才力出众”作为学校的育人目标。2007—2018年，在盛雅萍校长的领导之下，大同中学继续深化其办学思想，提炼出“人格健全、才学出众、科学思维、国际视野”的办学理念，并将学校办学方向确定为“活力大同，和谐大同，开放大同。”[1] 这一办学思想将引领着学校在新时代背景下继续创造辉煌。

其次，一所学校办学思想的变化，同时也勾勒出一所学校个性化建设的轨迹。众所周知，在新世纪背景下，人类社会已经步入“知识经济时代，这是一个以知识为基础（knowledge-based）、注重更新、创新和升级换代的时代；一个以人为中心，注重个性、崇尚多元和多样化的时代；一个开放的、国际化、全球化的时代。”[2] 换言之，在这样一个新时代，社会发展迫切需要具有个性化特质的

[1] 王厥轩．仰天问高 俯地察己——记上海市大同中学党总支书记、校长盛雅萍［J］．上海教育，2016（30）：70-76.

[2] 范国睿．教育系统的变革与人的发展［M］．合肥：安徽教育出版社，2008：215.

人才。因此，作为肩负培养人才使命的学校，必须着手进行个性化建设，将学校建设成为一所个性化学校，才有可能培养出个性化的人才。

若要使学校教育担负起培养个性化人才的重任，那么学校本身亦需要进行个性化建设。换言之，只有将学校打造成一个具有鲜明个性特色的学校，才有可能培养出个性化的人才。正如前文所述，个性化学校的建设涉及多个层面，包括“物质层、行为特征层、理念层”。在这三个层次的个性化建设过程中，学校理念层次的构建对于物质层和行为特征层的建设起到决定性作用，它是学校个性化的最高层次。理论层次的个性化，如价值观念、群体目标等，它们都属于办学思想最核心的部分。面对不断变化的内外部环境，若学校希望避免处于低层次的发展水平或被动接受行政命令的不利局面，就必须在保持时代共性特征的基础上，不断审视和调整学校的价值主张，明确学校在现阶段的理想追求和长期目标。这意味着，学校需要及时地提炼和更新其办学思想，以实现学校的个性化发展，从而引领学校走向成功之路。

可见，从横向看，一所学校办学思想的变化，恰好勾勒出学校个性化建设的脉络。一所学校个性化建设的情况，是学校走向成功的关键；而作为学校成功办学密码的办学思想，只有做到共性与个性相结合，才能引导学校走向成功，使学校成为优质的个性化学校。也就是说，在特定的历史时期，一所成功的学校，其办学思想既要能洞悉教育本质的“大同”，又要关照到学校特色的“大不同”。换言之，办学思想的共性体现在对学校本质、国家教育改革指导思想或教育政策的响应；而办学思想的个性则反映在学校的个性化理想追求和价值取向的表达上。一所学校所倡导的价值取向和理想追求，将深刻影响学校的各项教育教学工作。

总之，办学思想是一所学校的灵魂，对外它如同一面鲜明的旗帜，向社会展现学校的积极形象；对内则充当学校教育教学的指南，引领着学校各个层面的办学活动；对于过去，办学思想经过一次次的提炼和更新，延续着学校发展；对于未来，则描绘出学校未来发展的愿景和奋斗方向。概言之，学校不仅需要坚守自身的办学思想，更应持续地审视和反思本校的办学思想，这是确保学校办学思想的前瞻性以及学校成功发展的关键。

二、办学思想：学校顶层设计水平的体现

学校作为一个开放系统，是一种多种利益关系交织在一起的组织，其内部涵盖了教育参与者与教育要素之间错综复杂的互动模式，这种互动既可能是双向的，也可能是多向的，这不可避免会出现矛盾、冲突或者偶然性事件等。因此，学校发展的实际路径和结果是充满不确定性的，不受事先预测所控制。为了确保学校发展目标的顺利实现，关键在于确保所有教育工作均向着统一的目标前进。这些工作往往需要由不同的人员和部门承担，如“负责课程教学、负责德育、负

责校园文化建设和负责学生课外活动，以及促进‘家与校、学校与社区’之间联系的部门。”[1] 这些部门能够朝着同一方向迈进的前提是，学校办学者必须具备较高的顶层设计水平，在办学中要能够“以系统方法和全局的视角，对学校办学中的各要素进行系统配置和组合，制定实施路径和策略。”[2] 然而，在当前教育研究以及学校自身的改革实践中，研究者和实践者常常倾向于从宏观或微观的角度审视学校的教育改革，学校常常被“隐匿”或“悬置”；研究者和实践者往往不“以现实中的学校为依据或物质基点，只是根据某个理论出发点来推理论断，而不考虑它们在学校中实现的可能性与可行性。”[3]换句话来说，学校被当作是被动的、缺乏活力的任务执行机构，而不是一个主动的、充满活力的系统。在这样的误解之下，人们在进行学校改革或者改进时，往往缺乏系统、全局的视角，仅仅针对某个特定问题或因素提出解决方案。然而，学校的发展受到内外各种复杂因素的影响，而这些因素均会影响学校改进的效果。因此，要实现学校的根本性变革和学校的成功改进，仅仅关注学校内部的单一因素是不足的。学校办学者要实现学校的有效改进，必须将焦点放在学校整体层面的改革上。学校整体层面的改革“是教育变革系统重要而有机的构成，它既以多种方式接受着宏观和微观层面教育改革的影响，又同时影响着宏观和微观层面的教育改革，并具有其不可替代的独特性。”[4] 因此，对于学校管理者来说，从学校整体的角度进行顶层设计变得尤为重要。学校办学思想就是从学校整体视角对学校的办学进行设计，它协调着学校的内外系统，整合各项教育改革活动，体现着全体教职工的共同信奉，以确保学校的内涵发展和可持续发展得以实现。然而，在当前的中小学校办学实践中，顶层设计往往显得较为薄弱，主要表现在两个方面：一是学校办学缺乏“顶层的设计”，即：学校自身没有办学的核心理念、目标，导致学校缺乏明确的发展方向，盲目跟风，或是喜欢赶潮流翻花样，提出一些很不切实际的发展设想。二是学校办学“有顶层而无设计”，即：学校虽然确立了本校的顶层设计理念，但在发展定位或具体的设计上未能体现出顶层理念，导致理念与目标出现脱节。实际上，“整个顶层设计的‘顶层’是由核心理念和顶层定位目标构成，定位目标是从核心理念中衍生出来的，它们共同构成整个顶层设计的核心，它们是整个顶层设计的逻辑起点、生长点。”[5]

由此可见，办学思想涉及学校发展的顶层理念、顶层定位目标。一所学校是否具有科学合理的办学思想体系，在一定程度上体现了该校的顶层设计水平，是

---

[1] 陈建华．作为发展过程的学校发展规划［J］．教育发展研究，2004，24（11）：14-17.

[2] 纪大海，杜萍．顶层设计：高校人才培养新视角［J］．中国高等教育，2010（7）：40-42.

[3] 周浩波．教育哲学［M］．北京：人民教育出版社，2014：258.

[4] 李家成．透析学校变革的复杂性——当代中国学校变革理论构建的起点之一［J］．教育理论与实践，2006（11）：21-24.

[5] 纪大海，杜萍．顶层设计：高校人才培养新视角［J］．中国高等教育，2010（07）：40-42.

影响学校能否走向成功的关键因素。

三、办学思想：学校发展规划的灵魂

学校发展规划（School Development Planning）始于英国，它是英国的部分学校及地方教育局提出的一种“校本规划”举措。由于“校本规划”本身具有很强的针对性和指导性，在促进学校改进方面取得了良好的效果。因此，英国的国家教育标准办公室（OFSTED）以及大多数教育当局采纳“校本规划”这一举措，并加以推广。继而，在1988年颁布的《教育改革法》中，英国政府提议中小学应制定各自的学校发展规划，从而使学校发展规划上升为一种国家性质的政策建议。与此同时，英国开展的学校改进计划（SIP）和学校发展计划（SDP），也取得了一系列显著成果。鉴于英国在学校改进方面的成功，学校发展规划在世界范围内产生了深远的影响。例如，在我国基础教育领域，制定与实施学校发展规划已经成为许多地方中小学常规性工作的一部分，它已经成为中小学进行日常管理和推进教育改革的一项重要手段。此外，不少地方的教育行政部门还将学校发展规划与示范校、特色校评审、教育督导等结合起来[1]。

在各国制定的学校发展规划中，办学思想方面的深入思考与精心设计受到了普遍重视。以英国为例，该国学校发展规划实践的先驱，在探讨如何制定学校发展规划时，强调了“每一所学校应分析它的目标”的重要性，并提出“应针对每一位学生，衡量其所制定目标的完成情况”的建议。[2] 同样，在澳大利亚昆山兰州的学校发展规划项目中，也特别提到“学校的使命、办学指导思想和目标”“对学校日常行为产生影响的价值观和信仰”等都作为学校发展规划的关键组成部分。[3] 换言之，“在西方的SDP项目中，明确学校的Mission、Vision以及Aim构成了学校发展规划的核心。学校使命、愿景和育人目标不仅为学校的长远发展提供了方向，而且指引着学校各部门的行动计划。”[4] 除此以外，我国的研究者普遍认同学校发展规划的核心在于办学思想的设计。具体来说，“现代学校发展规划是对学校理念、目标、规模、质量、速度以及相应举措等内容的比较全面、长远的设计。”[5] 其中，“确定愿景、确定使命、建立目标、制定措施是学校发展规划的基本框架。”[6]从另一个角度来说，在一所学校的发展过程中，

---

[1] 陈建华．论学校发展规划的局限性［J］．教育发展研究，2015（10）：20-25.

[2] 陈向明．学校发展计划与学校自主发展［M］．北京：北京大学出版社，2008：3.（转引自：陈建华．英国、澳大利亚、丹麦中小学学校发展规划项目的比较研究［J］．全球教育展望，2010（7）：36-41.）

[3] 陈建华．英国、澳大利亚、丹麦中小学学校发展规划项目的比较研究［J］．全球教育展望，2010（7）：36-41.

[4] 陈建华．如何制定学校的发展规划——西方发达国家的SDP项目及其启示［J］．全球教育展望，2004，33（4）：61-65.

[5] 黄兆龙．现代学校发展规划研究［J］．中小学管理，2005（11）：5-7.

[6] 赵中建．学校发展规划框架解析［J］．上海教育科研，2006（8）：27-29.

如果缺乏主动的理念，行动也将难以主动展开。缺少理念、理论支撑和思想指导的学校，其发展势必陷入盲目。因此，学校的办学思想地图应当是最先绘制的，并且要在后续的实践过程中不断修正和完善。这张思想地图的目标指向须是清晰明确的。[1]

总而言之，在制定学校发展规划的过程中，应当将办学思想的凝练放在首要位置，它不仅是学校发展规划的灵魂与核心，而且学校发展规划的其他方面都是围绕着如何践行办学思想以促进学校发展、学生发展而设计展开的。

四、办学思想：校长引领学校发展的关键

自20世纪70年代起，众多学校改革运动均强调“校长效能”在构建优质学校建设中的关键作用。一方面，“研究成果和对成功学校的非正式观察所得到的发现，都支持这些论断，即就推进和改进优质学校而言，学校任何职位都不比校长具有更大潜力。”[2] 另一方面，一所学校之所以能够成功还在于学校领导层的稳定性，以及学校领导层对学校发展持有的长远目标与规划。简而言之，实现学校改进和优质学校关键在于校长效能的充分发挥。鉴于校长在学校管理和学校发展中的核心地位，多个国家已经制定“校长专业标准”，旨在通过提升校长的专业素质来促进学校发展，从而实现优质学校的建设目标。

在全球范围内，各国政府颁布的校长专业标准均深刻体现了校长与办学思想之间的紧密联系。以美国为例，其校长专业标准是由美国州际领导者颁证联合会提出的。该专业标准共涉及六个方面，其中第一项标准就明确指出学校领导者要能够“创建愿景”，并从知识、态度、绩效等二维指标做出详细规定。[3] 除此以外，在2015年修订的《校长专业标准》中，第一个标准依然是创建愿景，但表述上改为“使命、愿景及核心价值观”，并在二级指标上对这三个方面进行了更为详尽的规定。[4] 同样，英国在1997年颁布并实施《中小学校长国家标准》，在该校长专业标准中同样也包含六个方面，其中“校长要能够规划未来，建立共同愿景”被列在第一项关键领域之中。不仅如此，英国的校长专业标准还从知识、专业素质以及行动三个维度，对于校长该如何塑造共同愿景作出具体规定：在知识方面，强调校长要“懂得建立、传达以及实施共同愿景的方法”；在专业素质方面，要求校长“应致力于建立一个追求卓越和公正的学校愿景，致力于设定并达成富有挑战性的目标，以多种途径引导广大教师形成共同愿景，激励教师

---

[1] 杨勇．教育如此迷人 好学校是如何成长的［M］．上海：华东师范大学出版社，2014：序2.

[2] 托马斯·J. 萨乔万尼．校长学：一种反思性实践观［M］．张虹，译．上海：上海教育出版社，2004：117.

[3] 许苏．美国《学校领导标准》及其特点分析［J］．外国中小学教育，2008（12）：35-39.

[4] National Policy Board for Educational Administration. Profession Standards for Educational Leaders［DB/OL］. https://www.npbea.org/wp-content/uploads/2017/06/Professional-Standards-for-Educational-Leaders_ 2015.pdf, 2015.

为实现共同愿景而奋斗"；在行动方面，校长"应确保学校愿景表达清晰，被大家认同，并转化为大家认可的目标和操作性计划"等。[1] 同年，新西兰通过教育部颁布了《中小学校长专业标准暂行条例》，该条例从六个层面规定校长的专业标准。其中，在专业领导层面，要求校长要"通过建立愿景、班级和学校组织实践创新等其他方式为他人的工作确定方向"；在战略管理层面，提到校长要能够"有效地管理现有资源，实现愿景"。[2] 澳大利亚联邦政府教育部于2011年颁布的《全国中小学校长专业标准》，这些标准由三项"领导要求"和五大领域的"专业实践"构成。在"领导要求"中，强调校长在塑造学校"愿景与价值"方面的关键职责；在"专业实践"部分中，则要求校长负有"制定与学校愿景、价值观相一致的计划，进行资源配置并实施计划"的要求。[3] 在2013年，我国也颁布了校长专业标准——《义务教育学校校长专业标准》。在《义务教育学校校长专业标准》中，明确指出校长具有的六种职业角色及职业活动，特别是在"规划学校发展"这一职责项中，提出校长要"明确学校办学定位""建立学校发展共同目标""提炼学校办学理念"等要求。[4] 由此可见，在众多国家的校长专业标准中，都把办学思想的思考或提炼视为校长的专业职责之一，并已经成为国际共识。

实际上，对于任何一所学校的办学与发展来说，校长不仅扮演着教育政策落地的关键执行者，更是学校架构中至关重要的人物，因此，校长的领导品质对于学校办学成效也起着关键性的影响。换言之，校长效能，即校长所具备的能力，对学校的持续发展和生存具有显著的作用。在校长应当具备的能力中，领导力和胜任力尤为重要。那么，如何界定一名校长具备良好的胜任力和领导力？就胜任力而言，指作为教育者的校长，至少要能够熟悉某一位教育家的办学思想或者有自己独特的办学思想。就领导力而言，指作为领导者的校长，要能够为学校的长远发展考虑并引领全校师生去实现学校的愿景。[5] 换句话来说，校长领导力的核心在于其对学校的价值引领。校长的价值引领对学校发展来说至关重要，能够通过有意识的价值识别与聚焦，带领学校明确学校教育的核心价值目标，塑造或定位出学校未来的发展愿景，并在学校内外利益相关者认同的基础上，引导学校全体师生按照学校既定的价值目标进行教育教学活动。美国学者桑德拉·哈利斯（Sandra Harris）也认为校长要能够设立一个清晰的共同目标以引领学校未来发展、在"确立学校发展目标和使命，并寻求实现该目标和使命的最佳方式"方面，校长要发挥核心作用、校长要能够"利用媒体（报纸、电台）向全校宣传

[1] 徐美娟．英国国家校长标准［J］．外国中小学教育，2006（04）：19-23.

[2] 邓正容．新西兰中小学校长专业标准透析［J］．基础教育，2011，8（02）：66-70+65.

[3] 刘莉．澳大利亚校长专业标准：框架与理念［J］．中小学管理，2011（11）：52-54.

[4] 教育部基础教育司编．普通中小学校长工作手册［M］．北京：教育科学出版社，2018：292.

[5] 林天伦，等．中小学校长胜任水平、影响因素及提升策略［J］．教育科学研究，2014（1）：30-36.

学校的发展目标和方向。”[1]

基于上述有关校长专业标准中对校长职责的规定，以及校长应当具备的领导力的阐述中，可以推出，校长能够带领学校提出前瞻性、成熟的办学思想，是校长引领学校发展、成功办学的关键。换言之，“成熟的办学思想是校长创办特色学校的根本追求。校长的办学思想不仅对学校教育工作起导向作用，而且对学校整体工作起统领作用。”[2]

那么，作为学校成功的关键和校长效能发挥的核心，办学思想应如何科学地提炼，以确保其对学校发展具有真正的引领作用？这些问题的解决，可以分为以下几个小问题：第一，厘清办学思想的内涵，界定其核心要素；第二，探讨如何思考与提炼办学思想的各个核心要素；第三，明确学校各利益相关方在办学思想践行中所承担的角色，以保证办学思想能够有效地引领学校发展。在后续章节中，将对这些问题进行详细的论证与阐释。

[1] 桑德拉·哈利斯. 美国获奖中小学校长的建议［M］. 方雅捷，等译. 北京：中国青年出版社，2014：23，26，48.

[2] 程振响. 新时期怎样当好校长 100 位优秀校长管理心得［M］. 南京：江苏人民出版社，2010：141.

【本章导读】在中小学管理领域，与办学思想相关的伙伴概念很多，形成一种“概念丛林”的现象。这种现象导致中小学校长在理解办学思想内涵时出现混淆，甚至误解。因此，通过对这些概念进行系统的梳理和分析，并借鉴西方著名教育哲学家罗宾·巴罗的分析框架，最终明确“办学理念、发展定位和育人目标”构成了办学思想的核心要素。其中，“办学理念”体现学校办学者对“好教育”的期盼和诉求；“发展定位”体现学校办学者对“好学校”的期盼与诉求；“育人目标”体现学校办学者对“好学生”的期盼与诉求。最后，指出科学且合理的办学思想，应当具备“概括性、实践性、适切性、稳定性、发展性”的特征。

第二章　办学思想的学理阐释：内涵、核心要素、特征

办学思想是指导学校教育教学活动的根本方向及总体要求，它在学校文化建设、师资队伍建设、校本课程开发以及教学资源配置等方面，发挥着关键的指导和统筹作用。为了确保办学思想能够对学校的持续发展起到积极和长期的引领作用，学校办学者需能够引领学校全体师生共同构建科学、正确的办学思想，并确保凝练出的办学思想获得学校师生的广泛认同。构建科学且正确的办学思想，离不开学校办学者对办学思想内涵的清晰理解和认识。这种理解和认识需要从三个方面进行深化：第一，对办学思想内涵的清晰诠释；第二，对办学思想的核心要素的系统规范；第三，明确办学思想的特性。

第一节　办学思想内涵的梳理与聚焦

办学思想的内涵在国内外学术界存在着差异，同时国内研究者之间也存在着各种不同的看法。众所周知，观点的不一致，内涵的不明确，使得双方难以在统一的学术语境中进行交流和学习。正如恩格斯所说：“在科学上，一切定义都只

有微小的价值……可是对日常的应用来说，这样的定义是非常方便的，在有些地方简直是不能缺少的。"[1] 鉴于此，深入梳理和比较国内外有关办学思想内涵的不同观点成为一项必要的工作。通过细致的比较分析和归纳，可以厘清办学思想的内涵，进而为国内外研究者提供一个共同的研究和交流平台，促进办学思想研究的深入发展，进一步丰富和完善学校研究的理论体系。

一、"办学思想"的词源与内涵界定

探讨"办学思想"的内涵，不妨从其词源开始。作为一个复合词，办学思想融合了"办学"和"思想"两个词。深入理解这两个词的含义，对于准确把握"办学思想"的内涵至关重要。

在"办学"一词中，"办"和"学"两字各自承载着丰富的含义，对其的精确解读对于整体概念的理解极为有益。"办"的含义有四种：①治理、处理，如：办事、办公；②置备、具备；③创设、兴办；④处罚。结合学校办学活动来看，对"办学思想中"的"办"进行解读时，其含义更适合采纳引申义中的"创设、兴办、经营"这一解释。至于"办学思想"中的"学"，其指代相对明确，普遍认为是指学校本身，这一点通常不会引起争议。因此，综合考虑"办"与"学"的含义，"办学"一词可被解释为"创办、兴办或经营学校"。据此，办学思想即有关"创办、兴办或经营学校的思想"。当然，这一解释还要建立在对"思想"这一概念清晰定义的前提之上。无论在理论研究还是实践领域，或是不同的学科视角，对于"思想"这一术语的理解呈现多样性。因此，深入探讨"什么是思想、思想的本质是什么"等问题，对于明确界定"办学思想"的内涵显得尤为重要。思想一词由"思"和"想"两个单音词组成，原本这两个字是单独使用的。"思"表示思索、思考、思辨等，属于一种受逻辑约束的认知过程。"想"则关联于想象，更多体现为一种情感倾向。当这两个字合起来使用，便形成了一种既包含思考又涵盖想象的综合状态。[2] 然而，无论是"思"还是"想"，二者的基础都是"心"。正如孟子所言："心之官则思，思则得之，不思则不得也。"[3] 这表明，思想是人类特有的能力，且最重要的是要有"思"以及会"思"，它是形成思想的关键，这对思想的形成、正确性以及广度与深度均有重要影响。此外，在日常语境中，"思想"一词具有三重含义：首先，它可以指一套特定的思想理论体系，如，哲学思想、教育思想、管理思想等，在这一用法中，"思想"作为名词使用。其次，指理性认识的过程及其成果，即感性知识经由一定的理性思索，升华为理性认识的过程和成果。在这种情况下，思想同

---

[1] 马克思，恩格斯．马克思恩格斯选集（第3卷）［M］．中共中央编译局，译．北京：人民出版社，1995：423.

[2] 段永朝．互联网思想十讲：北大讲义［M］．北京：商务印书馆，2014：420.

[3] 杨靖，李昆仑．孟子［M］．兰州：敦煌文艺出版社，2015：186.

时具备动词和名词的特性，与“观念”一词相近。最后，指理性认识的过程。此时，思想作为“动词”形态加以使用。意思与“思考”相通。[1] 除此以外，思想的本质，“辩证唯物主义认为：人的思想是自然界长期发展的产物——大脑的机能是客观现实的反映，是在社会实践中产生和发展的。”[2] 基于此观点，思想作为人脑对客观现实的反映，这种反映有三种不同的层次，即心理反映、感性认识和理性认识。其中，心理反映属于对客观现实的直观感受，这一层次的内容主要由自发形成的情感构成，代表了思想的初级阶段。感性认识属于对客观现实的表面或局部印象，这一阶段的认识尚处于较为肤浅、局部且易变的状态，属于思想的中级层次；理性认识属于思想的最高层次，它是比较稳定的内容，是思想存在和发展的主要形式 。[3] 结合对思想的理解来看，办学思想被视为对办学实践理性认识，它涉及对学校办学的理想追求，这种理想追求不是空中楼阁，而是建立在对办学实践理性认识的基础之上的。因而，适宜采用“思想”的第二个释义来解释办学思想，即办学思想是与“办学”相关的一系列成熟观念，这些观念并非随意形成的。换言之，并非所有关于办学的观念均可称之为办学思想，只有那些在办学实践中逐渐形成的，并围绕“办学”的理性思考和总结的认识过程及其成果，才可以被视为真正的办学思想。

结合“办学”和“思想”的词源上解释来看，办学思想就是学校创立者或管理者提出的一系列和学校办学相关的观念，是他们对办学实践的理性认识过程及其结果。但是，学校办学涉及的内容相当之多，具体哪些方面的认识需要上升至理性认识的高度，这个定义并没有明确指出。因此，对办学思想的内涵还需要进一步地深入研究和阐释。从目前和办学思想内涵相关的学术研究来看，较为典型的有以下六种观点。

观点一，办学思想，“一般是指有关办学育人的教育观念、办学主张和领导管理观念的综合体现。简言之，是对办学育人的主张和看法，又称办学指导思想，它属于教育思想的范畴，其基本内容包括办学的思想观念和学校管理的思想观念两个方面。”“中小学的办学思想是以校长为代表的学校领导集体的办学指导思想，校长的办学思想在其中起着决定性的作用。”[4]

观点二，办学思想是“校长自身对办学活动的根本价值认识，是校长对于存在于学校教育、管理活动中的主客体之间的关系的认识与评价，以及在此基础上所确定的行为取向标准。”[5]

---

[1] 教育部社会科学研究与思想政治工作司组编．面向 21 世纪课程教材 思想政治教育学原理［M］．北京：高等教育出版社，2004：70.

[2] 李权时，罗茂太．新时期思想政治工作概要．［M］．武汉：学习与实践杂志社，1982：35.

[3] 徐鸣．企业思想工程学［M］．成都：巴蜀书社，1989：83-84.

[4] 黄焯．校长怎样抓学校管理［M］．天津：天津教育出版社，2009：35-36.

[5] 刘居富，肖斌衡．现代学校管理研究［M］．武汉：武汉绘测科技大学出版社，1999：39.

观点三，办学思想是“学校依据一定的教育思想，遵循教育方针，结合本校实际而形成的对自己学校的办学模式、育人目标、育人途径、育人方式等一系列办学治校育人的根本问题的指导思想，是一个多层次多因素的理性复合。”[1]

观点四，办学思想是“学校长期办学积淀下来的以学校价值观、世界观、发展观为核心的思想意识、道德准则、行为习惯的集中体现，是学校教育的本质特征和深刻理论内涵的有机结合和综合表现，是一种深厚的学校文化。”[2]

观点五，办学思想是“校长对办学实践的理性思考和科学概括，是教育理论的体现，也是国家教育意志的体现。”[3]

观点六，办学思想是“校长结合所在学校实际而确立的办学指导思想。它所针对的是学校办学模式、育人目标、育人途径、育人方式等一系列办学治校育人的根本问题。”[4]

通过对以上六种观点的细致比较和深入分析，可以发现，尽管这些观点在某些方面存在差异，但在对办学思想的理解上却有着明显的共识。具体而言，各观点普遍认同办学思想是在国家教育方针指导下，结合学校的实际情况，所形成的关于办学育人的看法和主张；这些观点和主张是对办学实践中有关学校教育和其他办学活动的理性认识和科学概括，他们主要聚焦在学校的价值定位、学生的培养和学校管理机制等核心议题。

二、办学思想属于学校教育哲学的中国化称呼

在英文语境中，究竟何为办学思想，其内涵指什么？这就涉及办学思想的英文翻译问题。对于“办学思想”的英文翻译，归纳起来有以下几种典型译法：“School's Running Thought”“Thoughts of Running Schools”“Thought on Education”“The Idea of Running School”“Educational Thought”。然而，通过在 EBSCO 数据平台上使用这些翻译进行搜索，难以搜集到该主题的国际研究成果。这表面，在英文语境中，对“办学思想”的英文表述可能有所不同。进一步的调查显示，一些国内的外国语学校在其官方网站上采用“School's Philosophy”来表达学校的办学理念，例如武汉外国语学校美加分校在其官方网站上就提到了“School's Philosophy”[5]。循此线索，在 EBSCO 数据平台查找，发现国外有不少有关“School's Philosophy”的研究。值得注意的是，在中国，“School's Philosophy”通常被译为“学校教育哲学”。因此，国外关于“School's Philosophy”的研究与中文语

[1] 刘光祺．论办学思想［J］．西南师范大学学报（人文社会科学版），2000，26（2）：75-80.

[2] 赖永康．如何提炼和形成学校办学思想［J］．人民教育，2005（Z1）：22-23.

[3] 孙孟远，张宝林．先进的办学思想成功的教育实践［C］．国家教师科研基金“十一五”成果集：中国名校卷（一），2009-06-30：569-572.

[4] 李伟胜．校长办学思想的内涵、形态及更新策略［J］．教育发展研究，2005，25（13）：16-19.

[5] 武汉外国语学校美加分校．办学理念 School's Philosophy［EB/OL］．http：//www.wflsmj.com/index-show-tid-60.html.

境中的“办学思想”在表达意义和内容上是否完全吻合？这一问题将在后续内容中进一步探讨和论证。

英国教育哲学家罗宾·巴罗指出，“School's Philosophy”是从哲学高度对学校办学进行系统的思考，这种思考区别于对“教育”本身的思考。他认为：哲学应当作为一种实践哲学，探讨的是合法性、合价值性的问题。据他的解释“School's Philosophy”是对学校教育、学校办学合法性、合价值性等一系列问题的哲学思考。他认为，“School's Philosophy”的核心问题是探讨“学校存在的目的是什么”。罗宾·巴罗针对这一核心问题提出一系列的追问：什么是人们去学校接受教育的充分理由？学校应当承担哪些服务？简而言之，他探讨的是办学的根本目的。在哲学视角下，一个事物存在的目的在于其独特的价值，这种价值是其他事物无法提供的。因此，学校所从事的活动应当是有价值的，并且这些活动在学校这一环境中能够达到最佳效果，这正是学校存在的理由。进一步地，罗宾·巴罗对学校当前所从事的活动——如教育、社会化、儿童保育、职业课程、社会角色选择、情感教育、创新等进行了逻辑分析，探讨这些内容是否属于学校应当承担的责任。罗宾·巴罗在其研究中进一步探讨了学校办学过程中决策权的归属问题，以及学校应当开设哪些核心课程以促进学生全面发展问题。总的来说，罗宾·巴罗的分析揭示了“School's Philosophy”是对学校办学的一系列根本性问题的哲学探索，是对“学校的本质是什么？”“学校应该做什么？”“学校应该开设哪些核心课程，才能够促进学生发展？”等一系列问题的理性探讨，是对学校办学问题的逻辑分析和价值审视[1]。美国教育哲学家乔纳斯·F. 索尔蒂斯（Jonas F. Soltis）对教育哲学进行层次性的划分，将其细分为三个层次：专业的教育哲学、公众的教育哲学和个人的教育哲学。其中，公众的教育哲学主要是关于学校的共同价值和愿景。这些内容的清晰提炼，可以使学校成员在教育实践中有着明确目的。[2] 因此，索尔蒂斯论述的“公众的教育哲学”实质上便是关于如何指导学校办学的哲学理念，即前面所说的学校教育哲学。同样，斯宾塞·J. 马克西（Spencer J. Maxcy）也指出，“学校教育哲学是关于如何处理学校内部事务，或者规划自身发展的各种建议的集合体，而不是诸如实用主义、现实主义、理想主义等哲学思想在学校教育中的简单应用。更深层次地，它代表一种思考方式，是学校办学者对自身以及未来发展的一种系统性思考。”[3]综上所述，从英文语境来看，“School's Philosophy”亦是指学校办学者对学校办学育人活动的理性认识和思考，其在学校的办学育人活动中起着指导作用。

在国内有关学校教育哲学的内涵，不同研究者有着不同的看法，具体如下。

---

[1] Robin Barrow. The Philosophy of Schooling [M]. Brighton, Sussex: Wheatsheaf Books LTD, 1981: 27-31.

[2] 乔纳斯·F. 索尔蒂斯. 论教育哲学的前景 [J]. 闵家胤，译. 国外社会科学，1984 (3): 7.

[3] Spencer J. Maxcy. Happiness in Education through the Development of a School Philosophy [J]. Education, 2001 (04): 427-431.

观点一，教育学者陈建华认为："学校教育哲学是学校共同体的教育理想和哲学信奉，它的主要内容是学校的使命、发展愿景和育人目标""育人目标是学校教育哲学的核心"。[1] 换言之，"培养什么样的人"是学校教育哲学的核心问题。

观点二，武汉市教科院的湛卫青提出："学校教育哲学，并不是指那种学科意义上的教育方法，而是一种观念层次上的教育认识。它指学校全体成员对教育最根本问题的深刻理解和科学把握，对教育规律的孜孜探寻以及信仰层次上的教育信奉。"[2]

观点三，张志敏在《创新成就校长》一书中，提到"学校教育哲学，其根本的要义是学校有什么样的教育理想，有怎样的人才规格追求，或者说学校要把学生培养成什么样的人。"[3]

观点四，李宝庆指出："学校教育哲学是指导学校经营管理的最高层次的思考模式，是处理学校矛盾的价值观及方法论，是学校文化最本质概括，它蕴藏在办学理念、学校制度、管理方式、教育教学方法之中。它是学校对教育的价值追求和理想，是学校教育观和方法论的集中体现和主要标志，并对教育行为的规范起着定向调节作用。"[4]

从上述四种观点来看，有关学校教育哲学的定义，我国研究者有着较为一致的看法：学校教育哲学属于学校办学者对教育的价值追求和理想，指导着学校一切教育行为，回答的是关于"为什么办学校？办什么样的学校？培养什么样的学生？"的问题。

从英文语境中对"School's Philosophy"以及中国研究者对"学校教育哲学"的解读，可以发现英文语境中的表达和中文语境中的"办学思想"在表达的含义上是相近的，这三个概念均是有关办学与育人问题的理性探讨，并在学校的各项办学活动中都起着指导作用。此外，它们在研究的问题上也是相同的，都是涉及学校在办学和育人方面等核心问题的探讨。然而，在此还不能轻易断定：英文语境中的"School's Philosophy"、中国研究者所说的"学校教育哲学"和我国通常所提的"办学思想"在内涵上是完全相同的，还需要更深入的辨析。正如教育学者陈建华所说：学校教育哲学是从西方国家引进的观念……有些类似于我国中小学校长经常提及的办学思想，但二者之间又有不同。在西方教育发达国家，学校教育哲学指的是学校共同体成员的教育观念，学校共同体成员作为学校教育哲学建构的主体。[5] 然而，在我国，当讨论到办学思想的主体时，普遍观点认

[1] 陈建华．基础教育哲学［M］．北京：北京大学出版社，2009：285，283.

[2] 沈茂德．基于"核心价值"，追求学校优质特色发展［J］．江苏教育，2015（3）：15-18.

[3] 张志敏．创新成就校长［M］．上海：复旦大学出版社，2015：25.

[4] 李宝庆．学校教育哲学的意义与建构［J］．教学与管理，2010（4）：3-5.

[5] 陈建华．中小学发展规划［M］．北京：北京大学出版社，2013：63.

为校长是凝练学校办学思想的主体。这一观点揭示了英文语境下的“School’s Philosophy”和我国日常所提的办学思想在建构主体上的差异：在英文语境中，“School’s Philosophy”的建构主体被视为“学校共同体成员”，而在中国，办学思想通常被认为是由学校领导层来定位和表达的。也就是说，我国对于办学思想的建构主体是谁，是存在争议的。如暂时不考虑二者在建构主体上的这一差异，英文语境中的“School’s Philosophy”和我国的“办学思想”在内涵上是类似的。

三、办学思想：对“好教育、好学校、好学生”的期盼与追求

在对办学思想定义进行阐释时，我们强调了办学思想在指导学校各项活动中的关键作用。罗宾·巴罗则进一步指出：“School’s Philosophy”就是对“学校为了什么”这一根本问题的思考，是对办学价值的理想追寻，思考的是学校办学活动中的最核心问题，这些问题是所有学校都要考虑的，并且它们指导着学校的各项活动。学校在不同的环境条件下，对于办学价值的追求可能会有所不同。然而，无论处于任何环境之下，学校办学者都需要对办学价值的追求等一系列问题展开深入的思索。[1] 简而言之，罗宾·巴罗认为“School’s Philosophy”对于学校办学来说，是最为核心的，它关乎对办学价值、理想等的认识，并指导着学校各方面的工作。

根据众多杰出校长分享的管理经验来看，办学思想在很大程度上决定一所学校的发展，它对学校教育工作有导向作用，统领着学校的整体工作。办学思想的先进性与正确性直接影响着学校全体员工的积极性、主动性和创造性。学校办学思想的成熟度，是特色学校建设的关键。缺乏明确且成熟的办学思想，学校就容易迷失办学方向或走入误区。因此，优质学校离不开先进且科学的办学思想的引领。[2] 此外，从这些杰出校长的管理经验中还可以发现一个共识：优秀校长人格魅力的首要因素，便是使学校拥有先进、独特的办学思想。例如，被誉为全国十佳现代校长的杨勇，他结合自己超过十年的办学经验与教育实践，强调了创办一所优秀学校的关键，在于学校是否拥有先进的办学思想。

可见，学校是否有先进的办学思想，对学校的发展是至关重要的。这不仅是学校全体人员解决问题的起点，也是指导学校所有教育活动的准则。因此，对办学思想的内涵有着清晰认识是必要的。依据罗宾·巴罗以及我国研究者的探讨可知，办学思想是对“为什么办学校？办什么样的学校？培养什么样的学生？怎么做才能实现”这四个问题的回答。因此，一个科学且先进的办学思想，离不开对这些问题的深入理解和科学认识，它反映了学校办学者在办学过程中的理性思考和价值追寻，体现了对学校理想的探寻。在对办学思想定义的阐释中，研究者还强调办学思想主

[1] Robin Barrow. The Philosophy of Schooling [M]. Brighton, Sussex: Wheatsheaf Books LTD, 1981: 29.
[2] 程振响. 怎样当好校长：100位优秀校长管理心得 [M]. 南京：江苏人民出版社，2010：141-143.

要是学校办学者对办学育人中的一些核心问题的深入思考。因此，通过对这四个问题的详细阐释，可以对办学思想的内涵有更加清晰和全面的理解。

第一，“为什么办学校”这个问题，是有关学校价值的深入思考，这要求对学校的本质及其功能有准确的理解。学校办学者对它们的不同理解，会产生不同的价值思考和价值选择。学校办学者的价值选择对学校的所有教育和教学活动产生直接影响，属于办学思想的核心问题。

对于“为什么办学校”这一问题的回答，首先需要清晰地认识到“学校是什么”这一基本问题。罗宾·巴罗批判性地指出：诸多字典中对“学校”的定义往往是模糊不清、难以捉摸的。对这一问题最直接的理解，应从“我们希望学校提供哪些服务”这个问题的思考出发。通过一系列的分析，罗宾·巴罗明确指出，教育、社会化、健康、职业准备和情感发展都是学校应当提供的，学校在这些领域内应提供最有价值的指导和支持。[1] 罗宾·巴罗深入阐述了学校应承担的职责中，对“个体的教育”是最为重要和基本的，即学校最为重要的使命是教育。从这个角度看，“为什么办学校”，实质上是对“理想教育”的思考与追求。罗宾·巴罗之所以这样认为，主要基于学校还有一个最为普遍的任务：“准备未来”。他说：“准备未来”和“为未来做准备”是不一样的，此处所指的是学校为“准备未来”做出了贡献。因为，我们今天所做的事情，在某种程度上影响着未来，今天学校如何对个体进行教育，有助于未来的塑造，正是基于这个意义，我们说学校最普遍的任务是“准备未来”。未来，属于一种理想追寻，要为理想未来而准备，学校就应当关注有助于个人当前和未来的身体健康、休闲和情感生活以及日常生活有用的知识、技能。[2] 从罗宾·巴罗的分析来看，“为什么办学校”与“教育”和“准备未来”有关，而“准备未来”所涉及的各项内容均需要通过学校教育来实现。然而，涉及的内容这么多，究竟哪些方面是学校教育应当着重实现的？换句话来说，对学校教育的职责和目标要进行深入的价值分析，以确保“准备未来”这个重要任务的实现。未来指向的是一种理想，学校教育在塑造未来方面扮演着关键性角色，只有一种“好的教育”才能够铸就理想的未来。因此，“为什么办学校”实质上反映了学校办学者对“好教育”的思考与追求。

从另一个角度来说，学校的本质在于“人的培养”。“人的培养”主要通过学校的教育活动来实现，而这些教育活动本身则深受教育思想的影响，它是教育思想的外显和内化。如果学校全体成员缺乏一致的教育思想，那么学校的教育活动可能会出现偏离预期的情况，或者朝向完全相反的方向，这将对学校的教育教学效果产生不利影响，进而影响到学校对“人的培养”这一根本任务的实现。因此，学校全体成员所持有的教育思想，不仅关系到“为什么办学校”这一问

---

[1] Robin Barrow. The Philosophy of Schooling [M]. Brighton, Sussex: Wheatsheaf Books LTD, 1981: 73.

[2] Robin Barrow. The Philosophy of Schooling [M]. Brighton, Sussex: Wheatsheaf Books LTD, 1981: 113.

题的回答，也直接影响着学校的办学方向及各项教育教学行为的全面展开。

综合以上分析，对学校而言，追求“好教育”构成了其存在的根本理由；对于学生家长而言，期望自己的孩子在学校能够接受“好教育”，从而有效地“准备未来”，正是他们选择将自己孩子送入该校接受教育的主要动因。因此，学校办学者对“为什么办学校”这一问题的回答，实质上反映了他们对“什么是好教育”的深入思考与追求。

第二，“办什么样的学校”及“培养什么样的学生”这两个问题，它们对应的是对学校发展和学生发展的思考。

“发展”这一概念，虽然最初源自生物学的胚胎发育学，“指生物胚胎‘自然而然’地演变和进化（Evolution）过程。”[1] 意指：“有机体渐次向生物成熟的阶段演化就是发展。……简短地说，发展指涉的是一个实现本体的过程，由dunamis至energeia，由潜能（potential）而至行动（actus）。”[2] 换言之，发展是指生物胚胎在大小、形态和功能方面的逐步成熟。“遗传学家把‘发展’解释为事物渐进过程的‘中断’，即事物由旧的形态‘飞跃’到新的形态。而在哲学的一般意义上，‘发展’则被认为是指事物由小到大、由简到繁、由低级到高级、由旧质到新质的运动变化过程，也就是事物内部矛盾不断产生、变化和解决的过程。”[3] 由此可以看出，“发展”原本是一个中性的、描述性的概念，本身并不蕴含任何的价值判断。然而，在社会历史领域中，“发展”往往被视为包含着特定的价值判断。根据发展学的观点，“发展有别于进化之处在于它是有意识行动的。发展是社会或至少是那些有权代表社会的人们自觉努力的结果；进化并非在任何时候、任何场合都需要自觉意识。”[4] “发展的最终目标必须是为了个人的福利得到持续的改进，并使所有人都得到好处。”[5] 美国发展经济学家柏格指出，“一言以蔽之，发展意味着‘良性’的成长与‘可欲’的现代化。”[6] 综上所述，在社会研究领域，“发展”一词隐含着一种价值预设，它是有“方向性”的。学校作为一种社会组织，当人们谈及“学校发展”与“学生发展”时，必然蕴含着一定的价值预设和方向性。对社会各界人士而言，普遍期望学校发展是“良性”的，学生也能够获得良好发展；对学校办学者和其他学校成员而言，同样期望学校获得良好发展，使学生在学校获得全面发展；对于学生而言，他们之所以到学校接受教育，也在于希望自己在学校能够获得良好的发展，并希望学校能够有着良

[1] 卢晓中．现代高等教育发展论纲［M］．广州：广东教育出版社，2005：1.

[2] 转引自：汤林森．文化帝国主义［M］．上海：上海人民出版社，1999：292.

[3] 卢晓中．现代高等教育发展论纲［M］．广州：广东教育出版社，2005：1.

[4] 伊斯梅尔·萨布里·阿卜杜拉．在联合国组织的关于“现代性和个性”的巴黎会议上的发言［M］．载《国际社会科学》中文版第7卷，第1期．北京：中国社会科学出版社，1990：139.

[5] 肖枫．西方发展学和拉美的发展理论［M］．北京：世界知识出版社，1990：14.

[6] 彼得·柏格．发展理论的反省——第三世界发展的困境［M］．蔡启明，译．台北：巨流图书公司，1981：37-38.

好的发展，因为这是确保学生自身能够接受优质教育的重要环境和保障。

概括而言，学校发展、学生发展是指学校或学生的“良性”成长，指代的是“好学校”或“好学生”。因此，“办什么样的学校”和“培养什么样的学生”作为对学校及学生未来发展的关切，反映了学校办学者对“好学校”“好学生”的期盼，也只有“好学校”“好学生”才能够表明学校、学生朝向良性成长的方向，真正获得发展。

“好学校”的追求是建立在对理想学校的应然状态的认识与判断。罗宾·巴罗指出，学校的发言权、决定权是哪些人？这个问题的回答直接关系到学校的未来发展。学校内部涵盖众多的利益相关方，包括教师、学生、家长等，因此，任何单一个体或群体都无法独自承担学校发展的全部责任。学校发展涉及多元利益主体，因而对于“好学校”的期望本质上是一种价值判断。在这一过程中，最为重要的是如何在识别不同利益主体的价值需求时，理解和调和他们之间的差异，而这些都不是某个单独个体能够决定的。[1] 同时，学校发展方向的设定或价值的追求，实际上是学校未来所要达成的目标。这些目标的达成并非一蹴而就，而是受到多种因素的影响，需要长期的规划和持续的努力。一旦学校制定了明确的目标和长期规划，它会激励着学校全体成员围绕这些目标不断奋斗，逐步推进学校的发展。因此，对于学校发展而言，“好学校”的应然追求，关系众多人的利益，它的实现也需要依靠学校全体人员的共同努力，而且需要通过集体讨论来共同确定发展方向，并采取共同行动以实现学校发展的目标。

“好学生”的追求是建立在对“受过教育的人”的理想状态的理性判断和价值追求。个体之所以在学校接受教育，是因为在学校这个地方，个体得到“教育”，并在学校的“教育”中获得“准备未来”的知识、技能等素养，学校教育对于个体发展和社会发展具有独特的作用。换言之，一个真正“受过教育的人”应当具备对现在和未来生活世界所需要的核心素养，这些素养是通过学校开设的核心课程来实现的。在“教育与准备未来”方面，学校应该提供哪些服务？罗宾·巴罗认为，学校在“教育与准备未来”方面应当提供“教育、社会化、健康、职业准备和情感发展”这些方面的服务。学校需要结合这些方面，深思应该开设哪些核心课程，在这些课程中，哪些是学生现在和未来发展应当具备的核心素养。显然，不同的学生以及学生的不同发展阶段，对于这些核心素养会有不同层次和程度的需求，这就需要学校结合这些情况，去设定不同的学生发展目标和要求。然而，在理想的价值标准层面，应当是一致的。换言之，对于学生发展而言，培养什么样的学生，是学校办学者对“好学生”的一种理想追求，它应与本校学生的发展需求相匹配。

---

[1] Robin Barrow. The Philosophy of Schooling [M]. Brighton, Sussex: Wheatsheaf Books LTD, 1981: 80-83.

第三，“怎么做才能实现”这一问题涉及操作性层面，针对的是如何“实现好教育，创办好学校和培养好学生”的问题，它涉及的内容很宽泛，包括学校课程设置、教师的教学行为和教师队伍的建设等方面。这些方面都属于可操作的行为规范或者举措。由于学校的性质和成员的差异，相同的举措可能会产生不同的效果。总的来说，这个问题的回答是围绕着如何实现“好教育、好学校、好学生”而展开。“好教育、好学校、好学生”的实现，离不开具体操作性层面的考量。这些操作性层面的内容，一方面有助于确保“好教育、好学校、好学生”的实现，另一方面也会促进学校办学者对“好教育、好学校、好学生”的思考与更新。办学思想的这些操作性层面内容，如课程、教学、教师发展、学生行为等方面的规范，它们具体到教育实践，具有较大的灵活性。学校全体员工在教育实践中只要不偏离“好教育、好学校、好学生”的核心目标，那么在“怎么做才能实现”这一问题上，无论是方法、举措或途径上，都可以有很多不同的做法。

在办学思想涵盖的这四个核心问题中，“为什么办学校”反映了学校办学者对“好教育”的思考与期盼，“办什么样的学校”体现了学校办学者对“好学校”的思考与期盼，“培养什么样的学生”反映了学校办学者对“好学生”的思考与期盼，“怎么做才能实现”关系到“好教育、好学校、好学生”期盼的顺利实现。在这四个方面中，“好教育、好学校、好学生”的追求，构成了学校办学的原则和标准，对它们的思考与回答的过程并非无端的偏好或倾向，而需要基于明确且具有说服力的理论基础，以证明其立场的合理性。因此，这些问题是每所学校的办学者必须深思熟虑的议题。其中，“为什么办学校”这一问题属于理性层面，是办学思想的核心所在，起到指导精神的作用；“办什么样的学校”和“培养什么样的学生”这两个问题属于战略层面，关系到学校全体成员共同奋斗的目标，起着激励和导向的作用；“怎么做才能实现”则属于操作性层面的考虑。围绕“理性思考和战略思考”展开，它是实现“好教育、好学校、好学生”的关键保障，具备高度的灵活性，因学校具体情况、教师特点、学生需求而异，难以具有统一的认识或做法，也不应套用单一模式，以避免陷入刻板化。相对来说，它不属于办学育人中最为核心的问题。由此推之，办学思想最为核心的要素是对“好教育、好学校、好学生”的理想追求和理性思考。

第二节　办学思想核心要素：办学理念、发展定位、育人目标

如前所述，办学思想主要围绕“为什么办学校、办什么样的学校、培养什么样的学生”这三个核心问题展开。有关何为“好教育、好学校、好学生”的深刻理解与探讨，属于学校办学思想的核心要素。在中小学的教育理论与实践中，办学理念、发展定位、育人目标分别是对“为什么办学校、办什么样的学校、培养什么样的学生”的思考与回答。据此，可以明确认识到，办学思想核心内容框

架是由办学理念、发展定位和育人目标三个要素所构成的。

一、办学理念：好教育的思考与期盼

上述讨论指出，“为什么办学校”，反映了学校办学者对“好教育”的理解与追求。在学校中，提供或实现“好教育”会受到多种因素的影响和制约。其中，最为重要的是学校办学者对“好教育”的认识及其追求。换言之，“好教育”的实现离不开先进的教育思想或创新的教育理念。然而，并非所有先进的教育思想或者创新的教育理念都适用于每所学校。仅有那些与学校的生存与发展、符合学校实际情况，能够在学校各项教育活动中发挥引领作用并被学校全体教职工认可的教育思想或理念，才能被视为合适的教育理念，进而推动实现对“好教育”的追求。在所有关于办学理念的研究中，无论学校研究还是学校发展规划研究，提到办学理念的定义或阐述办学理念在学校发展中的作用时，都一致认为办学理念体现的是学校办学者对“好教育”的期盼。

结合我国研究者对办学理念定义阐释来看，有以下七种不同观点：一是胡泽民认为，“办学理念是学校发展远景与方向的指导原则，或者说是学校的最高领导原则。它是对学校的精神、使命、宗旨、功能与价值观等发展基本思想的概括性论述。办学的具体目标、任务、体制、机制、方法，乃至校训、校歌、校旗、校徽及校园布局与建筑等，则是办学理念的延伸，受理念的无形制约。”[1] 二是谭振亚等认为，办学理念是“在教育规律和社会发展客观规律指导下对办学理想的追求，它是办学思想的长期积淀和哲学总结。”[2] 三是袁广林指出，“大学办学理念是人们对大学是什么、具有什么使命、发挥怎样的作用等一些基本问题的价值判断，是对大学的精神使命、宗旨、功能以及价值观等大学发展思想的整体概括，是一种具有强烈主观色彩的大学理想和价值追求。”[3] 在袁广林有关办学理念的定义中，指代的对象是大学，但他只是将学校类型限定在大学，这并不妨碍我们对办学理念定义的理解。四是艾克柔认为，“办学理念是校长对学校的理性认识、理想追求及其所形成的教育思想观念和教育哲学观点。理性认识主要是指‘学校是什么’‘学校能做什么’，是对学校的基本看法和理性审视；理想追求主要是‘学校应该是什么’‘学校应该做什么’等，是对学校发展的构想和展望；教育观念或哲学观点，主要是有关‘学校需要坚持什么’‘学校需要把握什么’的内容，是学校教育改革与发展的指导思想、基本原则或理论基础。”[4]

---

[1] 胡泽民．远程教育办学理念及在我国的实践与发展方略研究［J］．现代远程教育研究，2003，(4)：8-13，62.

[2] 谭振亚，张辉．守望大学办学理念——南京航空航天大学办学理念的个案研究［J］．南京航空航天大学学报（社会科学版），2003，(02)：42-46.

[3] 袁广林，张瑜．我国大学办学理念的偏失及矫治［J］．河南社会科学，2004，(05)：31-33.

[4] 艾克柔．开发学生潜能 发展学生个性——办学理念的理性思考与实践探索［J］．成都教育学院学报，2004，(07)：1-6.

五是史燕来认为，办学理念是“关于学校整体发展的理性认识和价值追求，是基于对教育本质和规律问题深层理解的基础上形成的，是对这些认识和看法进行理性审视和深层梳理的结果，集中反映了办学主体的教育思想。”[1] 六是高德春认为，办学理念是“在高校办学过程中办学主体经过长期的办学实践、思维活动及文化传承与创新所形成的教育价值取向和价值追求，是对办学‘应然状态’的理性认识和观念整合，是一种具有相对稳定性、延续性和指向性的观念体系。”[2] 七是陆继锋认为，办学理念是一个哲学概念，属于教育理念的一种，是学校在遵循教育规律基础上，基于学校办学现实与实践，在不同发展阶段提出的有关“学校是什么”“学校做什么”“学校怎么做”这三个基本问题的理性认识、理想与价值的追求，属于学校灵魂。[3]

尽管不同研究者对办学理念定义的阐述有所差异，但他们普遍认同以下观点：一是办学理念是对“为什么办学校”这一问题的思考与回答，考虑的是学校本质、功能和价值方面的内容。二是办学理念的核心就是有关学校办学的理想教育观念。换言之，办学理念旨在回答“为什么办学校”这一问题，其核心关注点是对“好教育”的思考。这一问题本质上反映了学校办学者对“好教育”的追求。因此，办学理念定义的梳理结果表明，办学理念体现的是学校办学者对“好教育”的期盼与理想追求。办学理念不仅是学校办学者对“好教育”的期待，同时也是学校实现“好教育”的保障。学校要实现“好教育”，需要在各项工作方面有统一的行动和信念，同时遵循教育规律，采纳先进的理念或思想，并确保学校全体人员具有共同信奉和凝聚力。所有这些方面均在办学理念指引下得以实现，体现学校对“好教育”的认识和价值追求。这是因为：

第一，好教育的实现，学校必须具有统一的行动标准。办学理念作为一所学校生存与发展的灵魂，为学校全体成员提供了行动标准。它的提出，是建立在对学校本质、目标追求、理想模式等方面的系统认识之上的，它对学校发展定位、育人目标、治校策略等的选择以及学校资源的配置产生直接影响。正如某些研究者所说，一所学校的发展离不开校长的办学理念。校长的办学理念如果跟着时代的脚步，那么这个学校的前景就会很好；相反，如果校长的办学理念跟不上社会，那么该学校的发展前途将是非常渺茫的。因此，校长的办学理念的不断更新是一个学校发展的生命线。[4] 换句话来说，“一个好的学校发展战略规划，必须用学校的核心办学理念和价值观体系，引领学校的发展；必须用准确的办学定

---

[1] 史燕来．中小学校办学理念探析［J］．中国教育学刊，2004，(05)：61-64.

[2] 高德春．高校办学理念在新时代背景下的发展趋势研究［J］．现代教育科学，2009，(05)：138-139.

[3] 陆继锋．中国民族院校办学理念的变迁研究［D］．北京：中央民族大学，2013：21-27.

[4] 赵国忠．校长最需要什么——中外教育家给校长最有价值的建议［M］．南京：江苏人民出版社，2008：170.

位，统领学校的发展。学校的规章制度必须根据核心办学理念而制定。”[1] 此外，厦门外国语中学原校长赵继容结合自己几十年的办学经验指出：一所优秀的学校，仅拥有先进的办学理念是不够的，先进的办学理念还需要得到学校全体人员的认同。当办学理念获得全校的认同时，学校全体人员的做事方式会有着相同的标准。[2] 可见，办学理念确保了学校各项工作有着统一的行动标准，对于实现“好教育”具有至关重要的作用。

第二，办学理念有助于学校凝聚力的形成，它是全校师生行动的先导。“好教育”的实现，需要落实到具体的学校教育实践中，这涉及学校所有成员行为模式的改变，而这种转变以理念的更新为前提。正如赵继容校长所说：当学校先进的办学理念得到学校全体人员的广泛认同时，他们也会认同其他人做事的方式，互相取长补短，和而不同。换言之，只有当学校师生对新理念达成共识，他们才能够团结一致，共同完成学校的教育教学任务，逐步实现学校对“好教育”的追求。近年来，各种教育理论层出不穷，如果学校缺乏清晰的办学理念，就容易盲目追求流行的办学理念，导致办学理念无法落地，从而迷失学校发展的方向。此外，由于信息、知识、价值观等方面的差异，如果缺少清晰的办学理念解读，学校成员们在思想认识上会持有不同的观点和立场，导致在办学实践中难以形成统一的行动力。一旦学校全体成员均认同学校的办学理念，他们就会自觉将其作为行动的参考标准，对自己的思想、情感、意志加以整合和调整。在学校办学理念指引之下，他们将共同朝向一致的目标和方向努力。因此，为了引领学校走向成功，优秀的校长必须主动地不断反思学校的办学理念，以防止学校由于理念缺失而导致的盲目发展。“有理念之组织方能长治久安，有理念之组织方能塑造优质之组织文化，有理念之组织方能聚组织之共识，有理念之组织方能分享共同的价值。”[3] 显然，学校作为一种社会组织，学校办学者必须带领全校成员凝练出本校的办学理念，确保学校全体成员拥有共同的价值追求。这样，整个学校便能形成巨大的合力和向心力，使学校全体人员团结一致，共同致力于“好教育”的实现。

综合以上有关办学思想的定义及其作用，以及对办学理念深入探讨的基础上，我们可以进一步明确：办学理念是有关“好教育”的思考，也是对“好教育”的期盼，更是实现“好教育”的关键。学校办学者对“好教育”的理想追求是办学思想核心内容。换言之，办学理念是办学思想的核心要素之一。

---

[1] 成彦明．办好学校的关键策略［M］．南京：南京大学出版社，2010：27.

[2] 备注：资料来自对厦门工学院附属学校校长（原厦门外国语中学校长）赵继容女士的访谈。另，下文提到和赵继容校长相关的内容，均来源于对她的访谈，不再一一备注。

[3] 黄俊杰．大学理念与校长遴选［M］．台湾：台湾通识教育学会出版，1997：122.

二、发展定位：好学校的思考与期盼

对于任何学校而言，要提供“好教育”、培养出“好学生”，学校本身必须成为一所“好学校”，才有实力和能力实现这些。针对“好学校”的建设来说，先进的办学理念极其重要，它是“好学校”的灵魂，它为学校各项活动和教育行为提供共享的价值观。除此以外，“好学校”还需要拥有明确而清晰的共同目标或者愿景，它们是个人或组织前进的“航标”，起着凝聚、导向与激励作用，为学校的各项行动提供焦点和能量。因而，在一系列有关优质学校的理论与实践研究中，“共同目标或愿景”被认为是优质学校建设的关键要素之一。

在英国研究者斯托尔（Louise Stoll）等人总结的“霍顿有效学校模型”的12个特征中，其中一个关键特征就是：“学校要有清晰的目标或学校愿景，并能使教师、家长、学生参与学校愿景以及承诺实现学校愿景和承担责任的作用。”[1]斯托尔等人还提到，在一份有关“英国和北美有效学校的文献综述”中，列出了有效学校的11个共有要素，其中位列第二的要素就是“学校要有共同愿景和目标”。[2] 因此，他们认为，在建立有效学校的过程中，共同愿景是极其重要的。这是因为“无效学校不仅有着‘维持现状心态’，而且教师们也很少对‘任何人和任何物’有某种依恋之情。”[3] 美国学者彼得·圣吉（Senge，P. M.）也强调，如果组织“没有真心渴望的目标，大家没有奔头，维持现状心态的影响力就会压倒一切。”[4] “当存在着崇高且明确的目标时，困难和偏见将变得不那么重要，这将激励大家勇于探索、实验，会带来新的思考方法和行为方式。”[5] 美国研究者桑德拉·哈利斯在对多位获奖的美国中小学校长进行采访时，当问他们“什么才是指引学校走向成功的关键”这一问题时，这些校长一致认为：确立一个明确且共享的目标对于全校师生而言至关重要。例如，美国伊利诺伊州伍斯特伍小学的校长康特（Conte）分享了他的经验。他刚到这所小学时发现，尽管学校所有教职工都怀有让学生有出色成就的强烈愿望，即存在一个共同的办学理念——“相信每一个学生都学有所成”，但学校缺乏一个具体的共同目标，导致学生没有获得良好的发展。因此，康特校长基于学校恪守的办学理念，引领全体师生共同确立了一个明确的目标：学校要能够“在这个不断变换的世界中，让每一个学生都取得成功”。康特校长发动全校师生以及家长在原有共同理念的指引之下，

---

[1] 路易丝·斯托尔，迪安·芬克．未来的学校：变革的目标与路径［M］．2版．柳国辉，译，北京：北京大学出版社，2010：16-17.

[2] 路易丝·斯托尔，迪安·芬克．未来的学校：变革的目标与路径［M］．2版．柳国辉，译，北京：北京大学出版社，2010：34.

[3] 路易丝·斯托尔，迪安·芬克．未来的学校：变革的目标与路径［M］．2版．柳国辉，译，北京：北京大学出版社，2010：36.

[4] 彼得·圣吉．第五项修炼——学习型组织的艺术与实务［M］．上海：上海三联书店，2003：206.

[5] 彼得·圣吉．第五项修炼——学习型组织的艺术与实务［M］．上海：上海三联书店，2003：206.

朝向新的共同目标前进，最终成功地实现了学校的转型与发展。同样，美国佛罗里达州的圣伯纳巴斯新教圣公会学校的校长凯伦·里昂德兰（Karen Rindland）强调，对于自己学校的教职工来说，他们迫切需要的就是要能够建立一个清晰而又长远的目标，而且他们也能全身心投入到实现这个目标的努力中来。他认为，目标为学校的成功设置一个起点，使得校长自身和学校全体成员的工作更有意义。总而言之，从美国优秀的中小学校长的经验中可以看出，一所优秀学校的成功，一个清晰并被全校师生共同认可的目标是不可或缺的。这种共同的目标不仅凝聚了全校的共识，还为学校的发展方向和教育实践提供了明确的方向。[1]

在我国，不少研究者和优秀校长也认为，共同目标或愿景是优秀学校建设的关键。教育学者陈玉琨指出，"学校目标决定着学校的发展方向与资源分配，因而，科学地确定学校发展目标，对学校有十分重要的作用。"[2] 这表明，学校具有清晰明确的共享目标是建设好学校的关键。只有拥有共同目标，学校才能明确其需求和行动方向。学校若缺乏合理且明确的目标，"任何成功都将是一种虚无缥缈的空想，只有咬定了目标，并且执着地朝着一个方向努力，才有希望达到胜利的彼岸。"[3] 全国十佳校长杨勇指出，"好学校"不仅需要有效的发展方略和文化氛围，更应拥有其独特的思想地图，在这幅思想地图中，最为关键的两个要素就是办学理念和共同愿景，它们是学校能够成功发展的密码所在，也是学校能持续发展的坚实基础。[4] 灌南高级中学成彦明校长凭借自己在灌南县实验小学及灌南县实验中学担任校长的经历，总结出办好学校的 10 个关键策略。其中，最为关键的策略就是：学校要具有明确的发展目标，即要有学校共同的发展目标。这一目标对学校而言具有根本性意义，学校的其他管理细节、措施、习惯等的制定，都旨在实现这一共同目标。他还提到，在其担任上述两所学校校长期间，在学校发展规划文本中对学校共同目标都有着明确规定，通过先进的办学理念以及确定共同目标，成功地推动了这两所学校的发展与进步。[5] 赵继容校长也提到，一所学校的成功，离不开学校明确的办学目标。因而，在她担任厦门外国语中学校长时，她领导学校成员提出明确的办学目标，即：出先进办学理念、出优秀毕业生，出优秀教师。她认为，正是在先进办学理念，明确办学目标的引领下，厦门外国语中学的全体师生能够"同理、同情、同热、同心"，厦门外国语中学也才能不断走向辉煌。

中外理论研究者的研究成果和杰出校长们的实践经验共同强调了一个观点：

---

[1] 桑德拉·哈利斯．美国获奖中小学校长的建议［M］．方雅捷，等译．北京：中国青年出版社，2014：17-35.

[2] 陈玉琨．一流学校的建设——陈玉琨教育讲演录［M］．上海：华东师范大学出版社，2008：178.

[3] 赵国忠．校长最需要什么——中外教育家给校长最有价值的建议［M］．南京：江苏人民出版社，2008：80.

[4] 杨勇．教育如此迷人 好学校是如何成长的［M］．上海：华东师范大学出版社，2014：11.

[5] 成彦明．办好学校的关键策略［M］．南京：南京大学出版社，2010：21-25，58-59.

对于一所好学校而言，确立共同目标或愿景是至关重要的。这一共同愿景或目标，本质上是对“办什么样的学校”这一问题的回答。学校的共同目标或愿景的确定，并非无的放矢，而是一个精确的定位过程。因为“世界上的任何事物都不是孤立存在的，而是整个系统网络上的一个个网结，相互联系，相互制约，做任何事情，明确自己在整个系统中的位置，即定位，是基础和前提。”[1] 从组织理论的视角来看，学校是一个组织，所有具有强烈自我发展意图和求进取向的组织团体，其发展始于对组织本身的准确定位。缺乏清晰的定位，便无法确立准确的发展思路、方向和目标。在确定愿景时，若缺乏明确的定位，则可能导致目标设定的盲目性或混乱性。同样，学校的发展亦然。无论是个人愿景、组织愿景或共同愿景，它们的形成以及实现绝非孤立无援，不仅需要与国家的经济和社会发展要求保持一致，也需要考虑学校在整个教育系统中的具体位置。因此，学校共同目标或愿景的确定，实际上是一个理性的发展定位过程。

总体而言，学校的发展定位是学校今后努力的总方向。这一定位“需要从三个层面来思考，即：自身所属学校类型在整个社会大系统中的定位、学校本身在整个同类别教育系统中的定位和学校内部各要素在学校整体发展中的定位。”[2] 只有全面考量这三个方面的定位，才能够描绘出学校未来的共同愿景，并明确在现有条件下，学校能够拥有何种发展追求。学校确定发展定位的过程，即确立“共同目标或愿景”的过程，实质上是学校办学者对“办什么样的学校”这一问题的解答。换言之，关于“办什么样的学校”的愿景，是一所学校发展定位的具体体现，是学校办学者对学校在社会系统、教育系统及学校内部系统中各要素所处位置的清晰认识，并在清晰认识的基础上，形成的有关学校未来发展的理想定位。

综合本部分的分析可知，在一所学校中，“好教育”是创办“好学校”的灵魂，“好学校”的追求，是学校能够实现“好教育”的关键，是“好教育”实现的重要保障，在“好学校”的建设中，学校需要提出清晰明确的共同愿景或目标。共同愿景或目标的确定，实质上是发展定位的结果，它是学校办学者对“办什么样的学校”的回答。“好学校”是对“办什么样的学校”的思考与期盼，而且是办学思想的一个核心要素。由此可以推断，发展定位是办学思想的一个关键要素，在办学思想中居于重要位置。

三、育人目标：好学生的思考与期盼

“培养什么样的学生”是办学思想的一个核心议题。学校办学者对它的思考与回答，体现了一所学校对“好学生”的理想追求。为了实现这一追求，学校

[1] 刘献君．论高等学校定位［J］．高等教育研究，2003（1）：24-28.

[2] 刘献君．论高等学校定位［J］．高等教育研究，2003（1）：24-28.

办学者必须制定一系列明确的培养规格或标准，这些标准应当与本校学生的发展需求相匹配，确立符合学校特色的育人目标。育人目标体现的是学校办学者对“好学生”的规定与期盼。学生发展是学校发展的核心与终极目标，也是学校存在的根本理由。因此，学校的各项工作，包括课程设置、教学活动的组织以及学校特色的建设等，都应致力于如何更有效地促进学生的全面发展。简而言之，学生的培养是学校所有活动的起点和归宿点，也是学校及教师存在的理由。在教育实践中，有的学校办学者认为没有必要专门去考虑“培养什么样的学生”这个问题，理由在于国家已经对学生发展标准做出明确的规定，即要求学校培养出德、智、体、美等全面发展的学生。确实，对于各级各类学校（大学、中学、小学等），国家已经设定了明确的育人标准，并针对各个学段的学生设定了相应的发展目标，它们共同构成一个完整的国家教育目标体系。这些规定对于相应类型的学校来说，属于规范性的目标，是国家以立法或者行政手段制定的，一经颁布就具有法律的权威，学校必须认真贯彻和执行，它们属于所有学校都要完成的共性目标。然而，尽管存在这些共性目标，学校办学者仍需对育人目标进行个性化的思考。这是因为每所学校的地理位置、发展历程、师资结构以及学生的兴趣、特长和需求等方面均有所不同，这些差异形成了学校独特的教育生态。正是基于这些差异，为学校在培养多样性、个性化人才方面提供可能。如果学校仅仅关注国家教育目标的共性要求，而忽略了学校和学生的独特性，就无法有效地培养具有个性化的人才。因此，学校办学者在考虑国家共性目标的同时，还应在办学理念和发展定位的指导之下，制定出适合本校学生特点的育人目标。只有在明确了学校的育人目标之后，学校办学者才能够依照这些目标，提出实现目标的方式和途径。此外，育人目标还是评估学校人才培养质量的根本依据，它对整个教育活动也起到指导、调节和控制的作用。教师在教育教学活动中，也必须依据育人目标来开展教育教学活动，以确保学生能够朝着预期的目标发展。

育人目标的确定，体现学校办学者对“好学生”的期盼，它是对“培养什么样的学生”的回答，是学校整体发展中最为核心的问题，这些均属于办学思想要回答的问题。因此，可以明确地指出：育人目标是办学思想的核心内容之一。

第三节　办学思想核心要素的国际视野

根据前文的分析得知办学思想的核心构成要素包括办学理念、发展定位以及育人目标三个方面。基于此观点，本节进一步引入国内外研究者对办学思想内容构成的研究与解读，旨在对这一议题进行深入的论证和精确的界定。

一、国内研究者视野中的办学思想

考察我国教育理论与实践领域中有关办学思想的研究可以发现，对于办学思想内容构成的认识存在很多不同的观点。表 2-1 对这些观点进行详细梳理，旨在通过对国内这些观点的比较分析，探讨国内研究者对办学思想内容构成的共识。

表 2-1　　　　　　　　　　办学思想内容构成的梳理

编号	研究者	观点
1	黄　焯	办学思想的基本内容包含办学的思想观念，如办学目的、培养目标、办学主张、育人策略、衡量尺度，还包含学校管理的思想观念[1]
2	崔继伟 董淑田	办学思想是一所学校的领导“结合具体校情提出的办学宗旨和奋斗目标”[2]
3	刘居富 肖斌衡	办学思想主要“由教育观、学校观、师生观、资源观、方法观、效能观等一系列基本观点组成，它涉及学校教育与管理的一切领域”[3]
4	刘光祺	办学思想是“学校办学模式、育人目标、育人途径、育人方式等和办学治校育人问题有关的指导思想，是一个多层次多因素的理性复合”[4]
5	刘志华	办学思想包括学校定位、发展目标、工作方针和行动策略等。办学思想可以分解为三个层次：理性化层次、战略发展层次和操作层次[5]
6	童一秋	办学思想是“对办好学校的整体认识，它是校长教育思想、管理思想的综合化、具体化”。“办学思想是校长依据一定的教育思想、管理思想和教育方针，从本校实际出发，确立的学校工作的指导思想；是一定的教育思想、管理思想与学校实际的有机结合”[6]
7	孙孟远	办学思想的内容结构包括：“办什么样的学校、培养什么样的学生、怎样培养出合格的学生”[7]
8	李伟胜	校长的办学思想由主流教育思想、领导思想和管理思想构成[8]
9	彭敦运	办学思想主要涵盖的是“办学理念、三风一训、学校精神”[9]
10	何侠斋	办学思想的内容相当丰富，它一般由办学哲学、办学宗旨、办学目标、办学作风、办学策略所构成[10]
11	汤赤	学校办学思想体系是由核心价值观、办学理念、学校精神、共同愿景、学校战略定位、质量管理、校训、校风、教风、学风和学校口号这十一个要素构成[11]

[1] 黄焯．校长怎样抓学校管理［M］．天津：天津教育出版社，2009：35.
[2] 崔继伟，董淑田．构建 21 世纪校长的办学思想［J］．教育科学，1999（4）：33-35.
[3] 刘居富，肖斌衡．现代学校管理研究［M］．武汉：武汉绘测科技大学出版社，1999：39.
[4] 刘光祺．论办学思想［J］．西南师范大学学报（人文社会科学版），2000，26（2）：75-80.
[5] 刘志华．学校领导学［M］．广州：广州高等教育出版社，2008：454.
[6] 童一秋，汪金保．校长百科全书（第一卷）［M］．长春：吉林电子出版社，2003：380.
[7] 孙孟远，张宝林．先进的办学思想成功的教育实践［C］．国家教师科研基金“十一五”成果集：中国名校卷（一），2009-06-30：569-572.
[8] 李伟胜．校长办学思想的内涵、形态及更新策略［J］．教育发展研究，2005，25（13）：16-19.
[9] 彭敦运．办学思想如何顶层设计［N］．中国教师报，2014 年 6 月 18 日第 011 版．
[10] 何侠斋．学校精神文明建设引论［M］．北京：中国建材工业出版社，1999：31.
[11] 汤赤．需求督导：我们和学校的共同追求［M］．上海：上海教育出版社，2015：210-211.

综合国内研究者的观点，可以发现我国研究者有关办学思想内容构成的看法上，其差异主要集中在两个关键问题上：一是“哪些思想可以被归类为办学思想”；二是“办学思想具体包含哪些内容”。

第一，“哪些思想可以被归类为办学思想”的问题，归纳起来，有四种主要观点：一是认为办学思想包括主流的教育思想、领导思想和管理思想，如李伟胜所提出的观点。二是将办学思想定义为政治思想、教育思想、管理思想和学术思想的综合体，如童一秋的观点。第三，认为办学思想包含教育观念、办学主张和领导管理观念，如黄焯的观点。第四，认为办学思想包含教育思想、领导思想、政治思想、管理思想、经济思想和哲学思想。尽管这些观点在某些方面存在差异，但是他们的共识均在于认同“教育思想”和“管理思想”是办学思想不可或缺的组成部分。实际上，教育与教学构成了学校工作的核心，而管理思想则关注于如何确保教育与教学工作的有效实施。因此，在办学思想的构成中，教育思想占据更为关键的地位。其他诸如经济思想、学术思想、领导思想、政治思想等，它们都是为学校的“办学和育人”服务的，可以把它们整合到教育思想和管理思想之中，而不应将它们看作办学思想的核心，以避免导致学校发展的目标偏离。

第二，就“办学思想具体包含哪些内容”的问题，研究者有四种不同的观点：第一，黄焯认为办学思想应涵盖办学目标、培养目标、办学主张、管理主张、育人策略以及衡量尺度；第二，童一秋认为办学思想包括办学宗旨、办学方针、办学原则、管理主张、育人策略及衡量尺度；第三，刘志华认为办学思想包含学校定位、发展目标、工作方针及行动策略，并且这些内容应该从理性化、战略发展、操作性三个层次进行考虑；第四，刘居富等提出办学思想由效能观、方法观、资源观、师生观、学校观、教育观等多个方面构成。综合刘居富等的观点，可以看出其与其他研究者的观点在本质上是一致的，主要区别在于表述方式和用词选择上的差异。例如，“教育观”实际上指的是学校的办学理念，“学校观”涉及学校的发展定位，而“学生观”则与学校的育人目标紧密相关。可见，在“办学思想具体包含哪些内容”这个问题上，我国的研究者们虽然在观点上存在一定的差异，但他们的讨论基本上都是围绕以下四个核心问题展开，即“为什么办学校”“办什么样的学校”“培养什么样的人”“怎么办好学校”。在具体的实践中，许多学校在阐述本校的办学思想时，也主要聚焦于这四个问题。然而，在具体表述时，所使用的术语往往较为杂乱，归纳起来，常见的表述包括：办学理念、办学宗旨、立校宗旨、办学思路、办学精神、办学目标、发展愿景、培养目标、育人目标、三风一训、办学特色、发展原则、工作思路等。其中，“办学理念、办学目标和育人目标”这三个方面的内容最为常见。那么，这三个是否可以视为办学思想的核心构成部分？这一点可以通过对英文语境中对学校教育哲学内容构成的分析进行进一步论证。

二、国外研究者视野中的办学思想

在本章第一节中已指出，国际学术界所讨论的“学校教育哲学”与我国研究者提出的“办学思想”在核心概念上具有高度的一致性，主要差异在于办学思想的提炼主体。那么，国外研究者视野中的“学校教育哲学”具体由哪些要素构成？根据罗宾·巴罗的分析，学校教育哲学主要聚焦于“为什么办学校”这一根本问题，它需要考虑“学校应该做什么，谁应该为学校的一切做出决定，受过教育的人应该是什么样的”这三个问题。这些问题构成了所有学校办学者必须面对的共同议题，属于一种原则性问题。尽管这些原则性问题的回答，可能会因为学校实际条件不同而得出不同的结论，但是，这些原则性的考量是每所学校在办学过程中都必须深思熟虑地恪守的。斯宾塞·J. 马克西明确指出学校教育哲学的三大构成要素：对待人的方式、经营管理学校的方式以及蕴含一定的使命。[1] 从这一分析中可以看出，学校教育哲学不仅包括理性层面，还涵盖了策略层面和操作层面的内容。

在国际教育领域，学校的官方网站通常会详细介绍学校的概况，其中包括“学校使命、发展愿景和育人目标”等关键信息的介绍。例如，美国纽约 Trinity School（三一学校）在其官网上，不仅有对使命、目标的介绍，同时还有关于学校精神（Ethos）的介绍，以及如何达到使命和目标的具体策略。[2] 文玲玲在研究学校教育哲学时，随机挑选层级、性质不同的 10 所美国学校（2 所特殊学校，8 所普通学校；其中 4 所小学，3 所中学，3 所 K-12 年级学校）。通过对这些学校的学校教育哲学进行细致梳理，她发现这些学校在介绍本校的学校教育哲学时，均会对本校的“使命、愿景、育人目标”进行阐释。这些学校在介绍本校的学校教育哲学时，还会提到本校的教育本质观、价值观、学校观、学校发展战略、学校特色、学生发展观和教师专业发展观等内容。[3] 不仅如此，在国外的学校发展规划文本中，有关学校教育哲学的阐述，大部分都是从学校使命、发展愿景、育人目标这三个方面来介绍。爱尔兰教育学者迈克尔·马丁（Micher. Martin）指出，在学校发展规划中，学校教育哲学是非常重要的，他在论述学校教育哲学时，对学校使命、愿景和目标的内涵，及它们对于一所学校的价值等均进行了详细论述。[4]

总而言之，在国外学校的官方简介中，对于学校教育哲学的阐述确实包含了理论、策略或操作层面的内容。但是，在理论研究中，当提到学校教育哲学时，

---

［1］ Spencer J. Maxcy. Happiness in Education through the Development of a School Philosophy ［J］. Education, 2001（04）: 427-431

［2］ School administrator. Aims and Ethos. ［EB/OL］. http://www.trinity-school.org.

［3］ 文玲玲. 学校教育哲学初探［D］. 上海：上海师范大学，2007：14.

［4］ 转引自：文玲玲. 学校教育哲学初探［D］. 上海：上海师范大学，2007：7.

他们都认为学校教育哲学最为主要的内容是“使命、愿景和目标”。在我国有关学校教育哲学的研究中，研究者也提出，“学校教育哲学主要由‘学校使命’（Mission）‘愿景’（Vision）和‘育人目标’（Aim）三个方面构成，其中育人目标是核心，即‘培养什么样的学生’是学校教育哲学的核心问题”[1]。

从国外研究来看，学校教育哲学的核心构成要素普遍被认为是“使命、愿景、目标”，这一点已经得到广泛的确认。相对而言，国内研究者通常将办学思想的核心要素确定为“办学理念、办学目标、育人目标”三个方面。然而，在理论研究与办学实践的过程中，对这些概念的表述存在一定的差异性。具体来说，在描述学校的教育追求时，有的使用“办学理念”来表达，而有的使用“办学哲学、办学宗旨、立校宗旨、办学精神、学校核心价值观”等不同的词汇。同样地，学校的总体发展目标有时被称为“发展定位”或“办学目标”“发展原则”，而学校的学生发展目标则被称为“培养目标”或“育人目标”。除此以外，还存在一些内容上的混淆。例如，“以育人为根本、以管理求效益、以质量求生存、以改革求发展”的表述，在一些中小学被视为学校的“办学理念”，而在另一些中小学中，则被认为是学校的“办学宗旨”或“办学思路”“发展原则”。再如，“成为让学生、家长、教师、社会满意的一流学校”这一表述，有学校把它当作学校的办学理念，而有的中小学则将其视为学校的办学目标。这种情况说明在中文语境中，如果不对办学思想的核心要素进行明确的规范、区分和界定，就可能出现混用、误用乃至错用等情况。此外，如果国内外学校之间缺乏共同的语境，它们之间的有效沟通将会变得困难。因此，为了促进更有效地交流与理解，对这些核心概念的精确界定和使用变得尤为重要。

三、办学思想核心内容框架的规范

在分析办学思想的核心内容框架时，可以确定的是，办学思想的精髓在于深入探讨“为什么办学校、办什么样的学校、培养什么样的学生”这三个问题，结合这三个问题的深入分析，确定“办学理念、发展定位、育人目标”是办学思想的核心内容。从国际上对学校教育哲学构成的研究来看，“学校使命、愿景、目标”正是围绕“为什么办学校”“办什么样的学校”和“培养什么样的人”这三个问题而展开。由此，可以进一步确认，无论是国内还是国际研究者，都认为办学思想的核心内容在于对这三个问题的深入思考与明确回答。鉴于国内外研究者在术语使用上存在一定的差异，有必要对这些表达进行更深层次的分析、审视与规范，以探究哪一种表述更为恰当。这样做的目的是确保国内外研究者能够在一个共同的语境平台上进行有效的交流和理解。通过这种方式，可以促进对办学思想核心内容框架的更准确理解和应用，从而在全球范围内推动教育理念和实践

[1] 陈建华．基础教育哲学［M］．北京：北京大学出版社，2012：276.

的进步。

（一）办学思想的核心内容：办学理念

办学思想的核心内容之一是办学理念，其核心在于深入探讨“为什么办学校”这个问题。这个问题是对学校存在价值和理由的理性认识。理性认识实际上是学校办学者对“学校是什么”“学校能做什么”等问题的思考，这主要指学校的使命问题。“使命是人们对组织之社会责任的主观赋予，是人们对组织必须承负的社会责任的一种认定。”[1] 作为一种社会责任，使命深植于现实的社会经济结构之中，旨在反映出社会各阶层的基本利益。同时，使命作为一种主观赋予，包含人们对组织应有价值的一种评估和要求，使命的确认过程受到个体自身价值观的影响和约束。作为一种社会组织，学校不仅需要承担一定的社会责任，同时也受到社会价值的影响和约束。但与此同时，学校还具备其独特性，包含了特定的责任和价值需求。换言之，学校的使命不仅涵盖了其应承担的社会责任，还包括了学校自身的特殊教育责任。学校使命的确立，受到一定价值观的影响，不同的价值观认识可能会导致对学校使命的不同定义和理解。因此，国际研究者通常使用“学校使命”这一术语来表达“为什么办学校”这一层面的意思。

在国内的教育研究领域中，研究者的研究中有很多相关、相通、相近的术语来探讨“为什么办学校”这一核心问题，包括“学校使命”“办学理念”“办学哲学”“办学宗旨”“立校宗旨”“办学精神”以及“学校核心价值观”等。尽管这些术语在字面上各不相同，但它们的核心内容在于都是对“为什么办学校”这一问题的思考与解答。在教育实践领域，部分中小学校在介绍本校的办学思想时，虽然提到“办学理念”包括了“立校宗旨”“办学精神”等多个方面，但在具体所指的内容上，却存在不一致甚至相互矛盾的情况。这种表述上的混乱，可能会导致学校全体成员感到困惑，不确定应该依据哪种表述来指导自己的教育教学工作。因此为了避免这种混乱现象的持续存在，确实有必要对这些术语进行规范，选定一个更为适宜的上位概念加以表达。从学术角度来看，“办学理念”这一术语相较于其他表述更为准确和恰当。原因在于，“办学理念”作为一个上位概念，其涵盖的范围也更广泛且更加精确，它不仅包含了办学宗旨、立校宗旨，而且还涵盖了学校精神、学校价值等。这一点可以从“办学理念”的上位概念“理念”的界说来把握和推论之。

在西方哲学传统中，“理念”被视为一个具有广泛含义的哲学上位概念。柏拉图（Plato）认为，“感性事物都是按理念来命名的，因理念而得名的，”[2]

[1] 眭依凡. 大学的使命及其守护 [J]. 教育研究，2011（1）：68-72.

[2] 北京大学哲学系，外国哲学史研究室. 西方哲学原著选读（上卷）[C]. 北京：商务印书馆，2003：72.

“人应当通过理性，把纷然杂陈的感官知觉集纳成一个统一体，从而认识理念，”[1] 柏拉图进一步指出，“最普遍的理念是相通的。”[2] 根据柏拉图的观点，理念是事物的统一体，代表了事物的本质或本体。继柏拉图之后，伊曼努尔·康德（Immanuel Kant）对“理念”的概念进行了深入的分析与阐述，他详细探讨了“理念”“理性概念”“理智概念”之间的差异与联系。弗里德里希·黑格尔（Friedrich Hegel）对“理念”作出集中而深入论述，他明确指出，“理念的统一是思维、主观性和无限性。”[3] 黑格尔强调，不应把“理念仅仅看作是一个理念，即意见中的观念或表象，”[4] 理念应该是一个“观念性的理念总体”。[5] 因此，从古代西方哲学家的视角来看，“理念”在哲学领域是一个包含广泛意义的上位概念，它涵盖了认识、观念、理想、精神等多个方面。这些先哲们的论述共同揭示了“理念”作为哲学上位概念的深刻内涵和广泛应用，展现了理念在理解世界和指导人类行为中的核心作用。

我国古代虽未直接使用“理念”一词，但孔子、老子等古代先哲提出的“道”，以及战国时期出现的“理”，与西方哲学中的“理念”在意义上是相近或相似的。据潘懋元所述：“理”作为一个哲学术语，其发展经历了“治理—义理—明理—玄理—事理—实理—心理—气理—公理”九个阶段，表明中国古代的“理”是一个含义较为宽泛的综合性概念。[6] 潘懋元进一步阐释，在现代学术解释中，“理”的含义可以概括为五个方面：“第一，理是天地自然万物的本体或存在依据；第二，理是事物的规律，是抽象化为根源性及客观普遍性的律则观念；第三，理是宇宙论及价值论的解释及根据范畴；第四，理是主体意识；第五，理是道德伦理观念、原则、规范。”[7][8] 从释义中可以发现，我国古代“理”的概念囊括规律、规则、规范、根据、观念、信念、意识、精神、伦理、公理、心理等多重含义。[9] 由此可见，西方古代哲学中的“理念”与我国古代的“理”在内涵上存在很多的相似之处。

自20世纪20年代起，我国开始有学者使用“理念”这一术语。在这一时

---

[1] 北京大学哲学系，外国哲学史研究室．西方哲学原著选读（上卷）［C］．北京：商务印书馆，2003：75.

[2] 北京大学哲学系，外国哲学史研究室．西方哲学原著选读（上卷）［C］．北京：商务印书馆，2003：99.

[3] 黑格尔．小逻辑［M］．贺麟，译．北京：商务印书馆，2019：405.

[4] 北京大学哲学系外国哲学史研究室．西方哲学原著选读（下卷）［C］．北京：商务印书馆，1982：441.

[5] 北京大学哲学系外国哲学史研究室．西方哲学原著选读（下卷）［C］．北京：商务印书馆，1982：440.

[6] 潘懋元．多学科观点的高等教育研究［M］．上海：上海教育出版社，2001：67.

[7] 张立文．理［M］．北京：中国人民大学出版社，1991：4-5.

[8] 冯契．中国哲学范畴集［M］．北京：人民出版社，1985：81.

[9] 潘懋元．多学科观点的高等教育研究［M］．上海：上海教育出版社，2001：70.

期，李大钊是最早将“理念”定义为“精神”的思想家之一。同时，散文家秦牧也将“理念”描述为一种“抽象思维活动”。尽管如此，此后一段时间内，“理念”一词在学术界逐渐被“冷落”，很少有人讨论，且在辞书中关于其释义的条目寥寥可数。《汉语大词典》第 4 卷把“理念”简要定义为“理性概念”，而其他词典则直接将其等同于“观念”。实际上这种解释在一定程度上简化并混淆了“理念”的真正含义。[1] 可见，到了近代，“理念”的含义日渐缩小。然而，随着现代社会的发展，人们的视野和思维方式日益开放，思想解放的浪潮也促使“理念”一词的含义重新得到关注和扩展。精神、理想、信念等与“理念”密切相关的概念逐渐被并入讨论，展现了对这些概念的深入理解和认识。在这种背景之下，对“理念”及其相关概念进行系统化和条理化整合，成为一项迫切的任务。这不仅有助于规范“理念”一词的使用，更重要的是，能够帮助人们消除在思想上和认识上的混淆，促进对“理念”本质的深入理解和探索。

从以上阐释看，无论是我国古代对“理”的探讨，还是西方哲学对“理念”的论述，均将其视为一个含义比较宽泛且综合的上位概念。该概念不仅涵盖了“认识、观念、思想、构想、理想（预想）信念、精神、理性、理智等含义，又包含了目的、宗旨、原则、规范、追求等意蕴，是一个具有‘集合性’‘完整性’的‘观念性的理念总体’。”[2] 在现代社会，尽管人们对“理念”的解读与古代有所不同，但普遍认同“理念”是一个精神或意识层面上的综合性结构，属于上位哲学概念。这种概念体系是对某一事物、事件在长期理性思考及其实践中所形成的抽象化、概括化的观念体系，这种观念体系是一种理性认识、理想追求或哲学观点。

那么，在教育领域，办学理念作为“理念”的具体体现，同样是一个含义较为广泛的上位概念。它是关于办学育人问题的理性认识、理想追求或哲学观点，能够综合反映办学宗旨、立校宗旨、办学精神、学校使命、学校价值观、学校职能等多方面内容。由此推之，为了减少概念上的混淆和误解，可以将“办学理念”作为一个统一的术语，用以概括和表达这些内容，并将其确定为办学思想的核心构成之一。

（二）办学思想的核心内容：发展定位

发展定位是学校办学者对“办什么样的学校”这个问题的进一步探讨，它关于学校未来发展的方向。在教育领域，学校的发展不仅包括学校的整体发展，也包括教师与学生个体的发展，它们之间的关系密不可分。具体而言，个体的发展推动着学校整体发展，学校整体发展又为学校个体的发展提供了更为广阔的发展空间。在中文语境中，关于学校发展的论述通常涉及“办学目标”“发展定

[1] 潘懋元．多学科观点的高等教育研究［M］．上海：上海教育出版社，2001：68.

[2] 韩延明．理念、教育理念及大学理念探析［J］．教育研究，2003（9）：50-56.

位”“办学方向”与“发展目标”等词汇。相对而言，在英文语境中，通常采用“愿景”（Vision）这一术语来表达。面对这些不同的表述，如何更准确地刻画学校发展的本质成为一个值得探讨的问题。通过分析“愿景”和“目标”这两个概念的区别和联系，我们可以得到一定启示。

“愿景”一词，源于拉丁文“videre”，涵盖了“幻想、梦幻、憧憬、洞察力、想象力、远见、眼光、视觉、视力”等多重含义。在《第五项修炼》一书中，“Vision”被翻译为“愿景”，指的是基于某种意愿，通过现实的场景和手段，勾勒出所期望创造的未来景象和境界。另一方面，目标（Goal）这一术语源自古英语“goeden”，原意是指“妨碍”“障碍”等，它象征着在实现“愿景”的过程中，人们在具体阶段上须克服的种种“障碍”，代表的是人们设定的或承诺的一定时期内应当完成的工作量。[1] 简而言之，目标是实现愿景过程中所需克服的障碍，而愿景是对未来所期望的景象。这两者的导向性有所不同，目标是以结果为导向，着眼于任务的完成，愿景则是以未来为导向，追求对现实的超越。

学习型组织的研究揭示，在组织结构中，存在着组织愿景、共同愿景以及个人愿景。其中，共同愿景是个人愿景和组织愿景的有机融合。在学校组织中，教师、学生个体的发展成长目标属于个人愿景，而学校整体发展追求属于共同愿景。个人愿景与共同愿景对于学校发展均具有至关重要的意义。“愿景可以团结人、愿景可以激励人、愿景是拨开迷雾指明航向的灯塔，愿景是困难时期或不断变化时代的方向舵，愿景是可用于竞争的有力武器，愿景能够建立起一个命运共同体。”[2] 其中，“个人愿景是人们在自己头脑里的图景和画面，而共同愿景则是整个组织中的人们内心的图景。这样的图景让组织有一种共同性，它贯穿整个组织，从而在其各式各样的活动中保持一种连贯性和一致性。”“当大家拥有真正的共同愿景时，彼此之间就相互沟通了，并且被一种共同的热望和抱负凝聚在一起。个人愿景的力量来自自身对愿景的深度关切，共同愿景的力量源自一种共同的关切。”[3] 换言之，学校愿景，作为个人愿景的汇聚点，构成了一种共同愿景。这种共同愿景代表了学校全体成员对于学校未来发展的共同关切和理想追求，是对学校未来发展方向的集体构想。“共同愿景是一种精神理想，它让学校每位成员、个人或集体不仅看到学校现在的样子，还可以想象它的未来，”“使学校最具希望和雄心的唯一方法是建立一个共同愿景。”[4] 显而易见，共同愿景在推动学校发展中所起的作用是巨大的，它是推动学校走向卓越并实现长期成功

[1] 约翰·E. 丘伯（John E. Chubb），泰力·M·默（Scanpower M Mo）. 学习型组织之路——关于“学习型组织”的思考与探索［M］. 蒋衡，等译. 上海：上海三联书店，2003：94-95.

[2] 刘大星. 共同愿景 创建学习型组织培训教程［M］. 北京：北京大学出版社，2004：81.（转引自：陈建华. 论学校教育哲学及其提炼策略［J］. 教育研究，2015（10）：57-63.）

[3] 彼得·圣吉. 第五项修炼——学习型组织的艺术与实务［M］. 张成林，译. 上海：上海三联书店，2003：203.

[4] 托德·威特克尔，等. 如何调动和激励教师［M］. 田丽，等译. 北京：中国青年出版社，2007：63.

的最强动力，它对于学校全体成员的教育教学活动起到激励、导向、规范和凝聚作用。简而言之，学校愿景是一种共同愿景，充当着方向舵的角色，引导学校沿着正确的路径前进。实现学校的共同愿景并非一蹴而就，它需要具体且可行的目标。这些目标代表了在实现学校愿景过程中需要克服的阶段性障碍，是将学校愿景从理论转化为实践的具体步骤和时间安排。共同愿景源自学校成员对学校未来理想状态的真诚关注，基于共享的价值观和使命而形成的集体关切。“共同愿景来自组织成员内在的需要，即是组织成员自愿达到的目标或实现的理想，而不是由外在强制实行的组织目标。”[1] 组织目标则不同，它是需要清除的障碍，具有外来性和强制性特征。因而，在英文语境中，“共同愿景”一词更能准确反映“办什么样的学校”这一核心问题。学校的发展不是短期内就实现的目标，它是在学校办学理念的指导下，由全校成员共同制定的关于学校未来发展的蓝图。在实现学校共同愿景的过程中，学校各个成员的个人愿景也得以实现。

从这个角度上看，尽管我国中小学普遍使用“办学目标”这一术语来代表学校未来的发展方向，但国际研究者更倾向于使用“愿景”一词。这一选择不仅能够更精确、更全面地描绘学校发展的未来图景，而且更强调学校发展的持续性，而不是仅仅局限于短期目标。此外，“愿景”一词在促进和体现学校内部成员之间的合作精神和积极性方面，也显示出其独特的优势。有必要指出，无论是共同愿景还是阶段性目标的制定，都是基于学校办学者对学校发展合理定位的深刻理解之上。这种定位是在综合考虑学校在“社会系统、教育系统、学校内部各要素”的位置后，对学校未来发展方向的一种科学思考和规划。因此，共同愿景实质上是对学校未来发展的一种理想化定位，发展定位就是用“定位”这种科学的思维方式来共同确定学校的共同愿景或中小学常说的“办学目标”。据此，适宜用“发展定位”替代“办学目标”的表述，而不是用我国常用的“办学目标”或者我国学者所提的“愿景”。从这个视角出发，发展定位属于办学思想的核心内容之一。

（三）办学思想的核心内容：育人目标

学生是学校一切活动的出发点和归宿点，他们的发展是学校发展的核心。因此，在办学思想中，育人目标处于至关重要的位置。上文已明确提出“育人目标”是对“培养什么样的学生”这一问题的回答。在国际学术界，此问题通常用“Aim”来表达，该词主要涉及与学生发展目标相关的内容。在中文语境下，若仅用“目标”一词进行表述，则可能引发混淆。这是因为学校需要实现的目标众多，包括学校的阶段发展目标、教师发展目标、课程目标、教学目标，等等。为了消除可能的歧义或者混淆，建议采用“育人目标”一词表述。在我国，

---

[1] 杜洁，黎方军．建设学习型学校的共同愿景与目标概念辨析［J］．中国青年研究，2009（3）：23-26.

不少研究者和学校使用“培养目标”表述学校要“培养什么样的学生”，属于学校培养人才规格的描述。从学术研究的角度，有必要区分这两个词语在内涵和使用上是否可以互换。这种区分可以借助亚里士多德的“属+种差”逻辑进行。在这一框架下，两者在“属”，即“目标”的层面上是一致的，关键的区别在于对“培养”和“育人”这两个概念的理解。

“培”本意为“加厚”，如“培，培敦，土田山川也。”[1] 引申义：①裨补，如：“封建所加厚曰培敦，许合《诗》以释《左》也。引申为凡裨补之称。”[2] ②扶助，如：“培，助也。”[3]③比喻义：培养，如：“培之以道德而使之纯，历之以行义而使之高。”[4]培养目标中的“培”，主要取第三种含义，即指代“培养”之意。

在许慎的《说文解字》中，“养，供养也。从食，羊声”。“羊”的本意和牧养羊畜有关，即“牧羊”。在《尚书·大禹谟》中：“德为善政，政在养民”。此处的“养”即“供养”之意，从牧养，引申到对人的供养，对一切生物的供养。生物的供养是需要一定的养料的，对人的知识、人格、性情等抽象的东西来供养则称为“培育”“培养”。[5] 当然“养”还有许多引申义，如教养、涵养等，在此就不多加赘述。培养目标中的“养”，主要指对人的培养、培育。

“育”的本义是“孕育”“生子”“生孩子”。如：“妇孕不育，失其道也。”[6] 引申义是“养子”“培养”。如：“育，养子使作善也”。[7] 可见，育人目标中的“育”取“培养”之意。

上述分析表明，“培”“养”“育”三个字的本义不同，但是，从它们的引申义来看，都含有“培养”的意思。结合教育来看，“培养”的对象是“人”，可见，“培养目标”和“育人目标”所指代的意思没有差别。方孝孺提到：“古之育才者不求其多才，而惟养其气，培之以道德，而使之纯。”[8] 此句中提到的“育”“养”“培”三个字，均可以用“培养”一词加以解释。

至今，“育人”一词有着两种理解：广义上，凡是促进学生在德、智、体各方面发展的教育活动都是育人。因此，无论是教授政治理论、思想品德，还是自然科学、体育课程，均属于育人的范畴。狭义上，育人特指对学生进行思想教

[1] 许慎．国学经典文库 说文解字 第2册 图文珍藏版［M］．马松源，整理．北京：线装书局，2014：534.

[2]《说文解字 最新整理全注全译本》编委会编．说文解字 最新整理全注全译本 第五卷［M］．北京：中国书店出版社．2010：2278.

[3] 张惠泽．国语潮音大字典［M］．广州：广东人民出版社，2009：203.

[4] 李土生．土生说字 第16卷［M］．北京：中央文献出版社，2009：29.

[5] 郑春兰．汉字由来［M］．成都：四川辞书出版社，2012：318.

[6] 刘悦等．汉字中的生活百态［M］．济南：齐鲁书社，2018：299.

[7] 胡礼明．循词问道．教你如何真正读懂汉字［M］．北京：中国书店出版社，2019：59.

[8] 夏征农，陈志立．大辞海 第1卷 词语卷5［M］．上海：上海辞书出版社，2014：4398.

育，即德育。[1] 从学校对个体培养的视角出发，“育人”不仅包括思想政治品德教育，更是指把学生看作一个平等的，正在成长中的个体，他们拥有许多良好素质和待开发的能力，需要在知识、能力、道德、意志、思想、社会知识等多方面接受引导和教育。[2] 据此，“育人目标”是有关人的素质培养的目标，它涵盖个体在德、智、体、美、劳等方面应达到的规范和要求。“培养目标”表示的意思是“各级各类学校对受教育者身心发展提出的具体标准和要求”。通过细致对比，可以明确“培养目标”和“育人目标”在含义上是相通的。

从日常的用法来看，“培养目标”既可以指阶段性的教育目标，如小学、中学、高校的培养目标等，也可以指特定学校或者专业的培养目标。通常，特定学校的学生发展目标主要采用“育人目标”一词。换言之，“特定学校的学生发展目标”主要用“育人目标”一词，而“小学（中学、大学）培养目标”是指代“阶段性的教育目标”。因此，教育目标体系的层级结构可依次划分为：“教育目的→教育总目标→阶段性（小学、中学、大学）培养目标→育人目标→课程目标→教学目标”。在这一体系中，育人目标是“阶段性培养目标”在各学校中的具体化，它是各个学校在本校办学理念的指引之下，结合学校实际情况制定的，关于学生需要养成的基本素质的规定。基于以上分析，适宜把“育人目标”这一表述作为对“培养什么样学生”这一核心内容的回答，它是办学思想的核心内容之一。

综合分析可得，办学理念是比办学宗旨、立校宗旨、办学精神、办学使命、办学价值观、学校职能等更为上位的哲学概念，具有包容这些内容的能力。学校共同愿景、办学目标或者办学方向的确定，实际上就是学校发展定位的过程，这一过程需要运用定位思维。因而，建议采用“发展定位”这一术语。与此同时，相较于培养目标，“育人目标”在日常用法上较少混淆。这些分析进一步论证了：办学思想的核心内容包含“办学理念、发展定位和育人目标”三个方面。事实上，《义务教育学校校长专业标准》中，在校长的第一项专业职责——“规划学校发展”中的“专业理解与认识”中，便提到校长要能够带领学校人员准确提炼办学思想。顾泠沅在解读《义务教育学校校长专业标准》时，也明确指出：一所学校的办学思想应包括“办学理念、发展定位和培养目标”三个部分，这与本书提出的观点相吻合。

第四节　办学思想的理想特性

办学思想，作为学校自身的思想，其核心包含了办学理念、发展定位和育人

[1] 李玉琛，王良泉．教书育人概论［M］．青岛：石油大学出版社，1996：5.
[2] 郑雅萍．服务育人：高校后勤育人的理论与实践［M］．杭州：浙江人民出版社，2009：22.

目标。近年来，中小学的办学者越来越关注、重视本校办学思想的形成与更新，这标志着教育界的一大历史性进展。然而，办学思想也有正误、先进落后之分。因此，学校必须准确理解和科学把握办学思想，以确保学校沿着理性的发展道路前进。这要求学校办学者要明确办学思想的共同特性。通过对现有研究资料的综合分析以及对办学思想在学校发展中作用的探讨，可以得出，一个科学且合理的办学思想应具备以下五个特性：概括性、实践性、适切性、稳定性和发展性。这些特性共同构成了科学办学思想的基础，指导学校在实践中不断优化和发展。

一、概括性

一个科学且合理的办学思想，其第一个特性是概括性。办学思想的概括性可以从以下三点加以说明。

首先，办学思想的形成，是建立在对办学实践活动高度概括的基础上，最终形成的有关学校办学的理性思维成果，它本身就具有丰富的理论性。这个理性思维过程，就是把由办学实践所产生的感性认识上升到理性认识，进而形成办学思想的过程。它是通过办学实践形成一定的感性经验，并结合一定的教育科学、管理科学、人文科学等现代理论的学习，将感性经验与这些现代教育理论相结合，最终形成的理性认识，具有丰富的理论性。经由办学实践产生的办学经验是办学思想形成的宝贵财富，它们可能是片面的、零散的、肤浅的感性认识，不能够直接形成学校的办学思想，还必须通过不断地实践、探索、总结和检验，发现办学的规律，升华为理性认识，才有可能形成真正的办学思想。从这个意义上说，办学思想是在办学规律的指引下，对实践经验的理论升华，具有理论概括性。

其次，形成正确的办学思想，不仅需要依据教育科学、管理科学、人文科学等现代理论的指导，还必须与国家和社会的要求相符合。这要求学校办学者认真学习和研究国家的教育方针、法律政策等，而且还需要综合分析社会各界对教育的期望和对学校的评价。只有这样，学校办学者才能够提炼出既符合国家、社会发展需求，又适合学校发展的办学思想。

最后，独特办学思想的形成，需要基于对学校“软实力”的深入分析。办学思想是对“为什么办学校？办什么样的学校？培养什么样的人才”等问题的比较系统和成熟的思考和认识。这种认识是建立在对学校历史、现状、未来走向，以及人才培养需求等进行周密分析和讨论的基础之上形成的，除此之外，还需要对学校内部各要素之间的相互关系进行深入研究和科学分析，以形成对学校发展方向的理性认识。

可见，概括性是办学思想的主要特征之一，是形成科学、先进、独特办学思想的关键。办学思想亦具有实践性，其形成源自丰富的办学实践之中。

二、实践性

一个科学且合理的办学思想，其根基在于办学实践。因此，实践性成为办学思想的显著特征之一。办学思想的实践性可以从以下三个层面理解。

首先，办学思想的生成，它并非凭空产生，而是在具体的办学实践中逐渐形成的。办学思想的形成不是对某个教育思想或者国家教育方针的生搬硬套，而是在特定的时代背景、区域环境及文化氛围下，结合学校的具体情况而发展起来的，是学校教育实践活动的成果。在办学过程中，学校全体成员根据某种先进的教育思想和国家教育方针的指导，形成关于办学育人的初步观点或者看法。随着办学实践活动的不断推进和深入，这些看法或想法不断被验证和修正，在取舍和验证的过程中逐步得到丰富和完善，最终形成一套较为稳定的办学思想。因此，办学思想的形成是学校长期实践活动的结果。

其次，一旦办学思想得以确立，其在学校办学实践中的落地和提升变得至关重要，缺乏实践的办学思想不过是一场空想，难以为学校带来真正的发展机遇。无论是实现学校的理想与愿景，还是达成学校的育人目标，均需要通过全校师生在教育教学活动中的共同努力来实现。办学思想确立后，学校必须配备一套科学且细致的执行体系，以确保办学思想的全面实施并贯穿于学校办学的各个层面。一方面，在理论层面上，学校围绕其办学思想构建一套集成化的系统，学校的办学理念、发展定位、育人目标等与学校的校训、校风、教风、学风等形成一体化。另一方面，在操作层面上，围绕办学思想，学校办学者需细化出一系列具体的实施策略。例如，通过制定师资培训的相关规定或者方法，确保教师具备必要的教育教学能力；开发课程内容，优化学校课程结构，以促进学校课程体系支持学校的办学理想或者育人目标的实现。

最后，办学实践不仅是办学思想提升的动力源泉，也构成了检验办学思想科学性的基准。一方面，办学思想需要在办学实践中不断深化与提升。随着时代的变化以及教育实践活动的推进，学校积累的办学经验日渐丰富，学校办学者对办学思想内涵也有更深刻的理解。在办学过程中，难免会遇到新情况、新问题，这就要求办学者能够提出新的设想，进行新的探索，在积累新经验的基础上对办学思想进行完善和升华，使办学思想能够符合时代和学校发展的双重需求。随着办学实践的推进，办学思想亦需要作出相应的调整，以确保其符合学校和时代的客观情况。另一方面，办学实践是验证办学思想科学性与实用性的标准。办学思想是否能在学校各项活动中发挥引领作用，是否具备现实可能性等，均需通过办学实践的检验。只有经过办学实践检验的办学思想才具有真正的价值和意义，才能有效地促进学校的发展。

综上所述，办学思想根植于学校的办学实践之中，它既是办学思想产生和发展的源泉，也是检验办学思想正确性的唯一标准。此外，办学实践还是确保学校能够提出个性化办学思想的基础。

三、适切性

一个科学合理的办学思想，需要具备适切性这一特点。办学思想的适切性主要体现在以下两个方面。

首先，学校的办学思想需和当前的时代需求相匹配。这意味着，学校提出的办学思想应当在宏观层面上具备普遍性，即学校办学者对学校价值的认识应在一定程度上呈现出共性。这一点尤为重要，因为每所学校都应遵循国家的教育方针与教育政策。“教育方针是作为一个国家工作的总目标和总方向，是教育事业的根本指针和主导价值。”[1] 在制定办学思想的过程中，任何学校都不能违背国家的法律法规。因此，在相同的时代背景下，同一类别的学校都被赋予相同要求和使命，意味着学校提出的办学思想必须与国家的教育价值观保持一致，展现出共性。此外，随着学校教育制度的完善和对学校教育的目的、性质、功能等认识的深化，学校的教育价值观趋于一致和融合。加之学校办学的基本规律本身具有许多共性，这促使不同学校在办学思想上展现出一定的共同性。例如，许多学校都认同学校教育应当满足社会发展和个体发展的双重价值，而不是像以往一样，仅强调某一方面的某个单一价值。学校也越来越重视教育在促进个体发展方面的作用，个体的个性化和个体的社会化不再被人为地割裂。因此，学校在确定办学思想时，更加注重不同价值诉求之间的相互依赖性和互补性，而不是仅关注这些价值诉求之间的冲突，避免片面提升或贬低其中任何一方的固有价值。教育价值观的日益融合与统一，为学校提出的办学思想赋予一定的共同性。

其次，办学思想还必须符合学校自身发展的特定需求，并展现出独特的个性。这一方面主要涉及事物的多样性。通常而言，办学思想的形成有着特定的形成环境、背景和形成过程。不同地区的学校因政治、经济、文化背景的差异，在办学水平上存在显著的不同。即便是同一个地区内，不同学校之间的校情有着较大的差异。无论是教师还是学生，尽管他们共同生活在学校这一特定的时空环境中，但其生活环境、教育经历、遗传因素等方面的差异，难免产生不同的“身份文化”。简言之，学校的教育活动主体呈现多样性，这些差异导致人们对学校教育的需求和对学校目标、价值观的看法不尽相同，例如，在学校教育满足个人发展需求的价值时，“有人强调知识的积累，有人强调智能的增进；有人强调智慧的培育，有人强调美德的养成；有人强调全面发展的实现，有人强调独特个性的形成；有人强调基础理论的掌握，有人强调操作技能的获得。”[2] 这表明，在凝练学校办学思想的过程中，学校办学者需在协调内部与外部因素的基础上，尊重学校自身的特殊性，遵循学生成长的需要，精心提炼出符合学校发展需求的办学理念、发展定位或育人目标，使学校能够形成自身鲜明的办学特点。也就是说，办学思想有助于促使学校实现个性化发展，是办学实践主体在实践中形成的独特

[1] 蔡中宏．新中国教育方针嬗变的考察与反思［J］．兰州大学学报（社会科学版），2005，33（5）：145-148.

[2] 张建锋，沈亚芳．从教育价值观的历史变迁看现代教育价值的取向［J］．学术交流，2003（2）：149-152.

见解和贡献，反映不同学校的层次、定位和特色。

总而言之，办学思想的适切性受到学校教育价值观的影响。历史上，关于学校教育的价值，存在不少争议，但是人们普遍认同：在学校教育活动中，学校教育价值的讨论颇多，尽管存在诸多争议，但普遍共识在于学校教育价值的选择，不可脱离价值活动主体的认识和需求，以及当时的时代背景。办学思想，作为对学校存在价值的理性认识，以及学校教育活动的顶层设计，必须兼顾社会需求和学校价值活动主体的需求。换句话来说，它是由学校自身的历史传统、现实条件以及在实践中表现出来的办学特色决定的；然而，在相同的时代背景下，教育价值活动主体对学校教育价值的认识和需求在宏观层面上存在一致性，这也使得不同的学校之间的办学思想展现出某种程度的共性。因此，所提出的办学思想需要具有一定的适切性，既能够满足当前社会发展的需求，也要与学校自身发展需求相协调。

四、稳定性

一所学校的办学思想，还具有稳定性。办学思想的稳定性，指的是学校在精神、性质和气质方面保持一定的连续性和恒定性。

首先，办学思想本质上是学校长期办学实践中积累的智慧，是学校核心价值观的集中体现。因此，它具有一定的稳定性，展现出持久不变的特征和形态。办学思想所反映的基本精神，不能因时代变化而轻易改变。只有当办学思想保持稳定时，才能够有效指导学校的各项工作，确保学校具有深厚的文化底蕴，同时保持持续发展的势头。

其次，从学校教育实践的角度看，学校教育受到多种客观因素的影响，存在着与教育发展紧密相关的客观秩序和规律。例如，作为学校各项工作核心的学生，其身心发展有着独特的规律，这就要求办学者在制定育人目标时，必须考虑学生的年龄特点，并据此制定相应的育人目标和实施策略，这些策略应当顾及学生的身心特点，避免随意变更。在这个层面上，学校的办学思想具有一定的稳定性，以确保学校教育教学活动的连贯性和有效性。

最后，从学校自身来讲，它相对其他系统来说，具有一定的稳定性。联合国教科文组织也指出："教育本身是保守的""教育体系倾向于一种时间上和空间上密封的体系。"[1] 这种相对闭合的环境，使学校能够有着相对稳定的环境，在不断变化的外部世界中，能够坚守自己对教育本质的精神守望，使学校保持自身的连贯性，确保学校的名誉与实际相符，保持其活力和自主性。从学校顶层设计角度来看，办学思想的稳定性显得尤为重要。它能够在一段时间内，甚至在更长

[1] 联合国教科文组织国际教育发展委员会．学会生存：教育世界的今天和明天［M］．北京：教育科学出版社，1989：92.

的时间跨度内，为学校的办学实践提供指导。如果学校的办学实践频繁变动，将导致学校发展方向的盲目性和内部运作的混乱，严重影响学校的发展，甚至可能造成学校发展的中断。因此，确保办学思想的稳定性，对于学校的长期发展和教育质量的持续提升，有着不可估量的重要性。

五、发展性

发展性也是办学思想的一个关键特征。办学思想的发展性，体现了其与时代发展的紧密联系。任何个体或组织的生存与发展都不可避免地带有时代的烙印。特别对于学校而言，其生存与发展无疑是随着时代的演进、经济的增长、政治意识形态的变化以及科技的进步，在其内容或形式上经历着各种变化，从而深刻地刻画了时代的特征。办学思想的发展性，是学校得以存在和发展的关键。面对复杂多变的世界，学校的生存与发展面临着诸多挑战，这些挑战不仅来自学校的外部环境，也对学校的办学思想的方方面面产生重要影响。因此，学校的办学思想不能停滞不前，而应持续进行动态的调整和更新，以适应时代的变化和发展的需求。历史和实践已经证明，没有任何一种办学思想能够永久适用于学校的发展。一些学校之所以能够快速发展，取得显著成效，很大程度上是因为其办学思想能够与时俱进，不断进行更新和完善。办学思想的发展性特征要求学校一方面继承并发扬学习历史上的优良传统，挖掘并使用有效的教育资源和先进的教育思想，它们是丰富办学思想内涵的素材，从而确保学校的办学思想具有丰富的文化底蕴。另一方面，学校需要根据社会发展和教育需求的变化，淘汰那些不再适应当前社会和教育发展需求的过时内容，同时融入新的元素，这些新元素应当符合当代的精神和教育发展的趋势，以此赋予学校的办学思想新的内涵。总之，办学思想的发展性，不仅是学校持续前进的动力，也是使学校成为一个充满活力、具有鲜明个性的发展主体的关键。办学思想的不断更新和发展是推动学校持续发展的根本动力。

有必要强调，办学思想的发展性与稳定性是一对相对的概念，使办学思想随着学校发展、时代变化而能够在“变中含不变，不变中有变”。正是这种平衡，确保了学校在发展的动态过程中保持稳定，同时在稳定中不断寻求持续发展的强势劲头。

办学思想的核心内容框架，科学合理的办学思想具备的特性都已经明晰，那么学校办学者如何才能够提出合适的办学思想？具体而言，学校办学者应当如何精炼办学理念、把握发展定位以及设定育人目标？在下面的章节中，将逐一对这些关键性问题进行详细的阐释和解答。通过对这些关键性问题的解答，可以提供一套系统的方法论，以指导学校办学者在办学过程中如何更好地构建、精炼办学理念，明确发展定位，并有效设定育人目标。这不仅有助于提升学校的教育质量和办学水平，也为学校的长远发展奠定了坚实的基础。

【本章导读】办学理念是对学校存在理由和核心价值的终极思考，它作为办学思想的灵魂，是学校办学者对好教育的期盼。鉴于当前办学理念内涵认识存在模糊与混淆的情况，本章先是从哲学的角度审视办学理念的内涵，进而对“学校理念、学校精神、学校使命、校训”与办学理念之间的关系进行了深入的比较分析。在此基础上，本章提出办学理念的精炼应依托于三个理论依据：“坚守学校‘培养人’的本质、坚守学校‘教书育人’的功能，坚守‘好教育’的价值追求”。随后，本章结合当前中小学办学理念提炼的现状及其存在问题，并在借鉴国外研究成果的基础上，设计了相关的量表，总结了中小学办学理念提炼的有效途径和过程，并对办学理念陈述的注意事项提出了建议。最后，本章探讨了中小学办学理念有效践行的路径，并针对“人际关系、课程、学校管理、家庭—学校—社区联系”四个关键领域设计了相应的量表，旨在评估和审视办学理念的践行情况。通过本章的分析与讨论，为中小学办学理念的精炼与实践提供了一套系统的理论框架和实践指南，进而促进学校教育质量的提升和教育目标的实现。

第三章　办学理念：中小学办学的灵魂

办学理念，作为学校办学思想的核心构成，在学校办学中起着灵魂和指针的作用。它不仅是学校内涵发展的核心和生命力所在，也是所有办学活动的精神基石。在学校的办学过程中，办学理念的践行路径多样，包括“用学校愿景内化办学理念、用规章制度强化办学理念、用校本课程实践办学理念、用教育活动活化办学理念、用师生行为体现办学理念、用办学成就证实办学理念、用校园环境彰显办学理念、用学校文化涵润办学理念。”[1] 可见，办学理念是推动学校改革、发展的关键力量，起到内聚人心、外塑形象的作用，在学校的整个发展中起着决

[1] 张旭．学校管理漫谈［M］．北京：光明日报出版社，2016：60.

定性的作用。随着教育界对办学理念作用认同度的持续提高，众多中小学办学者纷纷提出自身独特的办学理念，以此指导学校发展。然而，面对如何提炼出符合学校实际需要的办学理念，学校办学者面临着一定的挑战。总体来说，有效提炼办学理念，需要考虑以下三个方面的内容：第一，对办学理念的概念、理论依据必须具有深刻的理解和细致分析；第二，形成和提出办学理念的途径要合理和科学；第三，学校需能够用适当的语言准确表达办学理念。通过对这三个方面的深思熟虑和周密规划，学校可以确保其精炼的办学理念，既反映学校的核心价值观和教育目标，又能有效地引导学校的各项活动和长远发展，帮助学校建设成为优质学校。

第一节　办学理念的内涵解析

办学理念，作为学校生存理由、动力和期望的有机构成，它是学校发展愿景和方向的指导原则。然而，在教育理论实践的不同层面，对于办学理念内涵的理解存在着一定的分歧。这种现象的根本原因在于存在很多和办学理念相近的概念，它们之间的界限并不总是清晰明确。因此，只有对这些相关概念进行细致的梳理和深入的分析，才能准确把握办学理念的内涵。

一、办学理念的哲学阐释

办学理念，与“理念”相通，属于一种哲学性的上位概念。每一种哲学概念的形成都是“环绕三种根本的范畴（categories）来建立的：形而上学（metaphysics），是对于实体本质问题之研究；知识论（epistemology），是对真理和知识性质的探讨，以及如何获得真理和知识；价值论（axiology），是价值问题的研究”。[1] 因此，在阐述办学理念的内涵时，也需要结合哲学的这三个范畴，并将其作为提炼办学理念的理据。

第一，在形而上学范畴，办学理念涉及对“学校”这一实体的深入探讨，旨在解答“学校本质”的问题，是对学校本然状态的研究。学校办学者对学校本质的不同理解，会导致他们提出不同的办学理念；而办学理念的差异，则使得学校发展路径定然不同。

第二，在知识论范畴，办学理念的形成过程涉及学校办学者对“学校做什么”问题的认识。办学理念不仅反映了学校的价值选择和理想追求，因而其形成不能仅仅基于逻辑层面的理性设计，它还必须建立在对“学校做什么”正确认识的基础之上，即学校办学者对学校功能的认识必须是正确的。值得注意的是：在学校发展的漫长历史中，学校承担的功能日益增多，但并非所有的功能都是学

---

[1] 简成熙．教育哲学导论［M］．台北：五南图书出版公司，2002：11.

校应当担负的或者说是最为根本的功能。对学校功能的误解可能会使学校的办学行为偏离正确轨道，难以维持学校的本质，从而使学校价值的实现受到影响。因此，正确认识学校功能是学校办学者形成科学办学理念的关键所在。

第三，在价值论范畴，指在办学理念提炼过程中，学校办学者对学校“办学育人”的价值思考，它探讨的是“学校为什么”的问题。“价值还是人们活动的原动力和定向器，人的活动本质上都包括创造价值或实现价值的活动。”[1] 任何“理性个体和社会的生活是立基于某种价值系统之上，每种价值系统并不是普遍受到认可，”[2]这就引发有关“价值问题”的思考。“价值问题是处理个人或社会普遍认为何者是‘善’或较优的这种观念。”[3] 换言之，价值的实现既与事物本身固有的价值密切相关，也和主体所持有的价值观紧密相连。办学理念，作为对学校存在理由和价值的探讨，反映了学校办学者对于“办学育人”所持有的价值观，它是一种价值选择的结果。实际上，学校所有办学育人的活动都是在特定的学校价值观的指导和影响下进行的。可见，在办学理念的提炼过程中对学校价值问题的深入思考成为最为核心的内容。

结合前文所述，办学理念作为一个哲学性的上位概念，其形成需要基于对“学校本质”“学校功能”和“学校价值”这三个问题的深入思考。其中，“价值论的系统是建立在对于实体和真理的观念上”[4]，即形而上学和知识论。因此，学校价值是办学理念的核心问题，其选择是建立在对学校本质、功能正确认识的基础之上的。学校办学者对它们的不同观点，将导致价值系统的差异，在价值问题的选择上也会有所差异。由此推之，从结构上讲，办学理念的提炼涉及“学校本质、学校功能、学校价值”三个维度，它是基于学校办学者对这三个维度的深刻思考及其对这些思考的总和概括而形成的。同时，学校办学者在精炼办学理念时，应力求其表述精准、简洁、适宜，以确保学校教职员工能够理解和接受，并以此来指导学校全体成员的教育教学活动。

二、办学理念的概念丛林现象

在教育实践和研究领域中，不少人将“办学理念”等同于“学校理想”“学校精神”或“学校使命”。这种术语的混用主要源于对这些概念理解上的差异。实际上，办学理念作为一个哲学性上位概念，它的内涵是相当广泛的，它不仅包括“学校理想、精神、使命”，还涉及学校发展的“本然、实然、应然、必然”四种状态的综合考虑。它是有关学校理想、信念和价值观的探讨。因此，很容易出现只关注某一方面的情况。这种术语使用上的混淆，实际上也反映了概念理解

[1] 马俊峰．价值论的视野［M］．武汉：武汉大学出版社，2010：4.
[2] 简成熙．教育哲学导论［M］．台北：五南图书出版公司，2002：39.
[3] 简成熙．教育哲学导论［M］．台北：五南图书出版公司，2002：39.
[4] 简成熙．教育哲学导论［M］．台北：五南图书出版公司，2002：39.

上的混乱，这种混乱不仅会导致学校办学者在教育思想和管理理念上的混淆，还可能引起办学实践的偏差与失误，为学校的办学与发展设置不必要的障碍。因此，在深入探讨如何提炼办学理念之前，对这些概念进行明确和澄清是十分必要的。这样做旨在减少学校办学者在提炼办学理念过程中可能出现的认识偏差，确保办学理念的准确性和践行的有效性。

（一）学校理想的认识

办学理念的定义表明，办学理念是对学校的一种理想追求。因此，它也属于一种理想，它和学校理想存在紧密联系。然而，将办学理念与学校理想直接等同是不妥的。理想具有双重含义："其一，理想作为名词来解释，指对未来事业的想象或希望；其二，作为形容词来解释，即符合希望的、使人满意的。"[1] 人们从不同的视角出发，对"理想"的解读是有差异的。在社会学者看来，理想是人们基于客观发展规律提出的有关事物未来发展的想象和希望。在哲学家看来，理想是建基于一定根据，在合乎规律的基础上，提出的对事物未来发展的设想，是人们的奋斗目标。在心理学家看来，理想是一种有可能实现的信念，是与奋斗目标相联系在一起的。可见，"理想"并非纯粹的"空想"，而是依据一定规律提出的对事物未来发展的一种"必然性"和"应然性"的追求。

学校理想可以从两个方面解释：一方面可以理解为"对学校未来发展的想象或希望"，即"学校的理想"；另一方面可以理解为"符合期望的、使人满意的学校"，即"理想的学校"。这两种不同的解释，事实上是从不同的视角来对学校理想的设计与建构，"学校的理想"是基于学校内部视角，对学校自身发展的认识与向往作出的构想，体现学校办学者是对学校未来发展的一种"必然性"期望；"理想的学校"是基于学校外部视角，对学校未来发展的一种理解、期望作出的构想，体现学校办学者对学校未来发展的"应然性"期望。无论哪种视角，这种期望都不应被视为"空想"，而是根植于现实之中，同时超越现实，具有实现的可能性。因此，学校理想，是学校办学者对学校未来发展的"应然性和必然性"的深思和追求。

（二）学校精神的认识

陶行知先生在探讨"什么是活学校"时，强调了"活学校"的关键是对学校精神的追求。他形象地比喻："高尚的精神如同山间明月，江上清风一样，是取之无尽，用之无穷的。"[2] 这一观点凸显了学校精神的重要。因此，许多学校在其学校概况中特别介绍了学校精神，例如广州市南海中学在其"学校标识"中，不仅包含了"百年校训、育人目标、校风、教风、学风"的介绍，还特别介绍了其独特的学校精神——"弘毅弘志，求真求实"的"骆驼精神"。此外，

[1] 倪文杰等．现代汉语辞海［M］．北京：人民中国出版社，1994：577.
[2] 陶行知．中国教育改造［M］．安徽：安徽人民出版社，2019：131.

一些中小学在提炼其办学理念的同时，也不忘学校精神方面的介绍。以上海市观澜小学为例，该校的办学理念是“学校倡导‘与观澜共荣辱，为名校添光彩’，并要求每位教师‘言语思美、行为思正、工作思进’，做到敬业爱生、能教善教、创新奉献”，其学校精神是“求真、求是、守信、踏实”。

无论学校是否明确提出学校精神的内容，弄清学校精神的含义是至关重要的。只是因为不少学校在办学理念与学校精神的认识和理解方面，存在一定程度的偏差。明确区分这些概念，有助于学校办学者在概括或精炼办学理念及学校精神时，避免产生偏差。学校精神的阐释，可以从“精神”一词谈起。《辞海》对它的解释有很多：“与‘物质’相对，指人的内心世界现象；神志、心神；精力、活力；神采、蕴味。”[1] 可见，精神主要是对人的情感、思维、意识等心理现象的描述或概括，它是人们对活动中产生的内在气质的概括或事物体现出来的意境。[2] 基于对“精神”的诠释，学校精神可被理解为学校在长期的办学活动中产生的独有气质或特征，这种内在气质或特征，是建立在全校师生共同情感、意志、价值观基础上，其所体现出来的精神气质，是学校文化最核心本质的体现。学习精神的产生，是学校全体师生在长期教育教学活动中积淀起来的，既有历史的传承，也有时代精神的体现。简言之，学校精神是学校通过长期办学凝聚而成的“实然风貌”，凸显了一所学校的特色、形象、水准。例如，“北大之创新、清华之严谨、南开之笃实、浙大之坚韧”[3]的学校精神表述，便是对这些学校独特风貌的概括。总之，学校精神属于“实然性”，是对学校过去和现在状态的最佳概括，是学校外在形象和内在精神的统一与综合。它源自学校的办学理念，是对办学理念的升华或高度凝练。

（三）学校使命的认识

在西方国家的中小学教育体系中，学校使命的陈述与我国中小学所强调的办学理念具有相似性，均被认为是学校教育哲学中最为核心的部分。同样，在我国的中小学中，办学理念的提炼最为核心的也是学校使命的明晰。那么，何为学校使命？根据《辞海》的定义，“使命”一词通常指“派人办事的命令，多比喻重大的责任。”[4] 从本质上讲，使命与责任是密切相关的，其中“责任就其本质而言，是社会生活和社会关系对现实的人的现实要求。”[5] 正如马克思曾说：“作为确定的人、现实的人，你就有规定，就有使命，就有任务，至于你是否认识到这一点，那都是无所谓的。”[6] 这里的“确定的、现实的”是指个体所处

[1] 夏征农，陈志立．大辞海 第1卷 词语卷2［M］．上海：上海辞书出版社，2015：1741.

[2] 陈瑞生．学校精神的研究［D］．上海：华东师范大学出版社，2010：19.

[3] 凌均卫，等．大学理念：认知与践行［M］．海南：海南出版社，2009：26.

[4] 黄河清，等．近现代词源［M］上海：上海辞书出版社，2010：678.

[5] 谢军．责任论［M］．上海：上海人民出版社，2007：1.

[6] 马克思，恩格斯．马克思恩格斯全集（第3卷）［M］．中共中央马克思恩格斯列宁斯大林著作编译局，编译．北京：人民出版社，1964：329.

的特定社会关系，“使命、任务”则是这种特定社会关系对人的责任要求。对于学校而言，无论是学校的发展还是学校成员的成长，都是通过人的活动来实现的。这意味着处于特定历史时期和社会关系中的学校，必须承担起相应的责任。需要明确的是，学校使命并不是指学校所承担的所有责任，而是指学校必须承担的根本性责任。真正责任是指“出于对规律或法律尊重的行为必然性，”[1] 只有基于这种必要性责任，才能被视为一种使命。换言之，学校使命是社会对学校应承担责任的现实性要求，这种要求是建立在对教育规律尊重的前提之上的。只有那些必要性的行为，才能称作学校使命，也只有这样，学校使命才有实现的可能性。因此，学校使命是建立在对学校“本然、应然”正确认识基础上提出的，涉及学校价值取向的问题。它是在对学校价值的理性认识基础上做出的理性选择，是学校提炼办学理念的核心。

（四）校训的认识

校训，不属于办学理念的内在要素，然而，却有不少人将校训和办学理念等同视之，或将二者混淆。在西方，校训通常被翻译为“School Motto”。以牛津大学为例，其校徽下方可有这样一行英文：“Motto：‘DOMINUS ILLUMINATION MEA’，‘The Lord is My Right’（Psalm27）”。可见，牛津大学是用英文“Motto”来指代“校训”。[2]在较具有权威性的西方词典中，例如《牛津高阶英汉双解词典》，存在“直接把‘Motto’和‘school’连用的情况，如‘What’s your school motto?（你们的校训是什么?）’将‘Motto’解释为：‘a short sentence or phrase chosen and used as a guide or rule behaviour or as an expression of the aims or ideals of a family，a country ，an institution，etc.’”中文解释为“箴言、格言、座右铭”。[3]另外，在《英汉双解剑桥国际英语词典》中，对“Idea ”的英文解释为：“a belief of opinion”，中文解释为“理念、信念”。[4] 据此，我们可以认为“Motto”是西方关于校训最为本源的翻译。同时，日本学者平塚益德把校训解释为：“校训是根据国家和地方教育委员会法定的教育目标，同时考虑各学校的历史、传统、地区性、学生的实情等条件，发挥学校的自主性而制定的具体教育方针，主要指涉及道德人格而形成的教育观念。”[5] 而我国在1928年出版的《中国教育辞典》中，对“校训”的解释为：“校训，学校为训育上之便利，选若干德目制成匾额，悬之校中公见之地，是为校训，其目的在使个人随时注意该种德目而实践之。制定校训，常择取德目之具有涵盖性者；措施明显易解；针对

---

[1] 伊曼努尔·康德．道德形而上学原理［M］．苗力田，译．上海：上海人民出版社，1986：131.

[2] 王彩霞．二十世纪中国学校校训研究［D］．上海：华东师范大学出版社，2006：32.

[3] 霍恩比（A. S. Hornby）．牛津高阶英汉双解词典（第四版）［M］．李北达，编译．北京：商务印书馆，2002：961.

[4] 英国剑桥出版社．英汉双解剑桥国际英语词典［M］．上海：上海外语教育出版社，2001：1742.

[5] 平塚益德．世界教育大辞典［M］．黄德诚，等译．长沙：湖南教育出版社，1989：505.

本地或本校之需要。”[1] 顾明远先生认为：“校训是学校为树立优良校风制定的要求师生共同遵守的准则。”[2] 可见，校训作为一种箴言或座右铭，对全校师生的道德和行为起着规范和激励的双重作用。

从上述分析中，我们可以明确地看到校训和办学理念之间存在的区别：一是它们作用的对象不同。办学理念旨在指导学校办学育人的所有活动，校训则仅用于指导教师和学生的道德和行为；二是与办学理念相比，校训表现出更大的稳定性。随着学校所处的历史背景或发展阶段的变化，办学理念可能需要不断地进行更新或赋予新的意义。区别于办学理念，校训代表了学校优良传统和历史文化积淀的精华，它作为学校的应然之风，是对学校全体人员的道德和行为的规范，显得更为稳定。许多拥有百年历史的名校，其办学理念可能会不断更新、更替，但其校训往往从创校时期确立之后，便沿用至今。例如，天津南开中学的校训——“允公允能、日新月异”，自创校以来便一直使用至今。因此，办学理念与校训之间的关系可以概括为：办学理念是校训的基础和源泉，校训则是办学理念的外在表现形式和载体，是在实践基础上对办学理念的延伸。

第二节　办学理念提炼的理据

办学理念作为一个哲学概念，是对学校存在理由、存在价值的哲学思考。众所周知，一个完整的哲学概念，通常是包含“形而上、知识论、价值论”三个范畴。因此，学校办学者在对办学理念的哲学思考或者理论探索时，也应当从这三个范畴着手。其中，“形而上”范畴的思考，关注的是“学校本质问题”，“知识论”范畴的思考，集中于“学校功能问题”“价值论”范畴的思考对应的是“学校价值问题”。下面将结合这三个方面探究中小学办学理念提炼的理据。

一、提炼原点：坚守学校“培养人”的本质

“为什么办学校”属于价值问题，也就是说，学校的创办和价值有关。正如迈克尔·W. 阿普尔（Michael W. Apple）提出的：“一方面，学校从来都不是，也永远不可能是一个价值中立的机构。另一方面，学校对价值和广泛的知识领域的选择，也是不可避免的。所以，我们必须对这种选择做出一种明确的、规范的指导。”[3] 要提供这种明确的、规范的指导，首先需要认清学校本质。通常认为，任何事物的本质是内在的、稳定而扎实的，并且不会因事物性质的改变而发生改变。对学校性质的认识虽然经历将学校视为“教学场所→机构→社会组织”

[1] 王克仁，等．中国教育辞典［M］．上海：上海中华书局，1928：495.

[2] 顾明远．教育大辞典（增订合编本下）［M］．上海：上海教育出版社，1998：1734.

[3] 迈克尔·W. 阿普尔．教育能够改变社会吗［M］．王占魁，译．上海：华东师范大学出版社，2014：76.

的转变，但是学校本质是恒定不变的。那么，学校本质究竟是什么呢？日本学者海后宗臣认为“学校就其本质来说，就是教的和学的两种性质完全不同的人集聚在一起从事教育活动的场所。”[1] 尽管这种定义为我们提供了一种视角，但它并未直接回答“学校本质是什么”的问题。为了准确回答这一问题，我们必须进一步探讨这两种性质的个体为何要聚集在一起从事教育活动。这要求我们追溯到学校的起源，探究学校在其演变过程中产生的转义。通过对这些方面的深入探讨，我们才能够正确认识中小学校存在的本质和使命。

自人类社会形成之日，教育活动便作为一种根植于社会生活的“自发”活动而存在，起初主要通过日常活动和口头交流进行。那么，为何教育活动最终转变为在学校中以文字的形式进行呢？在采集时代，人类累积的生活经验和智慧较为有限，这些知识和智慧可以通过直接参与社会生活和口头交流轻易地传递给下一代。然而，随着人类社会的不断进步和发展，仅通过直接的活动和口头交流已显然不足以保存和传承人类不断增长和日趋复杂的经验与智慧。文字的发明便成为一种新的用于记录、传承人类不断增长和日趋复杂的经验与智慧的方式，因此，“为了使下一代完整地系统地掌握人类社会所积累的经验，就必须建立专门的教育机构进行教育。可以认为，学校在最初是作为最有效的传授经验的方式被人类选择的。”[2] 苏联学者米定斯基指出，学校的发生是和文字渐趋复杂、文字的出现及科学的诞生有关系的。[3] 同样，约翰·杜威（John Dewey）也认为：“当社会传统很复杂，相当部分的社会经验用文字记载下来，并且通过书面符号进行传递时，学校便产生了。”[4] 由此可见，学校的产生和文字的发明以及社会的进步发展密切相关，它们是学校产生的条件。然而，不论是最初在社会生活中进行的教育，还是后来在学校这一特定场所中进行的教育，其本质均为“人的培养”。学校中的“教与学”旨在“下一代可以从前辈的肩上展望更遥远的知识水平线，”[5] 换句话说，学校被视为下一代人前进的阶梯，其创办的目的就在于通过对“人的培育”，确保人的发展和社会发展的和谐统一，将“人的发展与社会发展”统一在学校的“人的培养”活动之中。尽管学校在其后续的演变与发展中，学校的性质确实经历了多次变化，但学校的本质——“人的培养”，始终未曾改变。在学校的发展和演变过程中，社会对学校寄予许多厚望，如培养人才、推动文化发展、影响民族兴衰、促进国家强盛等，这使得学校肩负过多的使命。然而，学校的运行与发展同时也受到学校内外系统中多种因素的综合影响，这些

---

[1] 大河内一男，海后宗臣，等．教育学的理论问题［M］．曲程，等译．北京：教育科学出版社，1984：50.

[2] 刘庆昌．教育者的哲学［M］．北京：中国社会出版社，2004：154.

[3] 米定斯基．世界教育史［M］．叶文雄，译．北京：生活 读书 新知三联书店，1950：11.

[4] 约翰·杜威．道德教育原理［M］．王承旭，译．杭州：浙江教育出版社，2003：40.

[5] 约翰·S. 布鲁巴克．教育问题史［M］．吴元训，译．合肥：安徽人民出版社，1991：613.

因素彼此之间存在显著的差异。这些因素共同作用于学校，进而影响着学校实现“培养人”的核心目的。在不同的历史时期，学校可能会更加侧重“人的发展”或是“社会发展”，有时甚至将两者对立起来。换言之，对于“人的发展”和“社会发展”的理解和需求，在不同时代有所不同，这些不同的理解和需求从多个层面和程度影响着学校“培养人”的目的。尽管如此，这些因素都不能否定或动摇学校“培养人”的本质。否则，学校将面临危机，为人们所诟病。例如，近代以来，随着学校的快速发展，其世俗性和国家化特征日益被强化，而公共性和公益性特征也日益凸显，生产性功能变得突出，学校制度体系逐渐完善。然而，在这一发展过程中，学校也面临着诸多问题，特别是 19 世纪末 20 世纪初，这些问题变得越发明显，导致学校陷入危机。公众对学校与生活脱节的现象提出了批评：“从儿童的观点来看，学校最大的浪费是由于儿童完全不能把在校外获得的经验完整地、自由地在校内利用，同时另一方面，他在日常生活中又不能应用在学校学习的东西，那就是学校的隔离现象，就是学校与生活的隔离。”[1] 此外，学校对其他功能的过度强调以及教育本质的缺失，导致人才培养方向出现偏差，取向片面化和狭隘化，学生被视为待加工的“原料”，学校则变成“加工厂”。这导致学校科层制管理中“人”的消失，学校的教育教学方法不适应时代需求等问题。面对这些挑战以及随着教育基础的变革，学校的公共性越来越受到公众的质疑。

据此可见，学校遭受批评的主要原因在于其对“人”的异化处理，将“人”视为一种“工具”，从而引发“人的培育”过程中的偏差。这种偏差导致学校培养出来的人才既无法满足个体的发展需要，也日益不适合社会发展的需要。因此，学校必须坚守“人的培养”这一本质，对“人的培养”持有正确的理解，否则学校将难以实现其最终目标——促进人的发展和社会发展。面对学校所面临的危机，以及社会发展与人的发展需求的多元化，现代学校实施了一系列改革。这些改革的核心理念包括“回到学校本身”“回到教育原点”“以人为本”。这些改革措施涵盖了数字化校园的开发与建设、学校办学模式的多样化、学校教学模式的结构挑战与重建、以学校为本的变革等方面，旨在探索如何使学校重新聚焦于“人的培养”。通过这些改革，期望学校培养出的人才既能满足社会的多元化需求，也能满足个体的个性化发展需求。

可见，自学校设立之初，“人的培养”便是其核心本质，其存在的根本目的在于促进“人的发展和社会的发展”，这两者统一在“人的培养”这一学校本质中。因此，中小学若要提炼出具有指导作用的办学理念，就必须坚定不移地遵循“培养人”的本质。

---

[1] 约翰·杜威. 学校与社会. 明日之学校 [M]. 赵祥麟，等译. 北京：人民教育出版社，2005：58.

二、提炼基础：坚守学校“教书育人”的功能

办学理念体现了学校办学者对学校价值的选择和追求，它为学校的教育与培养工作指明了方向。学校价值的选择，离不开对中小学校基本功能的准确理解，这是提炼办学理念的根本。不同层级和类型的学校具有不同的性质，应当发挥的作用不同，从而展现出各自独特的学校功能。对中小学校功能的确定，基于对其社会地位和教育作用的深入认识。

（一）中小学的基础性地位

每所学校均受到学校系统的深层次影响。对中小学而言，地位的确定需深入考量其与其他层级教育之间的内在联系。换言之，这些学校的地位与其所处的学校系统的发生路线密切相关。观察世界各国各级学校系统发生路线来看，主要有两种发展模式：一为“下延型学校系统”，即系统是由较高等级的学校向较低等级学校逐级向下延伸而形成的系统；另一种为“上伸型学校系统”，即从较低等级学校向较高等级学校逐级向上延伸而形成的系统。[1] 从我国的各级学校系统发生路线来看，鉴于近代社会发展的滞后和重建的迫切需求，优先发展高等教育以快速满足社会对大量高级人才的需求成为第一要务。因此，我国学校系统发展初期是先建设较高等级学校，随后向下延伸建设，即“下延型”发展路线。然而，随着国家对基础教育阶段，尤其是小学教育的重视，学校系统的建设逐渐向“上伸型”模式转变。这一转变基于对国民文化素养提升和基础学力培养的长远考虑，从而确保学生获得必要的社会生活能力及升学所需的基本学力。因此，我国的学校系统中的基础层级——小学得到重视和发展，即“上延型”的路线开始受到重视与发展。最终，我国学校系统形成“下延型”与“上伸型”并行的发展路线。有学者将中国学校系统的发生路线称作“非典型下构型”发生路线。[2] 在这一发展路线下，我国的学校系统建设最初集中在大学的发展上，随后扩展至小学，随着小学教育的不断发展，学校系统的建设才逐次向中学延伸。

小学，作为一种公共性教育机构，肩负着为学生奠定基础学力的重要职责。在整个学校系统中，小学处于“基础性、奠基性”地位，这一地位决定了小学教育的“公共性”导向。相比之下，中学在学校系统中的地位相对复杂，长期以来处于一种微妙的位置。若从“下延型”发展路线来说，中学要转变为大学的预备阶段，这一转变要求中学不仅要为学生提供必要的职业知识，以便为中学生未来融入社会生活打下基础，而且还迫使小学也成为初中的预备阶段，确保小学毕业生能够满足中学的教育要求。从“上伸型”发展路线和儿童身心发展规律来说，中学教育应当视为小学教育的延伸和提高，必须充分考虑到儿童现有需

---

[1] 陈桂生．教育原理［M］．2 版．上海：华东师范大学出版社，1993：56.

[2] 杜成宪．非典型的下延型发生路线——中国现代各级学校系统形成中的三次反复［J］．南京师大学报（社会科学版），2014（3）：92-100.

求和已有基础。这种视角强调了教育的连续性和适应性，要求中学教育在内容和方法上，能够有效衔接小学教育，同时为学生提供更高层次的知识和技能，以促进其全面发展。但是，我国学校系统的发展并非单一路线，而是采取了“下延型”与“上伸型”并行发展的策略。在这一体系中，中学在学校系统中处于“衔接性、中间性”的关键地位，中学生要面临“升学或就业”的选择，这也意味着中学教育“公共性和专业性”的双重特点。这种特性是从学校系统发展路线的角度考虑的。然而，从人的发展连续性的角度来看，中学阶段是个体成长中的一个关键过渡期，这个时期不仅见证了学生在身心方面获得的飞速发展，也是他们学习知识和技能，形成理想、兴趣、动机、态度以及世界观、人生观的最佳时期。鉴于此，中学教育应重视提供丰富多彩的活动和课程，以满足学生探索不同知识领域的需求，促进他们兴趣的多方面发展，帮助他们发掘和培养个人特长。这一教育阶段不应过早地引入专业化教育，而应更多关注于基础教育，从而为学生的终身学习和全面发展奠定坚实的基础。因此，无论是小学还是中学，它们在学校系统中的基础性地位是不容忽视的。这一立场强调了中学教育也应以促进“人的发展”为核心，从终身教育的视角出发，重视基础教育的作用和价值。

（二）“教书育人”与“选拔人才”基本功能的剖析

办学理念，作为学校办学者对学校价值的理想追求，要求学校办学者对学校功能的发挥有正确认识，以避免出现价值选择的偏差。学校，作为社会系统不可或缺的一个组成，被视为“是社会系统网络的一个基点，与其他社会系统紧密相连，故它的功能是多向性的。”[1] 从“功能泛化论者、再生论者、工具论者、批判论者”的研究来看，学校被开发出很多衍生性的功能，但是，犹如“简化论者”所强调：人们不应该让学校担负过多的社会责任和历史使命，而应当还学校以真实面貌。换句话说，在学校办学过程中，人们应该更注重学校的本然功能，而不是过分关注学校的衍生或间接功能。[2] 确实，学校被开发出很多衍生功能和再生功能，而学术界对学校是否必须具备这些功能并没有一致的看法。挪威学者波·达林（Per Dalin）指出：“组织要生存，就必须保障和开发其许多功能，并非所有的组织功能都同等重要，也并非必须保证各项功能都以某种特殊的方式发挥作用，获得最佳效果。”[3] 因此，在提炼办学理念时，学校办学者应将学校的本然功能作为提炼的依据，这才是学校这个组织最重要的功能，也是防止学校功能偏离的关键。那么，学校究竟具有哪些基本功能？研究者普遍认同学校承担着“人的培养”以及“人才的选拔和甄别”这两大基本功能。“西方学者塔

---

[1] 王兆璟．简论美国私立学校的功能［J］．教育科学，1996（1）：61-63，60.

[2] 李兴洲．学校功能与现代学校制度建设［M］．北京：开明出版社，2007：9-13.

[3] 波·达林．理论与战略：国际视野中的学校发展［M］．范国睿，译．北京：教育科学出版社，2002：76-77.

尔科特·帕森斯（Talcott Parsons）明确提出学校和班级具有两种基本功能：个体社会化功能以及选拔功能。"[1] 我国教育学者劳凯声同样强调，学校的本质在于培养人，即促进个体的身心发展，使个体社会化。他进一步明确，学校通过"培养人"和"选拔人"这两种基本功能来实现其本质。"学校对个人发展的促进功能，是指学校根据社会对每一个人的基本素质要求和个人身心发展的基本规律以及不同的个性特征对受教育者所施加的影响；学校的选拔功能，是指学校根据一定社会的价值标准判断和评价其成员的模式对受教育者所做的鉴别。在现代社会中，学校的这两种功能是缺一不可的。"[2]尽管对于学校功能的理解和认识存在不同观点，但是他们的共识在于，他们一致认可学校的基本功能——培养人和选拔人——是其不可分割的核心职责。

首先，"教书育人"是学校的基本功能，这一功能体现了学校本质的内在规定性。教育学者朱小蔓说："从理论上讲，学校就是教育人，培养人的专门机构，学校的基本功能就是教育人、培养人，这可以说是教育学上最简单、最明了，而又人尽皆知的常识。"[3] 观察中小学的教材、教育政策以及中小学地位，可见自古以来中小学一直担负着教书育人的基本功能。我国古代中小学着重于知识技能和道德行为规范的培养。长久以来，学校直接承担着"社会教化"的角色。小学也一直充当着大学教育（官学）基础训练的角色，作为大学（官学）的补充角色。[4] 进入清朝后期，新式学堂的出现与废除、新式学校的建立以及民国时期的学校变革均表明，尽管中小学开设的课程范围有所扩展，但其主要任务始终不变，仍然是以读、写、算技巧的传授为主，证明了中小学在教育体系中一直处于奠基性地位。这一时期，中小学的教育指导思想是："留意儿童身心之发育，培养国民道德之基础，并授以生活所必需之知识技能为宗旨。"[5] 新中国成立之后，国家对中小学教育的发展十分重视，从国家颁发的一系列教育法规、政策；开展的教育体制改革、基础教育课程改革，以及教育理论界有关基础教育的一系列研究来看，都是围绕着如何使中小学更好地发挥"教书育人"功能展开的。教育学者陈桂生对各级各类学校原来发生的时代和最初的宗旨进行概述（表3-1），他的分析再次表明各级各类学校都是以"教书育人"作为学校根本出发点，其他方面的功能均是围绕着这一点展开。这一点凸显了"教书育人"中小学固有的基本功能。

---

[1] 李兴洲．学校功能与现代学校制度建设［M］．北京：开明出版社，2007：10.

[2] 劳凯声．重新界定学校的功能［J］．教育研究，2000（8）：3-5.

[3] 李兴洲．学校功能与现代学校制度建设［M］．北京：开明出版社，2007：序．

[4] 池小芳．中国古代小学教育研究［M］．上海：上海教育出版社，1998：104-118.

[5] 朱有瓛．中国近代学制史料：第三辑上册［M］．上海：华东师范大学出版社，1990：111.

表 3-1　各级各类学校的发生时代及其最初宗旨[1]

学校名称	发生年代	最初宗指
1. 大学、学院、研究院	中世纪	一般文化修养、品格训练
2. 专业学校	中世纪	一般文化修养
	19 世纪	实际的功用
3. 师范学校	19 世纪	实际的功用、一般文化修养
4. 技术学校	19 世纪	实际的功用
5. 中等学校	文艺复兴时期	一般文化修养、品格训练
6. 文法中学、中间学校	文艺复兴时期	一般文化修养、品格训练
7. 初级小学	16 世纪	实际的功用
8. 幼儿园	18 世纪	道德的培养

其次，学校"培养人"的本质除了"教书育人"的功能表现之外，还通过"选拔人"功能来体现。从一般意义上看，学校充当了一种"筛选装置"。社会对人才的选拔分为保举性和竞争性两种方式，其中保举性选拔主要依据个体的种姓、身份、门第、家世等作为人才选拔的资格；而竞争性选拔依据的是个体具有的能力、知识、德性、经验等品质来选拔人才。[2] 随着社会的不断发展，竞争性选拔已成为社会人才选拔的主流形式，学校则成为实现甄别选拔人才的重要途径之一。学校通过认定学历和学位，并结合社会资格制度，为个体在人才竞争性选拔中提供了重要的资本。在学校内部，通过知识、技能、思想等以提升个体的竞争选拔能力，并通过对学生学业、品行、能力等进行评价，形成一种初期的人才选拔。[3] 因此，当竞争性选拔成为社会人才选拔的主导方式时，学校在选拔和甄别人才方面的功能就日益受到重视。换句话来说，学校不仅加强了个体的先天地位，还促进了其后天特质的发展。显然，学校在人才培养的过程中，学校同样执行着人才的选拔甄别任务，其选拔结果也是培养的成果。因此，从这个角度讲，选拔甄别无疑也是学校的基本功能之一。

（三）"教书育人"与"选拔人才"之间的冲突

"教书育人"和"选拔人才"都是学校的基本功能，这两项职能不可相互取代。理想的学校应当确保这两种基本职能都能得到充分的实现。然而，在中小学的办学实践中，长期以来，"选拔人才"的职能被不当地放大，从而挤压了"教书育人"的传统职能。也就是说，学校在履行这两项基本职能时出现了冲突。当"选拔人才"的功能被过度强调时，中小学的课程设计、教学教育活动及整体教

[1] 陈桂生．学校教育原理［M］．长沙：湖南教育出版社，2011：39.
[2] 鲁洁．端正教育思想 明确培养目标——论学校的选择功能［J］．教育研究，1986（10）：27-31.
[3] 杨清溪．合理发展——基础教育发展新路径研究［D］．长春：东北师范大学，2015：122.

育理念主要围绕竞争性评价中被认可的知识和技能进行，通过奖励、惩罚、考试、证书等各种方式巧妙地加强这一功能的实施。然而，学校对于“选拔人才”职能的过度重视，可能导致学生发展的单一化，忽视了学生的全面发展。此外，在实际办学过程中，学校在实现这两种基本职能时也存在一定的偏差，进一步加剧了问题的复杂性。在中小学的教育实践中，育人功能发挥需要关注学生的全面发展。然而，这一目标在实际操作中往往被简化为智育功能，而智育本身又过度侧重于书本知识的传授。这种偏差在中小学的课程设置、实施情况以及作业布置中均有所体现。目前，中小学的课程设置中语文、数学、英语三门学科占据了显著的地位，这三门科目不仅拥有较大的话语权，而且在学生的学习时间分配上也占据着主导地位。尽管从课程表上看，其他学科的课时相较于过去有所增加，但是在实际执行过程中，这些课时往往被语文、数学、英语三门课程占用，特别是在期末复习阶段，体育、艺术等课程的课时更是频繁被这三门主要科目所替代。从中小学布置的作业内容来看，大部分作业依然以书本知识为主，且主要强调巩固型和训练型的作业，应用拓展型、体验型、反省总结型的作业则相对较少。这表明，中小学在实施育人功能时，存在过分重视学生认知发展而忽视情感、经验以及道德教育的倾向。这种现象不仅反映了学校对人文学科的相对忽视，也显示了学校对科学技术类学科的偏重，从而影响了学生全面发展的目标。

在中小学教育实践中选拔功能的发挥，偏差在于过分重视人的选拔而导致功能发挥的异化。这种偏差体现在对选拔功能目的的理解。理论上，中小学的学业评价旨在通过评估过程，识别学生在能力、气质与个性特征的差异，将这些差异作为教育教学的基础，以确保每位学生的特长得以充分发挥，促进学生发展。[1]然而，在实践中，许多中小学倾向于通过学业评价对学生进行分层、选拔和淘汰，将学生的成绩作为划分等级的依据，从而选拔出表现突出的学生，使他们有机会进入更高级别的学校或者接受更优质的教育。这一做法明显背离了中小学教育的初衷。中小学作为一种公益性、公共性的教育机构，并非旨在选拔性或淘汰性的教育，而是应该面向每个儿童提供基础教育服务，致力于提高国民整体素质。中小学教育是每个儿童都享有的基本公共服务，其核心目标应是通过普及基础教育，为社会培养具有全面发展潜能的公民，而非仅仅培养少数尖子生。综合分析可见，“教书育人”是学校的固有功能。然而，中小学教育实践中对“选拔人才”的过分重视，导致学校实现其核心职能过程中的异化显现，“教书育人”的基本功能在无形中也受到排挤；同时，中小学对“教书育人”这一基本功能的认识也存在明确的偏颇。简言之，这两项基本功能都是正当的，只不过在发挥过程中，由于中小学对其认识上的偏差，导致学校职能发挥失常或异化。

（四）“教书育人”功能的全面坚守

从历史视角审视看，学校不仅肩负着“教书育人、选拔人才”这两项核心

[1] 吴亮奎．功能、悖论和应有之义：优质学校的社会学分析［J］．教育理论与实践，2011（19）：26-29.

职责，同时也承担着众多其他重要功能。约翰·I. 古德莱德（John I. Goodlad）指出，学校在很多方面发挥着功能，如为所有人争取社会和经济平等、消除种族歧视、帮助学生获得良好的社会中良好的个人所应具备的美德，以及“看护孩子、发展个人才能”等。[1]诚然，随着社会的演进，学校的职能也在不断地调整与变化之中，被赋予越来越丰富的功能。然而，被赋予的功能，它仅是人们对学校的一种美好期待。新主知主义者雅克·马里坦（Jacques Maritain）认为：“教育的主要目的，在最广泛的意义上就是‘塑造人’，或者更确切地说，帮助儿童成为充分定型的和完美无缺的人。其他目的如传递特定文明区域的文化遗产，为参与社会生活和成为优良的公民做好准备，以及履行整个社会的特定职能，完成家庭责任和谋生所需要的精神准备，乃是一些推论，它们是重要的但又属于第二位的目的。”[2] 总而言之，学校在“教书育人”方面拥有其他社会机构无法比拟的优势。然而，若学校过多涉猎其他职能，承担过多角色，可能会导致其资源和精力的过分分散，从而难以实现其基本职能，甚至可能导致学校职能的“失衡”和“异化”。

“教书育人”与“选拔人才”均构成学校的基本职能，然而，对中小学来说，选拔功能相对而言是一种更为次要的功能。中小学承担的是基础教育，它最为关键的特征就在于基础性，旨在为学生“成人”奠定根基，目标在于培养学生掌握最基本的生活能力，而非将其塑造为特定领域的“杰出人才”，避免使中小学生过早陷入“社会分层和流动”的学习目标当中。因为“论到作为人的最本质需要，人活在世上的最根本追求，如果略过人的差异性，从人的统一本质和特有本质说，它不可能是别的，那就是‘成为人’，也就是要获得人的本质、完成人的使命、实现人的价值。”[3] 这意味着，学校应当以学生发展为核心，而非以学生发展之外的东西。在中小学阶段，应重视学生各方面素质的全面发展，过分强调选拔功能可能不利于学生素质的全面提升。综上所述，虽然选拔也是中小学特有的一项基本职能，但是，在中小学阶段，学校最为根本的还是“教书育人”这一基本功能。

当然，学校这项基本功能的发挥，还应当结合当前的时代背景，对学校基本功能的发挥进行内涵诠释，坚持一个更加全面的育人功能观。学校无疑是保存和传递知识的关键场所。然而，在当今时代，随着知识获取途径日益增多，包括各类学习应用程序（App），大规模开放在线课程（MOOC）、虚拟仿真系统等，以及智能手机、平板电脑、笔记本电脑等便携式终端设备和移动互联网的普及，学生获取知识的方式已经突破了时空的限制，知识获取的途径因此得到了极大的扩宽。因此，在新时代的教育背景下，学生面临的挑战不再是知识的获取，而是如

---

[1] 约翰·I. 古德莱德. 学校的职能［M］. 沈剑平，译. 台湾：桂冠图书股份有限公司，1999：2-26.

[2] 王承旭，赵祥麟. 西方现代教育论著选［M］. 北京：人民教育出版社，2001：314.

[3] 高清海. 人就是“人”［M］. 沈阳：辽宁人民出版社，2001：26.

何培养广泛的学习意识、学习兴趣，以及筛选、应用知识的能力。这意味着，当代的中小学教育不仅需要拓展知识的来源，更应转向培养学生的“多元学习能力”和“应对性学习能力”，使学生能够不断积累学习经验与技能，并创造性运用所掌握的知识和能力。

总而言之，学校必须坚守的第一位功能是“教书育人”功能。随着时代的变化，公众对这一功能的诉求定会有所不同，它要求学校在坚守既定教育价值观的基础上，全面评估调整学校功能的供给情况，确保学校的“教书育人”职能能够得到充分的实现。

三、提炼核心：坚守“好教育”的价值追寻

学校发展方向的差异主要源于其办学理念的不同；而办学理念的差异，则根植于学校办学者对学校教育价值的不同追求。这种追求是基于学校办学者对学校教育价值的理性认识和判断基础之上所作出的“应然”选择，体现了学校办学者对“好教育”的理想追求。中小学办学者对办学理念的提炼，是建立在对学校本质、功能、学校教育价值等深刻理解和认识基础上做出的“应然”选择，它是学校教育价值观的集中体现。

（一）三种典型的教育价值取向

办学理念体现了学校办学者对“好教育”的价值追求，它构成了学校教育价值观的核心。价值是“从人们对待满足他们需要的外界物的关系中产生的，”“表示物对人的有用或使人愉快等等的属性，” “实际上表示物是为人而存在。”[1] 价值的本质是客体与主体需要间的特定关系。价值观是这种特定关系在观念上的反映，它属于一种主观判断，与主体需求紧密相关。不同个体的需求、不同的利益诉求角度以及时代背景的变化，均能催生出多样化的价值取向和价值观。学校教育价值观特指学校教育价值在公众观念上的映射，它是对价值的一种选择性认同。学校所倡导的特定教育价值观，与学校自身固有价值及学校办学者的价值需求息息相关。

1. 学校教育的三种价值

教育是一种价值性活动，它具有三种价值存在形态：个人性价值、社会性价值和教育性价值。具体到学校教育，这三种价值形态依然适用，分别对应学校教育对“个人需要、社会需要以及学校教育需要”的满足。具体来说，中小学教育的价值包含：中小学教育的个人发展价值、社会发展价值以及自身的独特价值。其中，中小学自身的独特价值，在于其作为学校教育系统的一个组成部分，承担着不可替代的角色，且不依附于其他教育阶段的价值。中小学教育作为教育

[1] 魏晓芬. 价值·意义·内化——再论核心价值体系的重建［J］. 中北大学学报（社会科学版），2011，27（1）：1-5.

体系中的基础环节，“基础教育本身不应被看作是一种目的，而应是终身学习的一种基础，”[1] 中小学教育为学生的“成人、成才”提供了初步、关键的准备阶段，为他们未来的生活和发展打下坚实的基础。正如《中华人民共和国义务教育法》所强调：“义务教育必须……使儿童、青少年在品德、智力、体质等方面全面发展，为提高全民族的素质，培养有理想、有道德、有文化、有纪律的社会主义建设人才奠定基础”。因此，中小学教育的价值不仅仅体现在促进学生个人的全面发展上，更在于它为全体公民的素质、为社会的持续发展培养合格人才奠定了基础。这些价值的实现，最终服务于“个人发展与社会进步”的双重目标。

2. 三种典型的教育价值取向

在学校教育价值观的选择过程中，对学校教育所固有价值的深刻理解是选择的前提和基石。这要求学校办学者明确识别和理解学校教育提供的价值种类。然而，在价值选择的过程中，更为关键的是明确“价值选择主体是谁？学校要满足谁的价值需求”这两个问题。当学校教育价值选择的主体与其旨在满足的主体不同时，便会出现不同的价值取向。从学校教育价值选择的主体及其旨在满足的主体来看，历史上长期存在“国家、个人、社会”三种不同的视角。受这些视角的影响，学校教育价值观也呈现出三种不同的取向，即国家本位、个人本位和社会本位的价值取向。

(1) 国家本位价值取向。持国家本位价值取向的人，主要从学校教育如何满足国家利益的角度进行思考。根据柏拉图的理论，“教育最根本的价值，乃是为了锻就一个永恒正义的理想国家。”[2] 在柏拉图看来，一个永恒正义的理想国家，是“为了全体公民的最大幸福”，这就要求“每个人必须在国家里执行一种最适合他天性的职务，”而“一个人从小所受的教育把他往哪里引导，却能决定他后来往哪里走。”[3] 因此，鉴于教育在理想国家建设中的关键作用，柏拉图认为所有与教育紧密相关的事务，包括学校教育在内，都应由国家来负责。教育的目的在于通过一系列严格的筛选，使每个人能够各安天性、各司其职，从而服务于国家利益和需求。从这个角度来看，学校教育被视为一项国家性事业，旨在确保国家整体利益的实现。从历史的角度看，学校教育在满足国家利益、维护国家统一、增强国家认同、促进国家强盛等方面确实发挥了重要作用。然而，如果学校教育的价值取向过分强调集体利益而忽视群体和个体的合理利益需求，可能会导致个人发展的延误或限制；这种做法还可能削弱教育系统的自主性和独立性，损害学校的积极性和主动性，从而限制学校的发展。从长远看，这种做法最终也

[1] 朱小蔓．对策与建议 2006—2007 年度教育热点 难点问题分析［M］．北京：教育科学出版社，2007：401.

[2] 杨颖东．失衡与反拨——我国学校教育价值取向的偏差反思和调整［D］．上海：华东师范大学，2014：46.

[3] 柏拉图．理想国［M］．郭斌和，等译．北京：商务印书馆，1986：133、154、140.

可能损害国家的利益。

（2）个人本位价值取向。持个人本位价值取向的人，主要从学校教育如何满足个人利益和需求的角度思考。依据让-雅克·卢梭（Jean-Jacques Rousseau）所述，“教育最根本的价值，乃是为了造就一个理性自由的独立个人。”[1] 他进一步强调，教育是所有一切有益人类的事业中首要的一件。[2] 卢梭认为他当前所处的社会是腐化的、不平等的，这些不幸的根源在于：现代文明对人类天性的压抑和奴役。他认为，人们要摆脱这种被奴役的状态，唯有在基于契约的社会才有可能实现；而这样的社会需要独立自由的个体。现存的社会是无法造就自然人的。因而，卢梭主张学校教育要远离现存的社会，要在自然环境中，从人的天性出发，以遵循自然的原则教育人。这种重视个人独立和自由发展的观点，在学校教育实践中意味着：学校应当注重对人的培养和发展。在这一过程中，个人的需要和利益成为教育活动的出发点和依据，个人价值被视为比社会价值更为重要，社会价值的实现也依赖于个人价值的发挥。尽管如此，个人本位价值观并未全面揭示个体和社会之间的复杂关系。这种价值观忽略了对社会需要的考量，导致学校培养出来的学生可能无法适应社会生活；其对个体需求的过分强调，可能引发极端个人主义、自由化倾向和社会责任感的减弱。[3] 此外，这种观点容易异化为个人主义，使个体与国家、社会处于对立状态，从而损害三者的利益。

（3）社会本位价值取向。持社会本位价值取向的人，主要是从学校教育对社会需要满足的角度思考。根据杜威的理论，“教育最根本的价值，乃是为了铸就一个不断进步开放的民主社会。”[4] 杜威认为，只有民主社会才是保障人类幸福的良好社会，而民主社会的建立关键在于个人拥有民主的生活方式。这种生活方式的培养有赖于学校教育。他指出，“如果没有我们通常所想的狭义教育，没有我们所想的家庭教育和学校教育，民主主义便不能维持下去，更谈不到发展。”[5] 因此，杜威在阐释自己的教育理想时，关注的是通过学校教育实现民主社会的目标。杜威及其他持社会本位价值取向的学者认为，学校教育的目标是塑造“社会我”。他们认为，“人之所以为人正因他生活于社会之中”[6]。因此，学校教育的目的“在于使年轻一代系统地社会化”[7]。在社会本位论者看来，

---

[1] 杨颖东．失衡与反拨——我国学校教育价值取向的偏差反思和调整［D］．上海：华东师范大学，2014：46.

[2] 让-雅克·卢梭（Jean-Jacques Rousseau）．爱弥尔［M］．李平沤，译．北京：商务印书馆，1996：2.

[3] 吕西忠．从教育价值观的历史演进看终身学习的教育价值取向［J］．河南大学学报（社会科学版），1999（5）：85-87.

[4] 杨颖东．失衡与反拨——我国学校教育价值取向的偏差反思和调整［D］．上海：华东师范大学，2014：46.

[5] 约翰·杜威．人的问题［M］．傅通先，等译．上海：上海人民出版社，1965：27.

[6] 吴俊升．教育哲学大纲［M］．福州：福州教育出版社，2011：139.

[7] 张人杰．国外教育社会学基本文选［M］．上海：华东师范大学出版社，1989：9.

在人的培养中，个体的社会化是更重要的。然而，这种价值取向也存在不足：一是它未能明确教育应当适应社会需求的具体方面，若无差别地适应各种需求，可能会导致教育的被动性和盲目性；二是未能区别社会的短期需求与长期需求，可能导致偏离本质、追求短期效果的行为；三是社会本位教育价值取向可能忽略了国家需求的合理性以及国家在个人与社会发展中的关键作用。

三种不同的学校教育价值取向，思考原点不同、代表主体不同，对学校性质、功能的看法不同，会产生不同价值标准，带来的是不同的学校管理观、教育实践观等。

（二）中小学教育价值取向的反思

国家的教育政策法规、教育方针蕴含着教育价值选择的指向，它指导和影响着学校的价值选择。在我国，中小学教育价值取向紧随国家的教育价值取向的变化而发生相应的改变。

具体而言，我国的教育方针准确反映了国家教育价值取向的演变。自 20 世纪以来，我国教育方针经历了从“为工农服务、生产建设服务→为无产阶级政治服务→为社会主义现代化建设服务”的重要改变。在这一变化过程中，教育方针的核心始终是根据国家的立场来定义教育的价值。教育学者石中英指出，“纵观 20 世纪以来我国现代教育制度建立、发展和不断变革的历史实践，尽管不同时期的思想家和教育家们提出过种种不同的教育理想，开展过种种不同的教育试验，但百余年来对中国不同时期教育政策和实践影响最大最深的教育理想莫过于‘国家主义’。”[1]教育方针蕴含的以国家主义为核心的教育价值取向，导致中小学在教育价值选择上倾向于精英主义、效率主义或功利主义等导向。这种取向强调了对精英人才的培养和对国家利益的贡献等，从而成功培育了一批又一批的精英人才。但是，它带来的不良影响也日益凸显，在中小学教育实践中，中小学把学业及格率、优秀率、获奖率、升学率、重点率等工具价值当作是学校追寻的第一位，而个体人格健全、精神生命成长等学校教育的个人价值被忽略。[2] 如果说中小学教育价值取向异化，和国家教育价值导向息息相关。那么，进入 21 世纪之后，我国在教育方针中开始强调“以人为本”“办好人民满意的教育”，这标志着国家在教育价值观上越来越重视“人的立场”，不仅关注国家的需求和利益，同时也考虑到学生和家长的需求。党的十六大报告提出：“全面贯彻党的教育方针，坚持教育为社会主义现代化建设服务、为人民服务，与生产劳动和社会实践相结合，培养德智体美全面发展的社会主义建设者和接班人。”党的十七大报告提出：“要全面贯彻党的教育方针，坚持育人为本、德育为先，实施素质教育，提高教育现代化水平，培养德智体美全面发展的社会主义建设者和接班人，

[1] 石中英. 20 世纪教育中的国家主义：回顾与讨论 [J]. 教育学报，2011（12）：3-13.

[2] 金生鈜. 教育的终极价值与教师的良知 [J]. 教师教育研究，2012（4）：1-6.

办好人民满意的教育。”党的十八大报告提出：“要坚持教育优先发展，全面贯彻党的教育方针，坚持教育为社会主义现代化建设服务、为人民服务，把立德树人作为教育的根本任务，培养德智体美全面发展的社会主义建设者和接班人。”党的十九大报告提出：“建设教育强国是中华民族伟大复兴的基础工程，必须把教育事业放在优先位置，加快教育现代化，办好人民满意的教育。要全面贯彻党的教育方针，落实立德树人根本任务，发展素质教育，推进教育公平，培养德智体美全面发展的社会主义建设者和接班人。”党的二十大报告提出：“我们要办好人民满意的教育，全面贯彻党的教育方针，落实立德树人根本任务，培养德智体美劳全面发展的社会主义建设者和接班人，加快建设高质量教育体系，发展素质教育，促进教育公平。”

进入21世纪以来，从我国教育方针来看，在教育价值取向上体现出对个人主体、社会主体的关照。这种取向要求中小学在学校教育价值取向上也要做出适时的调整，使国家、社会、个人能够趋向一种理想的均衡状态。

（三）“好教育”价值追寻的原则

“教育是一种以价值选择在先，具有价值导向性的人为事业。”[1] 这一论断同样适用于中小学教育，它既是一项价值创造的活动，也是基于价值选择的导向性事业。中小学的价值选择不仅与学校办学者对学校教育价值的理解息息相关，还受到价值主体的需求和国家的教育价值导向的影响。办学理念，作为学校办学者对“好教育”的期盼，亦是对学校教育价值的追寻。有关何为“好教育”，历史上无数的思想家、教育家都提出过自己的见解。这些思想家、教育家由于所处的时代背景和社会环境的不同，对于“好教育”的标准有着不同的理解。然而，即便在特定的时空条件下，对于究竟何为“好教育”，也应当寻求其存在的共识和基本原则。这是因为，学校中存在多种价值主体，学校办学者在思考学校教育价值时，容易有非此即彼的二元思维，从而在价值选择上产生偏差。虽然在某些情况下，这种二元的价值选择可能具有一定的合理性、变通性，但它往往是一种危险的思维方式。我国学校教育发展的历史也证明，中小学在追寻学校教育理想时，采取的非此即彼的价值追求并不符合人和社会的发展需要。因此，中小学办学者在追求“好教育”的过程中，应当注意遵循以下两项基本原则，避免二元思维，以确保学校办学理念的科学性和正确性。

1. 坚持个体的发展与社会发展的协调统一

长期以来，关于学校教育应当重点促进人的发展还是社会发展的讨论，经常陷入一种非此即彼的困境。然而，实际上，个体与社会的发展并不构成对立的二元关系。这是因为“面对未来的种种挑战，教育看来是使人类朝着和平、自由和社会正义迈进的一张必不可少的王牌”“教育在人和社会的持续发展中起着重要

[1] 叶澜，郑金洲．教育理论与教育实践［M］．北京：高等教育出版社，2000：137.

作用。"[1] 因此，中小学办学者在追求学校教育价值时，应当着重考虑个体与社会的和谐发展，确保两者能够彰显出其合理的价值。约翰·杜威明确指出，"受教育的个人是社会的个人，而社会便是许多个人的有机结合。如果从儿童身上舍去社会的因素，我们便只剩下一个抽象的东西；如果我们从社会方面舍去个人的因素，我们便只剩下一个死板的，没有生命力的集体。"[2] 这一观点揭示了个体发展与社会利益的扩大和巩固之间的关系，以及社会进步为个体发展提供自由和重返发展条件的重要性。个体与社会的发展是互为基础、相互促进、相辅相成的。因此，中小学办学者在选择学校教育的价值导向时，应当坚持个体发展与社会发展的协调统一。

首要地，社会的形成和持续存在离不开人。社会本质上是由众多个体构成的集合，其中，个体不仅是社会活动的核心参与者，也是社会历史进程中的主导力量，同时扮演着社会财富创造者以及社会发展的策划者的角色。正如马克思所强调的，"社会——不管其形式如何——是什么呢？是人们交互活动的产物。"[3] 人类社会的发展历程进一步证实了个体素质对社会发展水平的影响力。换言之，社会的发展程度以人的发展程度为基础、动力和主体依托。"人们的社会历史始终只是他们的个体发展的历史。"[4] 正如迈尔斯（Marys）所述："以人的发展为中心的社会发展有利于社会各成员的人的发展。"[5] 这意味着，缺乏个体的发展，社会发展将失去其根基和推动力。因此，个体的发展不仅是社会发展的终极目的，也是其价值的衡量标准。

进一步地，个体的发展不可避免地受到社会现实的约束。在缺乏先进的社会生产力的条件下，个体的发展仅限于一种单方面的且低层次的进步。社会生产力的提升是个体全面发展的潜在可能性，它是个人发展不可或缺的条件及其物质基础。同时，不断进步的社会文化提供了个体发展所需的精神滋养。此外，社会本身还是个体价值实现的平台，个体的潜力与创造力的展现，必须依托于特定的社会生活环境中才得以实现。换句话说，个体的发展仅能在社会发展中才得以实现，而社会发展的水平则制约着个体发展的实现程度。

综上所述，个体发展与社会发展是互为前提和基础的，是互相决定和制约的关系。学校教育，作为培养人才的重要领域，其目标在于实现个体的发展，同时

---

[1] 联合国教科文组织．教育——财富蕴藏其中［M］．联合国教科文组织总部中文科，译．北京：教育科学出版社，1996：1.

[2] 约翰·杜威．学校与社会．明日之学校［M］．赵祥麟，等译．北京：人民教育出版社，1994：5.

[3] 马克思，恩格斯．马克思恩格斯选集（第4卷）［M］．中共中央马克思恩格斯列宁斯大林著作编译局，编译．北京：人民出版社，1995：532.

[4] 马克思，恩格斯．马克思恩格斯选集（第4卷）［M］．中共中央马克思恩格斯列宁斯大林著作编译局，编译．北京：人民出版社，1995：532.

[5] 杨鲜兰．论社会发展与人的发展的辩证统一［J］．湖北大学学报（哲学社会科学版），2004，31（5）：497-501.

也不可忽视社会发展的重要性。这要求学校教育在培养个体的过程中，要有效地促进这两个方面的发展。正如保罗·朗格朗（Paul Lengrand）所述，“教育的真正对象是全面的人，是处在各种环境中的人，是担负着各种社会责任的人，简言之，是具体的人。具有作为一种物质的、理智的、有感情的、有性别的、社会的、精神的存在的各个方面和各种范围。这些成分都不能也不应当孤立起来，他们之间是相互依靠的。”[1]这一观点强调了教育的社会性质，指出教育的目的在于培养能够适应并推动社会发展的个体。忽视社会发展的教育策略将会陷入困境；而不以个体的发展为目标的教育则无法取得成功。人类所有的发展，归根结底也都需要落实在个体的发展之上。怀海特（Whitehead）明确指出，“学生是有血有肉的人，教育的目的是为了激发和引导他们的自我发展之路。”[2] 教育学者刘铁芳也指出，“好的教育实践从来就不是个人孤立的活动，而永远是发生在人与人之间，共同分享、相互激励，并最终在人与人的相互关系之中彼此成全的活动。”“学校教育当然引导个体适应现实的需求，但适应需求并不是学校教育的根本目的，学校教育的根本目的是人的完成。”[3] 可见，教育的最根本目标在于促进个体的全面发展，这种发展与社会进步紧密相连。个体的全面发展，本身并不是“供自我赏玩的纯然审美素质，而是向着人类的、饱含行动旨趣的、具备人类视野的，有着高贵灵魂的实践素质”。[4] 也就是说，个体发展，指向对美好社会的追求，在对美好社会的追求中进一步实现个人发展与价值。约翰·杜威也提到，“学校教育的价值，它的标准，就看它创造继续生长的愿望到什么程度，看它为实现这种愿望提供方法到什么程度。”[5] 换言之，学校办学者在提炼办学理念时，对“好教育”的价值追寻，必须坚持个体发展与社会发展并重的原则。

2. 坚持价值选择一元性与多元性的协调统一

在教育活动过程中，教育者与受教育者——教育活动主体必须遵循特定的教育规律，并同时受到社会现实条件的约束。这些主体在教育活动中的参与并非被动或机械的；相反他们是基于自身的需求积极参与教育活动。这种需求是驱动他们从事教育活动的内在动因。犹如马克思所言：“人的需要即他们的本性。”[6]“正是人的需要，才保证人及其社会集团和整个社会得以维持或合乎希望的改变和发展。”[7] 马克思进一步明确指出：“在社会历史领域内活动的，是具有意识

[1] 保尔·朗格朗．终身教育引论［M］．周南照，等译．北京：中国对外翻译出版公司，1985：87-88.

[2] 怀海特．教育的目的［M］．庄连平，王中立，译．上海：文汇出版社，2012：前言．

[3] 刘铁芳．什么是好的教育——学校教育的哲学阐释［M］．北京：高等教育出版社，2014：48，42.

[4] 刘铁芳．什么是好的教育——学校教育的哲学阐释［M］．北京：高等教育出版社，2014：44.

[5] 约翰·杜威．民主主义与教育［M］．王承绪，译．北京：人民教育出版社，1990：57.

[6] 马克思，恩格斯．马克思恩格斯全集（第3卷）［M］．中共中央马克思恩格斯列宁斯大林著作编译局，编译．北京：人民出版社，1972：514.

[7] 马克思，恩格斯．马克思恩格斯全集（第3卷）［M］．中共中央马克思恩格斯列宁斯大林著作编译局，编译．北京：人民出版社，1972：34.

的、经过思虑或凭激情行动的、追求某种目的的人；任何事情的发生都不是没有自觉的意图，没有预期的目的的。”[1] 因此，教育本质上是一种主体性活动，旨在满足或适应教育主体的需求。换句话说，教育活动是对教育参与者各种需求的响应，具有明确的价值指向。这是一种价值性活动，反映了教育主体对教育价值的追求。

在进行学校教育价值选择时，学校办学者必须认识到，学校作为一个社会实体，涉及多个价值主体，因而存在多元化的教育价值追求。例如，从国家这一价值主体来看，希望学校能培养出合格的人才以促进社会发展和国家建设，所以希望学校所培养的人才，除了具备相应的专业能力之外，更关注的是受教育者的民主法治意识和思想道德素质。从社会这一价值主体来说，关注的是社会生产和生活的需要，自然希望学校能够关注责任感、诚信与忠诚、团队精神和敬业精神等方面的需求。从家长这一价值主体来说，自然希望通过学校教育能够在学业提升的基础上让孩子有着广阔的就业前景。从学生这一价值主体来说，良好学业和就业仅是其中的一环，他们更希望能够有着丰富多彩的校园生活，在学校能够收获友谊、自信、活力和成功的体验等。[2] 总而言之，学校作为教育的提供者，处于多元价值期待的交汇点，这要求学校在确定其教育价值观时，必须综合考虑并满足不同主体的价值追求，以实现教育价值的广泛认同。然而，长期以来，中小学教育价值的选择往往过于强调满足国家的需求。需要认识到的是，“学校组织的结构是异质结构、多权威结构、多层次结构。学校作为一种‘人为的’组织，其保持组织活力的一个重要条件乃是促使所有成员产生共同的群属感。”[3] 为了实现这一目标，学校办学者必须关注并满足学校所有利益相关者的价值需求，承认并正视学校中存在的多元利益主体。这些利益主体可以分为社会、学校和个人三类，其中社会和学校本身也是由众多个体组成的。不同的主体基于自身的需求和立场，对学校教育价值持有不同的观点。即便是对于相同的学校教育价值观，不同主体也可能有着不同的侧重点。例如，在促进人的全面发展方面，不同主体的关注点不同，有的强调美德的养成、有的强调智慧的培养、有的强调审美趣味、有的强调强健的体魄；在个体的发展方面，有的强调素质的全面发展、有的重视独特个性的形成；在知识与能力方面，有的侧重知识的掌握，有的侧重能力的训练等。就学校教育促进“人的社会价值”而言，历史上就有“政治人、经济人、道德人”等不同的说法，侧重的是“人的社会价值”的不同方面。还有人强调学校培养出的人应该有助于维持现有社会秩序，也有人强调学校培养出的人应能够重构新的社会秩序等。可见，学校在选择教育价值观时，必须综合考虑

[1] 马克思，恩格斯．马克思恩格斯选集（第4卷）[M]．中共中央马克思恩格斯列宁斯大林著作编译局，编译．北京：人民出版社，1995：247.

[2] 石中英．学校文化的核心：价值观建设 [J]．教育科学研究，2005（08）：18-21.

[3] 鲁洁．教育社会学 [M]．北京：人民教育出版社，1990：368.

并适当满足这些不同利益主体的需求，以确保教育价值观的多元性和包容性。

在凝练学校的办学理念时，学校办学者必须深刻领会并充分尊重多元主体的价值需求，以确保各利益相关方的价值追求能够得到最大限度的满足与体现。因此，提炼办学理念的过程中，坚持学校教育价值的多元性成为一项基本原则。如果办学理念忽视了价值多元性的重要性，学校教育将无法有效服务于广泛的受众群体，其内在价值也难以得到充分发挥。此外，坚守多元的学校教育价值选择，还需要依据一个统一的准则：以"全有个性发展"作为根本的价值追求。这一准则的设立基于一个明确的认识：尽管不同利益相关方有着各自的价值需求和立场，但所有这些需求最终都须通过学生的成长与发展得以实现。学校教育的出发点和归宿点在于"人的培养"，而"人的自由而全面地发展"不仅是个体成长的必要条件，也是社会发展的基石。因此，教育的社会性价值与教育性价值的实现，均需要通过培养的"人"来服务社会、推动社会发展；同样，教育活动的教育也需要通过"人"的领悟和应用来体现。简而言之，学校教育的真正价值在于真正促进"人的发展"。总结而言，虽然不同的教育主体对学校教育价值的侧重点存在差异，且各自基于不同的需求和立场，这无疑会导致学校教育价值取向上的多样性，但这些看似分散的价值取向都可以在"个体全面发展"的理想价值观下实现统一。通过这种方式，学校能够在尊重多元价值需求的同时，确保教育活动围绕着"人的个人价值"和"人的社会价值"这两个核心维度展开，从而实现教育的最高目标——培养全面发展的个体。

在提炼学校的办学理念过程中，学校办学者面临着价值选择的一元性与多元性相统一的挑战。尽管这一过程确实有一定的困难，但这并不意味着可以忽视其中的任何一个方面。相反，必须努力实现这两者之间的协调统一。一方面，学校教育活动的践行，需要遵循统一的价值标准和目标，以避免陷入无序状态；另一方面，实施学校教育活动也需要多元价值主体的参与。忽视这些主体的多元价值需求，将导致价值观念上的绝对主义，这不仅是有害的，还会削弱学校的发展动力。在全球化浪潮和社会转型的背景下，教育的目标既不是仅仅培养履行义务的臣民，也不是要培养只注重权利而忽视公共利益的私人，而是旨在培养能够维护个人发展，又能促进国家和社会进步的个体。[1] 这一目标要求学校在"不同价值主体的多样的价值期待中找到那些基础性的或能够为不同价值主体所共同选择的价值目标。"[2] 因此，在办学理念的提炼过程中，学校办学者应当坚持将促进学生的"全有个性发展"作为最根本的价值追求，同时考虑到满足多元价值需求的重要性。只有这样才能够既体现对学生全面发展的重视，同时展现学校办学者在价值选择上的智慧和远见，确保学校能够适应社会的发展需求，培养出既具

[1] 杨颖东．失衡与反拨——我国学校教育价值取向的偏差反思和调整［D］．上海：华东师范大学，2014：192.

[2] 石中英．学校文化的核心：价值观建设［J］．教育科学研究，2005（08）：18-21.

有个人价值又能贡献于社会的优秀个体。

第三节　中小学办学理念提炼的现状与问题

随着教育领域的不断发展及学校改革的深入推进，越来越多的中小学办学者意识到，办学理念在推动学校个性化与多元发展中所扮演的关键角色。因此，众多中小学办学者致力于提炼并明确本校的独特办学理念。进一步地，通过细致梳理和分析这些中小学办学者所提炼的办学理念，我们能够深入洞察在提炼中小学办学理念过程中所遇到的各种不足和挑战。

一、中小学办学理念的现状

在教育部公布的 2023 年全国教育事业发展基本情况中，提到我国目前小学有 14.35 万所，初中有 5.23 万所，[1] 这一数据表明我国中小学校的数量极其庞大。然而，由于时间、精力、能力以及信息获取的限制，对这些学校进行全面研究显然是不现实的。因此，本研究采取了抽样调查的方法。在确定样本之前，通过浏览学校官方网站、教育局网站等途径，对我国 22 个省份的省会城市（不包括港澳台）、4 个直辖市、5 个自治区的小学进行了初步了解。依托“中国教育在线”的学校信息资源，在每个城市随机选取了 8 所学校，共计 248 所学校作为调查对象进行深入分析。通过对这些随机抽选学校的办学理念进行细致分析，我们惊讶地发现，尽管这些学校分布在不同地区，它们的办学理念存在的问题却有着惊人的相似性。这种发现进一步促进了我们直接选取某一地区中小学的办学理念作为研究对象的决定。因此，最终选择了 F 省×市的公办中小学作为具体的研究对象，目的是深入探讨该地区中小学办学理念的凝练情况。

（一）调研对象选取及其办学理念的陈述

根据×市教育局网站在 2024 年公布的学校名录，×市有公办小学 271 所；公办初中 44 所；公办九年一贯制学校 38 所；公办完全中学 26 所，公办完全中学、小学 2 所。对×市中小学办学理念的搜集主要采用以下方式：浏览学校官方网站，获取与办学思想、办学理念方面相关的资料；浏览各区教育局网站与学校办学思想、办学理念相关的内容；并结合实地访谈、电话调研和网络调研等方式。通过调查发现，有的学校从学校官网或教育局网站中无法获悉其有关办学理念方面的介绍，结合电话调研也无法获得该方面的资料。有的学校官方网站中的办学理念介绍存在两种不同的表述。有的学校的办学理念陈述存在与其他学校办学理念陈述相同的情况。最终获得 80 所学校的办学理念陈述。具体内容见表 3-2。

[1] 中华人民共和国教育部发展规划司．2023 年全国教育事业发展基本情况［EB/OL］．http：//www.moe.gov.cn/fbh/live/2024/55831/sfcl/202403/t20240301_1117517.html.

表 3-2　×市部分公立中小学办学理念的陈述[1]

学校类型	办学理念陈述
公办小学	1. 人人出彩，个个精彩 2. 让每一个星星都熠熠生辉 3. 让每一个学生成为最好的自己 4. 授受知识、开启智慧、润泽生命 5. 成长学生、成就教师、成功学校 6. 寨上再上，自觉向上 7. 名家引领成长，经典润泽生命 8. 尚德厚知 9. 关注全体学生的全面发展，为学生将来的发展做准备 10. 让爱与责任同行，构建可持续发展的教育生态空间 11. 和融共进 12. 以人为本，文化立校，和谐发展，内涵育人 13. 嘉庚精神立校，诚毅品格树人 14. 以德树人　以爱育爱 15. 塑造学生健康人格，发展学生个性特长 16. 立志立人、育人育己 17. 让每一位学生健康成长，让每一位教师持续发展，让每一位家长充满希望 18. 儒雅教育 19. 以人为本，和谐发展 20. 为了一切的孩子，为了孩子的一切，为每一位学生的终身发展负责 21. 以德立德，以善至善 22. 依核研教，静心守望，三结合+ 23. 以人为本、以杏育人、立人修德、和谐发展 24. 以人为本，探寻规律，成就未来 25. 让每个孩子健康快乐成长 26. 厚德载物，乐学明理 27. 和谐教育，和谐管理，全面育人 28. 水保教育育仁生 29. 以人为本、以绿育人 30. 教育因美而精彩，教育因美而永恒 31. 以人为本，和谐发展。为教师创设发展的平台；为学生提供发展的机会；为学校赢得发展的空间 32. 唯美教育 33. 传承百年优秀人文，播洒三都教化新风 34. 顶天立地 35. 融生 36. 顺应天性，发展个性

[1] 表 3-2 办学理念的来源：×市各个公办中小学的官方网站以及教育局公布的学校信息。

续表

学校类型	办学理念陈述
公办小学	37. 让生活教育奠基幸福人生 38. 以人为本，和谐发展 39. 树人立德、质量立校、科研兴校 40. 一切为了人的发展 41. 自主向上　全面发展 42. 拓新求源 43. 崇实尚品　兴贤育才 44. 人文与科学相结合　营造书香校园 45. 以人为本，全面发展
公办初中	1. 科研兴校，人文见长，全面育人，创建特色 2. 优我教育 3. 以生为本，和谐发展 4. 让每个孩子都健康快乐成长，让每个学生都有人生出彩的机会，让更多的人成才 5. 立德树人，让每个生命都精彩 6. 以诚立德，以毅树人，质量立校，和谐发展 7. 以仁辅仁，以爱育爱 8. 人文创新，为生命发展而教育 9. 和美教育 10. 以生为本，质量立校，推进学校优质均衡发展
公办九年一贯制	1. 以养成规范为基础，以发展潜能为重点，促进学生快乐成长 2. 以人为本，以质取胜 3. “点亮人生”积极教育 4. 尚善立德文以载道 5. 以人为本，和谐发展；面向全体，关注个性 6. 以人为本，以德树人 7. 为学生的终身发展奠基 8. 九年影响一生 9. 为人生奠基，让生活美好 10. 习惯铸就英才，信心成就梦想 11. 在探索中成长
公办完全中学	1. 以前瞻教育为学生终生发展奠基 2. 人人有潜力，人人能发展，人人能成功，人人都幸福 3. 尊重生命，崇尚人文，热爱科学，追求卓越，把学校建设成为师生生命成长、人生发展的幸福家园 4. 以人为本，为学生终生发展奠基 5. 制度立校、科研兴校、特色树校、精品强校 6. 文心化行——以心正行，以体健体，以美育美 7. 立足素质教育，促进学生全面而又有个性发展 8. 五育并举、多元适宜 9. 以人为本，为学生终身发展奠基 10. 德业兼修，师生共进 11. 幸福偕行 12. 以人为本 促进发展（2 所）

续表

学校类型	办学理念陈述
公办完全中学、小学	1. 以人为本、和谐发展 2. 惟精惟新

（二）办学理念陈述中存在的共性现象

通过对表3-2的分析，我们发现×市公立中小学所提出的办学理念呈现以下共性特征：

第一，这些学校在学校本质、学校功能方面把握到位。从表3-2的资料可以观察到，×市的公立中小学校的办学理念皆体现出对“人的培养”这一学校本质的坚持，同时，也体现出中小学办学者对“教书育人”这一基本功能的坚持。

第二，这些学校的办学理念与国家教育发展的总体方向保持一致。据表3-2可知，×市公办中小学提炼的办学理念普遍强调“以人为本、德育为先、和谐教育”等原则，体现了对教育质量的重视，也与国家当前的教育发展理念相契合。

第三，部分学校在办学理念的陈述中存在不当或混乱的情况。如表3-2所示，一些中小学将办学策略方面的内容误认为是学校的办学理念。如将“树人立德、质量立校、科研兴校”“科研兴校，人文见长，全面育人，创建特色”“制度立校、科研兴校、特色树校、精品强校”等内容作为学校的办学理念。但事实上，这些内容属于办学策略方面的思考。还有部分中小学把属于学校“发展定位”方面的内容作为学校的办学理念，例如：“尊重生命，崇尚人文，热爱科学，追求卓越，把学校建设成为师生生命成长、人生发展的幸福家园”等内容，但这些均是有关学校发展定位的陈述，不适合作为学校的办学理念。

第四，一些学校的办学理念陈述中存在“套话”或“空话”现象。从表3-2中可以看出，有的学校的办学理念包含了“以人为本”“德育为先”“三个一切”“全面发展”等普遍性表述。其中，有的中小学进行适当的拓展或诠释，而有的学校则直接将其作为学校的办学理念。例如，存在不少小学直接以“以人为本”作为本校的办学理念，但没有做任何的诠释或说明。这些办学理念的陈述，在内容上确实是正确的，但是并没有结合学校的实际，对其进行个性化的思考，使得这些办学理念可能仅停留在文字层面，未能深刻影响学校的教育教学实践。

第五，也有个别中小学成功提炼出具有个性化特征的办学理念。在表3-2的分析中，我们发现部分学校能够结合自身的特色和历史文化，提出具有独特性的办学理念，并以个性化的语言进行表述。例如：×市××小学的办学理念是“尚善立德，文以载道”[1]，这个学校的办学理念陈述，展现了该校对办学理念的独到理解和创新表达。

［1］ ×市××小学．××小学简介（2015）中文版［EB/OL］．http：//www.xmywxx.net.2015-11-17.

二、中小学办学理念提炼和表述中的常见问题

当前，许多中小学办学者都在积极构建和凝练学校的办学理念，并努力把办学理念落实到学校的教育教学实践中。然而，在提炼办学理念的过程中，中小学办学者也遇到了一系列的问题，这些问题值得我们深入探讨和反思。本书通过对×市部分公办小学的办学理念进行细致梳理，结合之前对其他学校办学理念的调研发现，在办学理念的提炼及其表述方面，普遍存在以下四种问题。

(一) 常见问题：办学理念阙如

办学理念对于学校发展的重要性是不言而喻的，然而，从目前中小学提炼的办学理念来看，最普遍的问题便是“办学理念阙如”。所谓的办学理念阙如，是指学校在办学理念方面存在“缺位”“错位”问题。

办学理念的“缺位”，表现为部分中小学未能提出明确的办学理念。在×市的381所公办中小学中，最后仅收集到80所中小学的办学理念，还有几所学校有“教育理念”“理念”或“办学思想”等内容的介绍。在那些学校官网能打开，但是没有办学理念介绍的学校中，我们发现，这些学校网站有进行日常更新与维护，也有“学校概况”的介绍，但学校概况中侧重的是对学校规模、学生数量、荣誉等的介绍，没有办学理念的相关介绍。我们在学校官网能打开但其中没有办学理念介绍的学校中，随机抽取10所，通过电话咨询或现场访谈，发现不少老师也难以清楚地说出本校的办学理念。出现这种情况可能有两种解释：一是学校办学者可能未能充分重视办学理念，认为无须特别介绍学校的办学理念；二是学校办学者未能成功提炼出清晰的办学理念。在这两种情况下，学校教师自然不清楚学校的办学理念是什么，也无从介绍。办学理念之所以“缺位”，主要是学校办学者对国家教育方针政策理解偏差以及学校缺乏办学主动性。我国的教育方针政策不仅明确规定了学校教育的总体目标和发展方向，而且对各级各类学校教育的办学提出了具体要求。部分中小学办学者误以为，只要遵循国家的政策要求，就无须额外考虑办学理念。此外，一些学校办学者过分强调外部约束，忽视了学校的独立性和主动性，缺乏自主发展意识，导致学校仅仅按照上级部门要求行事，而忽略了办学理念的重要性和提炼工作。

办学理念的“错位”，指中小学办学者提炼的办学理念不是对学校“办学理念”的思考，而是办学思想其他要素方面的内容。具体体现在以下几个方面：一是把办学目标误认为办学理念。例如以下内容：“办规范特色学校、育合格特长学校”“创办儿童适合发展的学校”“为学生营造幸福成长的空间、为教师搭建成功发展的平台，让学生、教师与学校共同发展”“让每一个孩子健康快乐、让每一个教师幸福地工作，让每一个家长放心满意”“创造一切条件，为了教师的发展、为了学生的发展、为了学校的发展”“学生喜欢、家长认可、教师自豪、社会满意”等。这些内容都属于学校办学目标方面的规定，但是却有不少学校把

它们作为学校的办学理念。二是把工作思路或工作方针方面的内容作为学校的办学理念。例如以下内容："以教育科研为先导，以课程改革为核心，以教师队伍优质化建设为重点""以德立校、以研兴校、以质强校、以勤持校""德育立校、特色创校、科研兴校、质量强校""质量求生存、特色求发展、管理求效益""德育为首、教学为主、育人为本、全面发展""依法治校、质量立校、科研兴校、文化强校""质量立校、特色亮校"等,[1] 但是这些内容都属于一种办学思路，不适合作为学校的办学理念。这是因为办学思路、办学目标是围绕办学理念展开的，起的作用和办学理念不同，不能混淆或替代。中小学办学理念的"错位"，究其原因主要有以下两个方面：一方面是学校办学者对办学理念的内涵认识不到位，导致学校提炼的办学理念不恰当。当学校办学者认识到办学理念是对好教育的追求和对学校教育价值的选择时，就不会简单采用具有操作性或战略性的表述来定义。另一方面和学校办学者的关注点有关，很多学校办学者更注重"如何办学"的策略性问题，而不关注"为什么办学"这一价值性问题的探讨。因此，在提炼办学理念时，由于关注点不同，导致了学校办学理念的不当定位。

（二）主要问题：办学理念混乱

办学理念混乱也是当前中小学办学理念存在的主要问题之一。办学理念混乱是指：中小学办学者在表述办学理念时，经常使用"快乐""幸福""发展""满意"等较为宽泛的词汇，而未对这些词汇进行进一步的诠释。这类宽泛的表述，使得不同学校的教师以及同一学校的不同成员对其有着不同的诠释，若不进行进一步的细化和明确，将难以在全校范围内形成统一的价值追求。当学校遇到某些问题或冲突时，缺乏共识的教职员工难以形成合力，也无法发挥办学理念在协调各项工作中的指导作用。此外，一些中小学在介绍学校的办学理念时，存在多种办学理念并存、表述随意、内容前后矛盾等问题。案例 2 中两所学校的学校简介文本中，就可以明显看到这种办学理念表述的不一致性。

案例 2　×市两所公办学校办学理念的陈述

在×市的一所公办学校早期的同一份学校简介文本中，出现了两种不同的办学理念表述。第一种表述为："创造一切条件，为了教师的发展、为了学生的发展、为了学校的发展"；第二种表述为："让每个人健康快乐地发展"。尽管这两种表述的核心均聚焦于学校所有成员的发展，但它们所传达的含义、所涵盖的范围、深度以及侧重点存在明显差异。在×市的另一所公办学校早期的同一份学校简介文本中，也出现了两种完全不同的办学理念陈述。文本的前半部分提到，学校的办学理念是"崇文尚武、厚德博学"，其办学目标是"和谐发展、全面育

[1] "常见问题分析部分"中的办学理念，来源：厦门市各个公办中小学校的学校网站。

人、特色办学”。然而，到了文本的后半部分，“和谐发展、全面育人、特色办学”又变成了学校的办学理念。这种办学理念陈述与发展定位陈述在内容上的互换，不仅体现了办学理念和办学目标之间的界限模糊，也反映了在同一份文本中办学理念的不一致性，可能导致对学校教育方向和目标的理解产生混淆。[1]

办学理念的表述混乱，常常导致外界难以辨识哪些内容确切地代表学校的办学理念，哪些则属于学校的办学目标。在同一所学校中之所以出现多种办学理念并存、含混不清的情况，其根本原因可以归结为：学校办学者对办学思想各要素的认识不足，以及学校校长的新旧更替有关。校长更替是学校中一种正常的现象，然而部分新任校长可能认为仅仅继承学校现有的办学理念难以体现其个人能力，因此便提出和前任不同的办学理念。这种做法常导致学校的办学理念频繁更换，使得学校同时出现多个不同版本的办学理念陈述。此外，一些中小学的领导缺乏主见，盲目追求当前流行的办学理念，并将其“引入”学校而不进行深入的提炼和内化，这也是导致学校出现多种办学理念并存现象的一个重要原因。

（三）提炼困境：办学理念趋同

当前的中小学教育环境中，办学者在提炼办学理念时还面临着“理念趋同”的困境。许多中小学办学者确实有提出本校的办学理念，但缺乏深思熟虑，直接套用当前的政策标语或流行的教育口号。例如：将“三个一切”“××满意”“以人为本、以德树人”“一切为了人的发展”“教育即服务”“以人为本、和谐发展”等表述作为学校的办学理念。虽然说这些表述本身并无不妥，但若将它们一成不变地照搬过来，直接作为学校的办学理念，则可能导致学校的办学理念显得“大而空”。这些表述未能突出中小学教育的特殊性，也未能与学校的具体情况相结合，因而不宜直接作为一个学校的办学理念。此外，还有些中小学简单地借鉴其他学校的先进办学理念，如：“合格+特长”“规范+格式”“全面发展”“和谐发展”“文化育人”等，作为自己学校的办学理念。然而，如果学校办学者未能根据本校的实际情况对这些办学理念进行深入解读和适应性调整，同样也会使学校的办学理念显得浅薄且缺乏创新。这种理念的趋同性和表面化处理，不仅未能充分发挥办学理念在指导教育实践中的作用，反而可能导致学校办学失去个性和深度，进而影响学校教育质量的提升。毫无疑问，在同一历史阶段，各中小学面临的“人的需求、社会需求、国家需求”具有一致性，同时也都需要体现国家教育的方针、目的和政策要求。换言之，这些学校面临的时代感召是一样的，理念自然会呈现出相似之处，这也是许多中小学办学者在提炼办学理念时出现趋同的根本原因。然而，中小学之间除了存在共性之外，也各具特色。学校所处的地理位置、办学条件、内部因素以及所面临的具体问题各不同，这就要求学校办学者必须结合自身学校的实际情况，提炼出具有独特性的办学理念，以便更有效地指导学校的办学方向

[1] 案例 2 中办学理念的来源：×市两所公办学校的学校网站。

和实践。以案例3中的两所学校为例，它们的办学理念各不相同，这正体现了学校办学者对于共性要求的个性化解读和应用。这种个性化的办学理念不仅彰显了学校独有的教育特色，也为学校发展提供了明确的指导和方向。

案例3　重庆渝北实验小学等两所学校的办学理念

重庆渝北实验小学的办学理念是“面向大世界，培养小能人”，苏州实验小学的办学理念是“给学生最美好童年，给人生最坚实起步”。[1]

上述两所学校办学理念有着异曲同工之妙，均体现了一种共同的理念——“以人为本”以及小学教育在个体发展中的奠基性作用。然而，各校在其陈述中又能够紧密结合自身的具体情况，从而提炼出各具特色的办学理念。这不仅彰显了两所学校对“以人为本”理念的独到理解和应用，也展示了它们在实现教育目标和培养模式上的创新与差异化。

（四）提炼难题：办学理念“统整性差”

办学理念是办学思想的灵魂，对学校文化建设、学校办学实践等方面具有深远的影响，它在教育教学和教育管理的各个环节中应当贯彻始终。学校的发展定位、育人目标、三风一训以及课程设置、教育教学活动等，都是对办学理念的践行，它们和办学理念有着相同的价值追寻。然而，一些中小学办学者在提炼办学理念时，缺乏将其与学校的办学目标、育人目标或校训等紧密结合的统一性。以案例4中的一所小学为例，它们所提炼的办学理念存在明显的统整性不足，即学校办学者所提炼的办学理念与学校的办学目标、育人目标或校训等之间并没有内在的一致性和协调性。这种情况下，办学理念就无法发挥其应有的指导作用，会影响学校整体发展和教育质量的提升。

案例4　×市某所公办小学的办学理念

×市某所公办小学的办学理念是“启发童心，悟通造化”，办学目标是“温馨家园、活力校园”，育人目标是“书卷气、雅气、志气、大气”，学校特色是“温情、书香、绿色”，校训是“坚韧奋发”。

办学理念的统整性不足，一方面，可能源于某些学校办学者对于流行趋势的盲目追随，它们可能简单地采用当前流行的一些口号，而忽视了对办学理念内在逻辑性的深入理解和认识。在提炼办学理念的过程中，学校办学者应当考虑办学思想的各个组成部分，探讨如何在办学理念的引导下实现这些组成部分的有机统

[1] 案例3中办学理念的来源：两所小学的学校网站。

一，从而确保学校能够沿着一致的方向发展。例如，在案例 5 和案例 6 中，这两所学校所提炼的办学理念展现了较强的统整性。无论是办学理念本身，还是其探索的实施路径、确定的育人目标等方面，都具有良好的内在逻辑性与连贯性。这种做法不仅有助于明确学校的发展方向，也为实现教育目标提供了清晰的指导原则。

案例 5　北京市第二实验小学的办学理念

北京市第二实验小学，办学思想是“双主体育人”，办学理念是“以爱育爱”“以学论教”，育人目标是“大气、博爱、智慧、致行”，实施路径是“以参与求体验”“以创新求发展”。

案例 6　深圳市太子湾学校的办学理念

深圳市太子湾学校，在以“创先未来”为办学理念的统整下，提出：培养学生的“家国情怀、国际视野、创新精神、领袖气质”，致力于打造一所“中国根、国际范、创新型”的优质品牌学校。除此以外，学校还建立了“五维三阶”创先课程群（图 3–1）和个性化学习空间，以学生体验为中心，着眼学生个性特长发展。

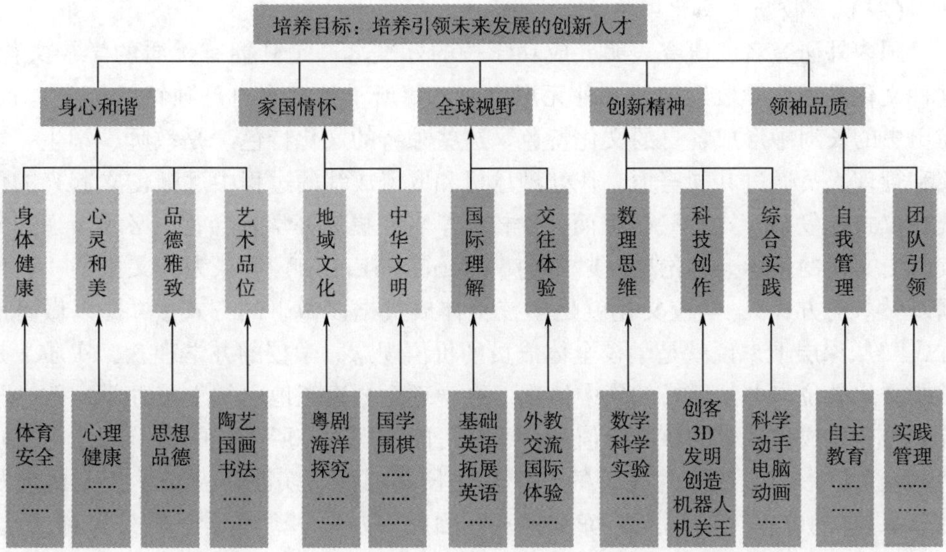

图 3–1　深圳市太子湾学校“创先课程”分类表

另一方面，办学理念的统整性不足也与学校办学者在办学过程中缺乏理论指引有关。他们未能将办学理念与学校的具体实际情况相结合，从而对办学理念进行深化和提升。这导致了办学理念的践行仅停留在表层，缺乏深入理解和有效落实办学理念的方法和策略。因此，办学者在办学实践中往往感到困惑，不清楚如何准确落实和贯彻办学理念。要解决这一问题，首先需要学校办学者了解如何有效提炼办学理念，在此基础上才能进一步思考办学理念的有效践行问题。

第四节　中小学办学理念的有效提炼

在当前强调个性化教育的背景之下，学校面临着前所未有的挑战。一所学校如果缺乏一个连贯、科学的办学理念，以及根据该理念整合学校各项办学实践的能力，可能会使学校面临发展上的困境，更可能遭遇生存的危机。因此，有效地提炼办学理念显得尤为关键。这一过程要求明确哪些要素应被视为办学理念提炼的关键点，提炼过程包含哪些阶段，以及如何采用精确的语言来阐述办学理念等。

一、中小学办学理念的提炼点

在中小学办学理念的提炼过程中，关键在于找到合适的提炼点，以确保提炼出的办学理念既符合学校的实际情况，又具有个性化特征。根据办学理念在办学思想中的核心地位，以及参考优质学校的办学经验，可以将“学校历史文化、学校经验、学校特色、教育理念”这四个方面，作为中小学办学理念的提炼点。

（一）学校历史文化中传承与创新

国内外研究者的研究表明，成功学校的标准之一是其拥有优质的学校文化，这种文化是影响学校发展的一种无形力量。每所学校拥有自己独特的历史背景，在历史的长河中形成各自的文化特色。这些独特的文化特色“是教师、学生、家长和管理人员通过共同努力，在处理危机和取得成绩的过程中逐渐创立起来的传统和仪式的复杂模式。”[1] 因而，学校办学者在提炼办学理念时，必须考虑到学校历史文化的传承。泰伦斯·E. 迪尔（Terrence E. Dea）等认为，文化是“我们据以做事的方式”，学校文化就是学校全体成员据以做事的方式。“据以做事的方式”从深层上来说就是学校全体成员的价值观念。学校的办学理念，实质上是学校文化品位与办学风格的集中体现。办学理念要真正地引领学校办学实践，只有成为全校成员认可的核心价值观念才有可能实现。一所学校的办学理念并非短期内就可以形成、成熟与完善的，它是在长期的办学实践中，对学校全体成员“据以做事的方式”的深度提炼和体现。因此，办学理念本质上就是一种文化，

---

[1] 泰伦斯·E. 迪尔，肯特·D. 彼得森．校长在塑造学校文化中的角色［M］．王亦兵，译．北京：中国青年出版社，2006：13.

是学校文化中最为核心的部分，其提炼可以从学校历史文化中找到“根”，或是结合学校历史文化提出，这样学校全体人员更易于认同与践行。在提炼办学理念的过程中，学校办学者需要在文化传承基础上，不断地进行超越、升华和创新，最终形成先进的办学理念。但是，学校内部可能同时存在多种不同的文化类型，如鼓舞人心的积极文化，削弱教师积极性的消极文化，使积极人士变得沉默、胆小，甚至会破坏其他文化的有害文化，以及难以处理的零碎型文化。零碎型文化由很多亚文化组成，[1]是一种不完整的文化，也属于学校的子文化，子文化充分反映一个学校的现存风气。它可以成为产生变化的动力，也可以成为阻力。[2]因此，在提炼办学理念时，学校办学者要能够识别学校的文化类型，并在继承学校优良文化传统的基础上，依据社会、教育、学校发展的需求，进行不断融合与创新，形成适合学校当前发展需求的办学理念，为学校注入新的文化养分，促进学校文化的重建以及优质文化的形成，使之真正成为学校据以行事的方式。

因而，当一所学校有着悠久的办学历史，学校办学者就应当注意挖掘学校发展历程中的文化精粹，使办学理念根植于学校的优秀历史传统之中。同时，结合学校的现实情况，对其进行深思熟虑的诠释，以确保在传承的同时实现办学理念的先进性和创新性。如果一所学校的办学历史较短，尚未形成深厚文化底蕴，同样可以在先进办学理念的指引之下，将校名、办学目标、育人目标、校训、校歌等与办学理念结合起来。通过此种方式，构建出独具特色的学校文化，从而确保学校的办学理念能够有效地指导学校的各项办学活动。案例 7、案例 8 中，两所小学的办学理念正是基于对学校历史和文化的传承与超越而提出的，即从学校文化的视角来提炼学校办学理念。

案例 7　首都师范大学附属玉泉学校办学理念的凝练

首都师范大学附属玉泉学校目前的办学理念为“童心教育”。这一理念的形成，不仅是对当前社会问题的教育反思以及学生的主体性问题的反思，更是基于对学校历史上各个阶段的学校理念的细致梳理和有意识地创新。该校前身是远大小学，1994 年，通过三所学校合并，更名为海淀区四季青中心小学。当时学校采纳的理念为“为每个学生的成功创造机会，为每个教师的成功创造机会”，并强调“用童心拥抱校园”，凸显了学校重视“双主体”的理念。2003 年学校搬迁至新校址时，提出了“为每一个学生拥有美好的童年服务，为每一个学生拥有幸福人生奠基；让师生体验快乐，让师生享受成功，让每一位师生得到发展”的理念。虽然这一阶段学校的办学理

[1] 帕姆·罗宾斯，哈维·B. 阿尔维 . 新校长成功策略［M］常永才，等译 . 北京：中国轻工业出版社，2006：27-30.

[2] 刘京秋，哈维·奥威 . 校长管理手册：美国中小学校长成功管理之路［M］. 北京：中国财政经济出版社，2007：50.

念尚未完全明确，但已开始展现出以理念引领学校发展的思想。在2007至2008年间，学校致力于成为海淀区小学素质教育优质校，以期促进学校的进一步发展。这一时期，学校办学者将办学理念精炼为“同心呵护童心，同心哺育童心，同心发展童心”。到了2009年年初，学校组织全校师生进行办学理念大讨论，基于对学校历史文化的深入挖掘和广泛研讨，最终将学校的办学理念明确为“童心教育”。并且，学校从理念到课程、德育、管理、共同体等各个方面，对学校进行了全面的系统建构。正是“童心教育”办学理念的提出和践行，促使该校发生了巨大的蜕变，学校的办学品质显著提升，获得学生、家长和社区的广泛认可和支持。学校也从一所普通的农村学校，发展成为一个拥有两个校区、三个校址、102个教学班、近4000名学生和近300名教师的九年一贯教育集团。[1]

案例8　北京灯市口小学的办学理念

北京灯市口小学的办学理念是“让每一个生命绽放光彩”。这一理念的形成与学校悠久的办学历史紧密相关。灯市口小学始建于1864年，最初定名为“男蒙馆”，并于1900年更名为“私立育英学校”，至今已有百年以上的历史。在这漫长的办学历程中，学校积淀了深厚的文化底蕴和博大的教育精神。学校始终以“得天下英才而教育之，一乐也”的办学思想为指导，恪守“致知力行”的校训，不断激励学生“尽心达知，努力实行知行合一”，培养了在各领域大放异彩的出色学子，形成了独具特色的“育英文化”。2014年，灯市口小学作为龙头小学，联合北池子小学、东高房小学，成立了灯市口小学优质资源带。面对多所特色迥异、办学目标各不相同且文化积淀不一的学校，学校办学者发现，尽管存在差异，但这些学校之间的文化却能够交融、呼应。因此，学校全体人员在深入讨论，结合学校的“育英文化”，认识到应对各校原有的特色持“敬畏、保护、传承”的心态，同时还应在新的时代背景下进行“开发、发展、创新”。当这些共识形成之后，学校全体人员经过多轮深入地探讨，最终确定了灯市口小学的办学理念为：“让每一个生命绽放光彩”。确立这一办学理念之后，学校采取了多项举措来建设教师队伍，融合资源打造多元课程体系，建立生本自主高效课堂等，真正实现让校园中的每一个生命都能绽放自己的光彩。[2]

通过上述分析，我们可以看到，无论是历史悠久还是历史较短的学校，办学者在提炼办学理念时，均可以以学校文化作为其提炼点。这不仅有助于提升学校

[1] 备注：该校办学理念案例的撰写，一方面来自本人于2019年4月28日参加“福建省‘十三五’小学名校长后备人选高级研修班”，到北京师范大学参加培训时，宋继东校长做的该校《童心教育的实践》的讲座；另一方面来自该校的官网。

[2] 备注：该校办学理念的撰写，一方面来自本人参加“福建省‘十三五’小学名校长后备人选高级研修班”，到北京师范大学参加培训时到北京灯市口小学参观、听讲座以及学校微信公众号整理而成。

的文化内涵，也为学校的长远发展奠定了坚实的基础。

（二）学校经验反思中建构与拓展

办学理念是学校实践经验的总结和精炼，并在学校实践中持续更新与完善。它根植于学校的办学经验之中。因为“只有在经验中，任何理念才能具有充满活力和可以证实的意义。一种经验，一种非常微薄的经验，能够产生和包含任何分量的理论（或理智的内容），但是离开经验的理论，甚至不能肯定被理解为理论，这样的理论往往变成只是一种书面的公式、一些流行话，使我们思考或真正的建立理论成为不必需的，而且是不可能的。”[1] 因此，办学理念的形成与学校实践相互依存，办学经验是提炼办学理念不可或缺的环节，也是有效的路径。值得强调的是，办学理念的提炼并非简单地“浸润”在学校的实践经验中，而是建立在对这些经验的深思熟虑之上。正如约翰·杜威所言：“经验包含一个主动的因素和被动的因素。”“在主动的方面，经验就是尝试”，“在被动的方面，经验就是承受结果。我们对事物有所作为，然后它回过来对我们有所影响，这就是一种特殊的结合”。[2] 显然，学校实践中的经验，源自教育工作者的主动探索，这一过程是在特定的环境和条件下发生的。为了使这些经验继续发挥作用并指导学校的办学实践，必须对其进行深刻的反思，这样才能产生有意义的经验。因此，学校办学者在提炼或更新办学理念时，既可以是基于学校自身的办学经验，也可以是通过反思和借鉴其他优质学校的成功经验，并结合学校的实际情况进行创新。但无论是哪种方式，学校办学者都必须经过严谨地反思，才能将其提升为学校的办学理念。例如案例 9 中，长汀市大同中心学校的办学理念就是在结合自身办学经验、借鉴其他优质学校成功经验的基础上凝练而成。

案例 9　长汀市大同中心学校办学理念

长汀市大同中心学校在提炼办学理念的过程中，首先考虑到学校的具体校情：位于城郊的地理位置，下辖七所完小的管理结构，学生来源的多样性以及校际之间教师在年龄、素养上的差异。尽管面临着校际质量的不均和多元化的挑战，但学生、教师乃至各校均拥有着共同的愿望——发展。在这种背景之下，“大同人”秉持着尊重合理差异，减少负面差异原则，致力于构建一个和谐的教育环境，从而提炼出“同·教育”的办学思想。其次，该校校长在参加“福建省‘十三五’小学名校长后备人选高级研修班”中，聆听了上海蔷薇小学、北京灯市口小学、首都师范大学附属玉泉学校、北京石景山实验小学、重庆珊瑚实验小学等在内的多所学校关于学校办学理念的介绍。在学习这些优质经验的基础

[1] 约翰·杜威. 民主主义与教育［M］. 王承绪，译. 北京：人民教育出版社，2001：158.
[2] 约翰·杜威. 民主主义与教育［M］. 王承绪，译. 北京：人民教育出版社，2001：153.

上，并结合本校的实际情况，同时听取校内外人士相关建议的基础上，学校全体成员最终形成了一套独特的办学思想体系初稿，即“同·教育”的办学思想体系，并将办学理念确定为“同心启航、同行追梦、同乐致远”。[1]

（三）学校固有特色中推及与生成

学校的办学特色是经过长期实践，由历代校领导和学校全体人员共同铸就的，它代表了学校相较于其他学校的独特之处或优势，是被人们一致认可的学校“名片”。这一特色的形成殊为不易，是历任校长和教师在办学过程中的成果和积淀，同时也是学校历史文化沉淀与当前办学实践共同作用的结果。一所学校能够塑造出广为人知且被认可的办学特色，这便意味着该特色是学校的显著优势或教育资源。因此，学校要提炼出个性化的办学理念，也可以从学校特色出发，它有助于学校继续保持与众不同的优势。具体而言，办学理念的提炼可以从学校固有特色中推及。这些固有特色可能源自学校原有的特色办学理念，或者是学校在人才培养、师资建设、课程教学改革等方面的特色。通过理性思考和分析，学校可以从中提炼出具有个性化的办学理念。需要强调的是，学校的特色通常聚焦于教育实践的某一特定领域或方面，并不是所有人都能参与其中，且涵盖范围可能相对有限，也可能不易扩展到学校的其他教育教学活动中。因此，在学校拥有明显特色的情况下，办学理念的提炼点适宜从学校特色中推及，但同时也需要对这些特色的涵盖范围进行拓展和丰富，并融入相应的教育思想，以确保其凝练出能体现学校核心价值追求的办学理念。以案例 10 中江苏省吴江区八坼小学为例，其办学理念正是基于学校原有特色并经过深思熟虑后提炼而成的。

案例 10　江苏省吴江区八坼小学的办学理念

江苏省吴江区八坼小学，一所拥有百年历史的学校，学校在确立新时期办学理念的过程中，深刻认识到学校是一所拥有传统艺术特色的学校，有着近二十年的美术特色。然而，这一特色尚处于较为初级的阶段，缺少足够的广度与深度。基于这一认识，学校通过深入地总结与反思，决定从其固有的特色出发，对该特色进行深化与拓展，进而转型为“尚美特色文化项目”。在这一特色转型的基础上，学校确立了“文化育人，美化人生”的办学思想，并据此提炼出“以美辅德、以美益智、以美健体、以美怡情”的办学理念。这一办学理念不仅体现了学校对美的全面理解和应用，也凸显了学校在德、智、体、劳各方面的育人功能的重要性。在该办学理念的统领之下，八坼小学构建了包括“尚美”物质环境文化、制度行为文

[1] 该校办学理念案例的撰写，来自本人于 2019 年 4 月 28 日参加“福建省‘十三五’小学名校长后备人选高级研修班”，到北京师范大学参加培训时，长汀市大同中心学校吴校长与本人探讨学校办学思想时，提供的学校“同·教育”办学文化解读文本。

化、视听识别文化等在内的文化体系。这一体系不仅为学生提供了一个美的学习与生活环境，更通过制度和行为文化的塑造，引导学生在美的熏陶下成长，同时通过全面文化体系的建设，加强了学生对美的认识和鉴赏力。

(四) 教育理念、理想中演绎与提炼

为了避免办学过程中的盲目性，学校必须在先进教育理论的指导下明确自身的教育理想追求。因此，办学理念的提炼可以从先进教育理念中演绎或从学校的教育理想中提炼。办学理念，作为学校的教育价值追寻，其形成依赖于一定的教育价值观，而这些教育价值观的确立则必须以先进的教育理论为基础。当有着充分的教育理论依据和知识基础，提炼出来的办学理念在理论上才显得更为科学，且在学校实践中才更能够“站得住脚”。先进教育理论要转变为学校的办学理念，需要经过一个校本化的演绎加工过程。这一过程涉及对先进的教育理论的深入解读，寻找其与学校实际情况的最佳结合点，这样学校内部成员才能够领会、内化和践行办学理念。这种从教育理想追求中提炼办学理念的方法，适用于各类型的学校。这是因为：对教育理想的追寻，无论是名校、薄弱学校的办学者或者是新创办学校的办学者，都可以根据自己的价值追求，形成适合自己学校的办学理念。它有助于学校朝着共同的发展方向前进，还能成为学校独一无二的精神财富或文化传统，引领学校的持续发展。

在提炼或更新办学理念的过程中，学校办学者可以根据学校的实际，选择其中一个提炼点，或者是多个提炼点相结合的方式进行办学理念的提炼。办学理念的提炼过程，本身就要求根据学校所处的发展阶段进行及时调整与更新。在学校发展过程中，历史文化、学校经验或者学校特色，它们本身都是学校发展的积淀，依托于它们提炼出来的办学理念，不仅构成了学校的灵魂，而且是确保学校内涵发展的关键。以案例 11 中厦门市集美区灌口中心小学为例，该校的办学理念便是综合多种途径提炼而成的。这一案例体现了在办学理念的提炼过程中综合利用学校现有资源和特色的重要性。

案例 11　厦门市集美区灌口中心小学的办学理念

厦门市集美区灌口中心小学，围绕着“体验参与”这一核心，以闽南童玩作为体验文化的切入点，将办学理念与学校的教育教学工作紧密结合，提出“体验学习，享受成长”的办学理念。通过对访谈资料和实地考察资料的细致梳理，可以发现该校所提炼的办学理念，涵盖上述所提到的“学校历史文化的继承；学校固有特色的升华；学校经验的反思；教育理念的演绎”这四个提炼点。一是学校历史文化的继承：厦门市集美区灌口中心小学位于被誉为“八闽重镇”的灌口镇，该镇拥有深厚的闽南文化底蕴。在灌口镇还有一位厦门市“非遗”闽南童玩的代表性传承人——林得时老先生，他长期致力闽南童玩的推广与保存，他仅凭一双手就能制作出上百种的闽南童玩。学校的白玉盛老师作为闽南研究学会会员，长期从事闽南文化的研究与推广。学校亦与闽南文化研究协会合作，共同举办了多次闽南文化夏令营活动，使学生通过体验深入理解闽南文化，同时也促进了学生个人的成长。二是学校固有特色的升华。学校长期研究和推广闽南童谣，并将其作为学校的特色项目，其中，童谣中的"边唱边玩"的互动形式深受儿童喜爱。三是学校的经验反思：一方面，学校在长期推广闽南文化的过程中积累了丰富的经验。同时，在学校主持的全国课题《农村小学生生活经验与课程改革之研究》项目时，学校积累了不少有关体验教育的实践经验。四是教育理念的进一步实践与提炼：学校对全面发展理论、游戏理念、儿童身心发展规律理论的学习与探索。

学校还对学生的生源、家庭教育状况等方面进行深入调研。发现本校学生情况是：学校大多数为务工人员的子女，占比达70%。这部分学生通常缺乏父母的陪伴，即便父母有时间，陪伴的质量往往不尽如人意，不少学生沉迷于电子玩具和网络之中。此外，由于学生来源地区的多样性，同伴之间交往的效果并不理想。学校申报"中国少先先锋队工作学会'十一五'课题"时，在课题论证中，通过对游戏理论的学习，认识到游戏对小学生身体发展、认知发展、情感发展、个性发展与社会交往发展等的促进作用。学校结合对人的全面发展理论以及儿童身心发展规律的学习；结合本校在"童谣"活动、"体验教育"活动方面的经验，把"体验教育"与"闽南童玩"结合起来，以《少先队体验教育与闽南童玩之研究》作为研究课题，成功申报"中国少先先锋队工作学会'十一五'课题"。在课题的论证、研究、实践过程中，学校的办学理念逐渐清晰，并最终提炼出"体验学习、享受成长"的办学理念。办学理念确定之后，学校的各项教育教学科研工作都以它作为总指导原则。在短短几年内，在办学理念的指导下，学校从一所农村薄弱学校发展成为一所优质农村学校，并获得了"福建省农村示范小学、厦门市优秀家长学校、福建省素质教育先进校"等荣誉称号，连续三年来，学校在集美区素质教育评估中均被评为"优秀"。与此同时，原本由学校发起的"闽南童玩"项目，更是拓展为灌口镇镇政府为主导的文化特色项目——童玩节，成为灌口镇的一张亮丽的名片。这一系列成就充分证明了学校在办学理念指导下所取得的显著发展和进步。[1]

二、中小学办学理念的提炼过程

办学理念是学校实践探索和理性抽象的结果，它是办学过程中多种因素相互

[1] 案例11来源：厦门市集美区灌口中心小学官网：http：//gkzxxx. xmjmedu. com/xuexiaoguanli/1871. htm；陈永胜校长提供的内部文档：《体验求真办学理念的解析与践行》《不忘初心 体验求真》《闽南童玩的快乐时光》《少先队体验教育与闽南童玩之研究》课题论证书；《一样的童玩 别样的价值》，该文刊发在：中小学德育，2012（7）：34-36. 张亚丽副校长的论文：《办学理念引领下的学校特色发展路径探析》，刊发在：当代教育实践与教学研究，2016（10）：265，264；对陈永胜校长、张亚丽副校长的访谈，多次参观该校收集到的一系列材料。

作用、融合的产物，更是学校全体师生为实现教育理想而奋斗的结晶。依据调研及其文献分析可知，当前中小学办学理念所面临的挑战及其提炼路径时，可以将提炼过程概括为以下两个主要阶段。

（一）学校历史现状的挖掘与解析

提炼办学理念的首要步骤是对学校历史和现状的总结和反思，这一过程构成了提炼办学理念的基础。为了确保办学理念在推进学校发展中发挥其核心作用，必须紧密依托于学校的历史背景与现实状况。否则，脱离了学校实际的办学理念将会成为无根之树、无源之水，难以获得全体成员的认同和践行。实际上，学校的历史传统中蕴含着丰富的教育资源，而且“教育是把一代人与传统沟通的主要方式，它以有效的方式把个体在较短的时间内引入传统，使个体理解传统，把握传统的内在精神，把传统‘内化’为个体人生经验，使传统养育个体的心智。”[1] 传统不仅是教育后代的方式，后代通过对传统的理解来接受并活化它，也在不断地丰富和塑造新的传统。因此，办学理念的提炼必须根植于学校的历史与现状之中，通过挖掘和凝练这些优质资源，将其转化为学校办学之“魂”。

1. 研读校史，挖掘学校传统精神

对学校办学理念的提炼，离不开对学校历史传统的深入了解。通过挖掘学校历史传统中的优质资源，有助于找到学校办学的根基。每所学校的历史都承载了该校过去的所有成就与荣誉，彰显着学校的人文底蕴，并为学校的未来发展提供了宝贵的参考。换句话说，研读校史不仅能从中吸取办学的宝贵经验或教训，还能传承或强化学校的传统精神，为学校发展聚魂。

挖掘学校校史的方法多样，包括查阅学校收藏的各类文献资料，如记录学校重大历史事件的文件、不同发展阶段的规划文本、各种规章制度、校刊、校报以及其他相关的出版物等；可以查看学校收藏的各种实物档案，如校徽、校标、建筑物、纪念品、图片、视频、音频、纪念册等；此外，还可以通过走访学校的历任领导、离退休老师、校友等，听取他们关于学校发展过程中的重要人物、事件或难忘经历的叙述。这是因为“任何一所学校文化，都是以‘过去的重大事件’和‘现在流行的故事’为核心内容的，‘存活’于学校传统和组织成员内心，因而需要我们从学校历史的文脉中去追寻。”[2] 这些重大事件或流行故事中的关键人物，如创校者、历任校长、杰出教职工、优秀校友等，均是学校发展中的核心人物，他们对学校的发展或未来转型产生了深远的影响。简言之，研读校史就是要基于文献研读和访谈交流，尽可能全面地了解学校的人和事，追溯学校过去的重

[1] 金生鈜．理解与教育——走向哲学解释学的教育哲学导论［M］．北京：教育科学出版社，1997：123.

[2] 谢翌，丁福军．寻根、聚魂与布道：基于“听见”的学校文化建设［J］．教育发展研究，2018(4)：73-75.

大事件，从中挖掘学校历史传统的精髓，为学校找到发展之根，凝聚发展之魂。

2. 解析学校现状，摸清学校优劣势

提炼中小学的办学理念，除了对学校历史的深入理解之外，更加关键的是立足于学校现状。正如约翰·I. 古德莱德（John I. Goodlad）所说，很多学校在变革或者改革中之所以遭遇失败，很大程度上是因为对学校本身缺乏足够的了解。实际上，“任何审思和重建计划的第一步都要确认现状”“了解学校是改进学校的先决条件”[1]。中小学办学理念的提炼亦是如此，它不应脱离社会发展的大背景、学校所处的区域特色，也不应忽视学校自身的理念、师资队伍以及其他教育资源的现状。换言之，中小学办学理念的提炼必须立足于对学校当前状况的全面了解。这可以从两个层面进行全面考察：一方面是要摸清学校的内部环境，即对学校教育传统、教育政策、教育质量、校园环境、特色教育、师资力量、人际关系和课程建设等有全方位的认识；另一方面要关注学校所处的外部环境，如学校目前的教育发展形势、学校所在社区的具体情况以及面临着什么样的机遇与挑战等。

分析和诊断学校的当前状况，需要通过多种正式与非正式的沟通渠道来实现。正式的沟通手段包括但不限于走访座谈、问卷调查、现场督导及教研活动；而非正式沟通则包括体育运动比赛、散步交谈、学校午餐会等形式，旨在全面掌握学校的人力、财务和物质资源状况。

3. 系统诊断学校历史现状，探寻学校价值追求

在深入了解学校的历史和现状之后，学校办学者要对其进行全面而系统的分析。分析的目的是为了辨清我们对问题的理解和问题如何去解决，[2] 分析的过程有助于统一思考，形成解决问题的共识。约翰·杜威亦指出，“我们的观察愈加充分，情况和障碍就愈加变化多端，可供选择的办法也愈多，被选择的活动具有的意义就愈多，这种活动就愈可以灵活控制。”[3] 对学校历史现状的系统诊断可以采纳多种方法，包括校史分析、问题树分析、SWOT 分析方法以及排序法等。通过这些方法的综合应用，可揭示学校内部和外部存在的不平衡因素，全面掌握学校的人力、物力、财力状况。这种现状分析对于学校提炼、办学理念中所蕴含的价值追求、发展方向等具有一定现实性，确保学校经过一定努力可以实现。以案例 12 中的灌口中心小学为例，该校的办学理念提炼，正是基于对学校历史现状的系统诊断。通过深入挖掘学校对长期追求的价值，最终找到了学校办学的根基和灵魂所在。这一过程不仅彰显了学校独特的教育理念，也为其未来的发展指明了方向。

---

[1] 约翰·I. 古德莱德. 一个称作学校的地方［M］. 苏志新，等译. 上海：华东师范大学出版社，2006：16、18.

[2] 乔治·奈特. 教育哲学导论［M］. 简成熙，译. 台北：五南图书出版公司，2006：7.

[3] 约翰·杜威. 民主主义与教育［M］. 王承绪，译. 北京：人民教育出版社，2001：113.

案例 12　灌口中心小学办学理念提炼过程中对历史现状的识别

在确定学校办学理念的过程中，灌口中心小学对其历史现状进行深入的分析和识别。该校位于闽南重镇，拥有丰富的闽南文化资源。此外，灌口镇亦是闽南文化非物质文化遗产（非遗）传承人所在地。学校在推广闽南文化方面积累了丰富的经验，并且有许多来自闽南地区的老师为学校营造了浓厚的闽南文化氛围…… 值得一提的是，2007 年，国家级文化生态保护试验区的设立落户于闽南，随之发布的《闽南文化生态保护区规划纲要》中，强调文化传承机制的重要性，倡导将闽南文化融入各级各类学校的教育中……尽管学校在闽南文化方面的推广方面拥有众多的优势资源，但是其发展同样面临挑战。学校约有 70%的学生是外来务工人员的子女，而且不少年轻教师也来自其他地区，这些因素使得在推广闽南童谣方面遇到一定的困难。面对这些发展瓶颈以及学校对“体验”“唱中玩，玩中学”的探索，学校认为有必要在坚持体验教育的基础上，进一步拓展学校特色。经过论证，学校决定保留原有的特色，并在此基础上进行提升，将“闽南童谣”作为特色扩宽。因此，学校提出将“闽南童玩”作为特色引导项目，给予学校教师更广阔的发挥空间。童玩不仅是教师、学生和家长共同有过的经历，而且这些活动有助于加强师生关系和亲子关系。通过参与童玩活动，学生能够在多个方面获得发展。灌口中心小学在提炼办学理念的过程中，不仅展现了对学校自身历史现状的深入挖掘，也成功地为学校办学理念的提炼寻找到文化之根。[1]

（二）价值聚焦，凝练办学理念

在对学校历史现状进行深入挖掘与分析之后，学校办学者清晰地认识到学校所继承的传统精神，现有的优势与不足，以及学校历史中所蕴含的价值追寻。然而，这些认识并不能直接转化为学校当前及未来的价值追求。为此，需要进行广泛调研和深入论证，以聚焦学校的共享价值观，进而凝练出学校的办学理念。这是因为办学理念不仅承载着学校的使命和价值追求，更是要成为全校教职工的共同使命和追求。这一过程并不是简单地将理念从一个群体传递到另一个群体，而是需要全校成员对学校的使命、共享价值观进行共同的反思、澄清和发展。换言之，办学理念的形成过程不应仅限于校长或学校领导团队的参与，而应广泛邀请教师、学生以及其他学校利益相关者共同参与。在案例 13 中，灌口中心小学在提炼办学理念的过程中，特别重视来自各方的意见，多次召开会议，广泛征求意见，并通过不断地讨论与修正，达成共识，最终提出了“体验学习、享受成长”的办学理念。

---

[1] 案例 12 来源：对陈永胜校长的访谈。

案例 13　灌口中心小学办学理念提炼过程中的调研论证

学校办学理念的提炼过程紧密依托于学校负责的研究课题——《农村小学生生活经验与课程改革之研究》。该课题的研究成果明确指出："体验能够促进学生的学习和成长"。基于此，学校办学者决定将"体验"作为学校办学理念提炼的核心元素。随后，学校办学者开始深入探讨如何将学校原有的传统特色与"体验"结合起来。在这一探索过程中，学校办学者特别重视从教师、学生及家长处收集意见，并对这些意见进行详细的梳理和汇总。师生、家长的意见表明：学校原有的"闽南童谣"特色非常吸引人，可以边唱边跳（指：一边跳绳一边念闽南童谣）、边唱边演（指：一边唱童谣一边表演），是一种"玩中学"的形式。然而，对于许多不懂闽南语的外地学生和教师而言，学起来是有难度的，可能会降低他们的兴趣。结合这些意见，学校决定进一步拓展学校特色。就如何拓展学校特色这个问题，学校邀请厦门市教育界的资深人士、市教育局领导以及一些名校长和名师共同研讨。他们认为，对小学生而言，玩和学习是同等重要的，都对学生的成长至关重要。学校应考虑如何在保持学校原有特色的同时，让学生能够"有智慧地玩、快乐地玩，快乐地学习"。此外，学校办学者通过与其他学校的交流发现，许多学校的儿童游戏都紧密结合当地的文化特色。综合这些意见和学校的地理优势，学校办学者决定将学校特色拓展为"闽南童玩"，同时继续推行体验教育，将体验和学生的学习、成长紧密结合，让学生"玩得开心、玩得有序、玩得有品"。在多方征询各方意见之后，学校最终提炼出"体验学习，快乐成长"的办学理念。[1]

在多方的调研和论证过程中，校长扮演着至关重要的角色。他不仅是学校全体成员共同讨论办学理念的发起者，也是学校提炼何种办学理念的最终决策者。办学理念，作为学校的一种共同价值追求，不是简单地告知就可以实现的。它需要通过对学校利益相关者的价值观、愿望、信仰等的共同反思、澄清而发展出来，是对学校所有成员价值的调和与聚焦，这样每个人才能够认同该办学理念。总之，办学理念提炼过程中，进行多方的调研和论证，识别并聚焦学校利益相关者的核心价值观，是极其有益且必不可少的。那么，接下来的问题是，学校应如何有效地聚焦其核心价值观呢？

在凝练办学理念过程中，对学校核心价值观的明确聚焦是最为关键的环节。学校核心价值观的聚焦，其目的在于：确保学校全体成员了解自身对学校的价值追寻，并在坚持"个人发展与社会发展的协调统一、价值选择一元性与多元性协调统一"原则的基础上，全校教职员工进行深入讨论，寻求共识，同时尊重差异，从而识别出学校需要优先考虑的核心价值。通过一系列咨询与协商过程，学校最终提炼出其办学理念，使之成为全体教职工共同遵循的信念。因而，为了确

[1] 案例 13 来源：对陈永胜校长的访谈。

保学校教职工能够明确自身所坚持的关于学校办学的价值观，首先需要进行优先价值观的识别。随后，通过进一步识别和聚焦学校共享的核心价值观，最终将其凝练为学校的办学理念。

首先，识别个体信奉的价值观。在进行学校共享核心价值观的识别之前，首要任务是明确每位成员所持有的关于学校办学的个人价值观。这一步骤涵盖了广泛的领域，包括但不限于“个人发展、社会发展、精神关怀、学业成绩、行为准则、学校组织与管理、课外活动和合作课程、家庭、学校与社区之间的联结”等。因此，个体在进行价值观识别时，可以从思考学校应当注重以上哪些领域入手，进而筛选出认为对学校重要的两项价值观。

其次，核心价值聚焦，凝练办学理念。在个体明确自己所坚持的价值观之后，下一步是确定学校教职工共同认可的核心价值观，并成立一个核心团队来对办学理念进行最终的提炼。在核心价值聚焦阶段，存在三种不同的聚焦方法（表 3-3、表 3-4、表 3-5）[1]，各学校可以根据自己的具体需求选择最合适的方法。

表 3-3　　　　学校核心价值的识别 1

活动信息一览表
辅助材料
1. 关于学校办学初衷的教职工调查问卷：开放式问题 2. 关于学校当前目标的教职工调查问卷：开放式问题 3. 翻页纸数张
活动过程
1. 第一次个人反思（10~20 分钟）
——思考并填写关于“学校办学初衷的教职工调查问卷”。
学校办学初衷的教职工调查问卷
我们学校的校名是________________，当我们学校刚创办时，必须问以下几个问题，请写下你认为当时人们会给出的答案。 1. 为什么这个地方需要一所学校？ 2. 这所学校将为谁服务？ 3. 这所学校会提供什么样的服务？ 4. 学校如何提供这些服务？ 5. 学校将坚持哪些关键理念、信念或价值观？ 6. 我们学校和其他学校的区别是什么？我们学校的独特之处是什么？
2. 第一次小组讨论（20~40 分钟，可依据实际情况延长）
——将全校教职工进行分组，每个人在小组内交流自己的回答，并最终在小组内达成一致意见。 ——各个小组组长将本组的意见记录在翻页纸上，准备在全校教职工会议上展示。
3. 第一次全校教职工大会（讨论时间视实际情况而定）
——每个小组选择一个代表，小组代表在全校大会上宣读本组写在翻页纸上的内容，并将其挂在墙上进行展示。 ——全校教职工识别并记录下相同的回答。

[1] 表 3-3，表 3-4，表 3-5 均选自：Aengusís. Secondary Education in Ireland：Aspects of a Changing Paradigm［M］. Irish Academic Press，1993：pp. 24-32，59，60，74，78 &142.

续表

4. 第二次个人反思（10~20 分钟）
——思考并填写“关于学校当前目标的教职工调查问卷”。 学校当前目标的教职工调查问卷 请根据我们学校今天的情况回答以下问题。 1. 为什么这个地区需要我们学校？ 2. 我们学校为谁服务？ 3. 我们学校提供什么服务？ 4. 我们学校如何提供这些服务？ 5. 我们学校当前应支持的核心理念、信念和价值观是什么？ 6. 我们学校和其他学校的区别是什么？我们学校的独特之处是什么？
5. 第二次小组讨论（20~30 分钟，可依据实际情况延长）
——全校教职工按照第一次小组讨论时的分组安排，回到各自所属小组，每个人在小组内交流自己的回答，并在小组内达成一致的意见。 ——各个小组组长将本组的意见记录在翻页纸上，准备在全体会议中展示。
6. 第二次全校教职工大会（讨论时间视实际情况而定）
——每个小组选择一个代表，小组代表在全校大会上宣读本组写在翻页纸上的内容，并将其挂在墙上进行展示。（此张翻页纸应挂在第一次讨论时陈列的翻页纸边上） ——在全校教职工大会上，比较各个小组对这两个问题的反馈，识别出学校的原始办学目的和当前办学目的之间的相同之处、不同之处。 ——在这些比较的基础之上，识别出用以指引学校今后办学的核心价值，并将其记录在另一张翻页纸上。 ——询问学校教职工如何加强或进一步发展这些被识别出的核心价值。将这些建议记录在翻页板上。
7. 后续跟进事项
在上述讨论活动结束之后做如下安排，以确保办学理念的顺利提炼。 ——成立工作小组，工作小组成员根据所确定的核心价值草拟一份学校办学理念草案。 ——工作小组成员将拟定的办学理念草案提交给学校教职工，征求他们的意见。 ——工作小组成员根据学校教职工的意见修改办学理念草案，并在第三次教职工大会上宣布。 ——工作小组成员草拟好办学理念草案，将其作为与学校合作伙伴协商的基础。 ——工作小组成员与学校合作伙伴进行协商。 ——工作小组成员根据收到的反馈进行进一步的协商，必要时重新起草办学理念草案。 ——全校教职工达成共识，学校共同体从此拥有新的办学理念。 ——工作小组成员组织协调并制定步骤以确保办学理念的顺利践行。 ——工作小组成员确定将来审查办学理念的时间表。

表 3-4　　学校核心价值的识别 2

活动信息一览表
辅助材料：“识别学校核心价值观”的调查问卷。
活动过程
1. 个人反思（10~20 分钟）
所有教职工依据“识别办学理念核心价值观”的调查问卷，提出自己认为学校办学理念中所应蕴含的两个核心价值观。

续表

识别办学理念核心价值观的调查问卷
请识别出您希望蕴含在学校办学理念中的两个核心价值观，并将它写下来。 1. ____________________________ 2. ____________________________ 在选择这两个核心价值观时，您可能会考虑如下问题。 ——是什么激励您成为一名教师？ ——您希望在学生中培养哪些关键品质？ ——您认为这所学校存在的原因是什么？ ——指导学校日常生活的主要教育原则是什么？ ——您能说出学校在学生身上高度重视的三件事吗？ ——您能说出学校在教师身上高度重视的三件事吗？ ——您能说出您的学校最自豪的三件事，并说出它们所蕴含的价值观吗？ ——您在学校看到了哪些代表学校核心价值观的符号和标志？ ——您认为家长为什么会把他们的儿子或女儿送到这所学校？ ——您会把您的孩子送到这所学校吗？请解释为什么会或为什么不。
2. 全校教职工大会（会议时间依据实践情况而定）
——将每个教职工的回答记录在一张大的翻页纸上，并组织相关人员统计出每一个相同价值观出现的频次。
3. 后续跟进事项
在上述讨论活动结束之后做如下安排，以确保办学理念的顺利提炼。 ——成立一个工作小组，以负责办学理念草案的拟定。 ——工作小组成员研究收到的反馈，注意出现的关键价值观，并在这些价值观的基础上草拟出学校的办学理念。 ——工作小组成员将拟好的办学理念草案提交给学校管理者以征求他们的意见。 ——工作小组成员根据学校管理者意见修改办学理念草案，并在第三次教职工大会上宣布。 ——工作小组成员草拟好办学理念草案，将其作为与学校合作伙伴协商的基础。 ——工作小组成员与学校合作伙伴协商修改后的办学理念草案。 ——工作小组成员根据收到的答复进行进一步的协商，必要时重新起草办学理念草案。 ——达成共识，学校共同体从此拥有新的办学理念。 ——工作小组成员组织协调并制定步骤以确保办学理念的顺利践行。 ——工作小组成员确定今后审查办学理念的时间表。

表 3-5　学校核心价值的识别 3

活动信息一览表
活动目的：本活动主要是用于了解学生、学校教职工、家长、当地社区和家长的需求，并在此基础上探求整个学校的共享价值观。 注意事项：对于此项活动，建议有家长、学生、社区、当地教育管理者代表出席。 辅助材料：翻页纸、小组讨论表。 活动过程

续表

1. 分组

备注：学校全体教职工依据以下标准进行分组，可依据实际需要增加删减分组。

第一组：校长和副校长

第二组：董事会代表（依据实际情况而定，没有可以略去）

第三组：学校管理者

第四组：教师代表

第五组：家长代表

……

2. 小组讨论（25 分钟）

每个小组的成员讨论本小组的相关问题，并将其记录在小组讨论表中。

第一组：我是学校的校长/副校长

——列举出 1~2 件个人期望从学校共同体中得到的事情。

——列举出 1~2 件自己希望为学校共同体做到的事情。

第二组：我是学校的董事会代表。

——列举出 1~2 件个人期望从学校共同体得到的事情。

——列举出 1~2 件自己希望为这所学校实现的愿望。

第三组：我是学校管理委员会的代表。

——列举出 1~2 件个人期望从学校共同体得到的事情。

——列举出 1~2 件我希望学生从学校共同体得到的事情。

第四组：我是一名教师

——列举出 1~2 件个人期望从学校共同体得到的事情。

——列举出 1~2 件我希望学生从学校共同体得到的事情。

第五组：我是一名家长

——列举出 1~2 件我希望从学校共同体得到的事情。

——列举出 1~2 件我希望我的孩子从学校共同体得到的事情。

……

（备注：这个活动可以扩展到更大的群体，例如学生、往届毕业生、学校支持者等。）

3. 第一次全体教职工大会（20 分钟）

各个小组反馈本组的讨论结果，并将其记录在翻页纸上。

4. 个人反思（10 分钟）

学校全体职工对每个小组的反馈进行个人反思，然后选择出他们认为应当包含在学校办学理念里的两个价值观。

5. 第二次全校教职工会议（会议时间依据实际情况而定）

在全校教职工会议上，每个人在大会上宣读自己的选择，将他们写在翻页纸上，并将他们陈列在会议厅四周。

6. 后续跟进事项

在上述讨论活动结束之后做如下安排，以确保办学理念的顺利提炼。

——成立一个工作小组，以负责办学理念草案的拟定。

——工作小组成员研究收到的反馈，注意出现的关键价值观，并在这些价值观的基础上草拟出学校的办学理念。

——工作小组成员将拟好的办学理念草案提交给学校管理者以征求他们的意见。

续表

——工作小组成员根据学校管理者意见修改办学理念草案，并在第三次教职工大会上宣布。
——工作小组成员草拟好办学理念草案，将其作为与学校合作伙伴协商的基础。
——工作小组成员与学校合作伙伴协商修改后的办学理念草案。
——工作小组成员根据收到的答复进行进一步的协商，必要时重新起草办学理念草案。
——达成共识，学校共同体从此拥有新的办学理念。
——工作小组成员组织协调并制定步骤以确保办学理念的顺利践行。
——工作小组成员确定今后审查办学理念的时间表。

有必要指明的是：在核心价值观的聚焦过程中，首先，学校全体教职工的讨论必须是一种高质量、深入且全面的交流。在此过程中，要求参与者暂时放下个人的先入之见，积极倾听并接纳不同的观点，以自由而真诚的方式分享各自的感受。其次，在随后的跟进阶段，学校成立的工作小组成员应包含代表学校利益群体的成员，这包括学校管理层（以校长为首）、教师、学生、家长、社区代表、教育管理部门领导以及教育专家等。此外，在初步拟定学校的办学理念时，工作小组成员要结合对学校历史现状的深入挖掘与分析，筛选并论证全体成员共同认可的核心价值观。同时，参考当前先进的教育理念、当前教育的共性需求或其他学校的成功经验等，起草学校的办学理念初稿。学校还可以邀请校外专家对办学理念的表述进行指导，以确保办学理念表述的科学性和完善性。最终，在第三次全校教职工大会上，工作小组成员要向学校全体成员详细解释办学理念的含义，阐述其与学校历史文化、原有办学理念之间的传承关系，以及如何与学校的当前状况、条件和学校特色相结合，办学理念的创新点在哪里，它所体现的核心价值是什么，以及它是如何凸显学校的教育目的并引领学校发展的。在高度重视全校教职工对办学理念的反馈的同时，若出现较大的意见分歧，工作小组需要对办学理念草案进行修订，并再次进行集体讨论，以促使学校全体成员对提炼的办学理念达成一致的认同。

三、办学理念表达中的语言锤炼

从对当前有关中小学办学理念的梳理结果可知，不少中小学在阐述办学理念时在语言表述上不够理想。事实上，办学理念作为一种哲学性概念，表述上不应过分随意，应当经过严谨的语言锤炼。语言精练的过程，实际上是进一步明晰办学理念的过程。作为学校的理念标识，办学理念的表述需要满足一定的稳定性和准确性标准。因而，在办学理念的凝练过程中，学校办学者需特别注重语言的精炼和准确表达。

（一）整合思维，彰显个性

办学理念，作为一个哲学性、统整性的上位概念，其表述应当体现整合思维。这意味着，办学理念的阐述需要综合考虑学校本质、学校功能、教育观、教育价值观、学生发展观、学校发展观等内容，并通过精炼而富有深度的语言进行表达，以确保所提炼的办学理念不仅具备广泛的包容性，还能准确反映学校的教育理想和追求。以杭州市天长小学为例，其办学理念是“开发潜能，发展个性”，而且在此基础上，学校进一步提出“尊重差异、力求卓越”的教育理念。可见，在该校的办学理念表述中，不仅凝聚了学校的教育价值追求，对学生发展的全面理解，还涵盖着学校长期以来形成的差异教育特色。

案例 14　厦门市海沧中学的办学理念

厦门市海沧中学，创办于 1949 年，历史悠久，是厦门市海沧市区培养人才最多的中学之一。该校以“幸福教育”作为学校的办学思想，并将“幸福偕行”定为办学理念。进一步地，学校以“点燃行动力的能量场，散发幸福感的文化园”作为办学愿景，而其形象宣传语为“幸福看得见”。此外，厦门市海沧中学将办学理念深入贯彻到学校办学的方方面面，提出“暖心共筑、幸福绽放”的德育理念、“匠心前行，幸福生长”的教学理念和“同心坚守，幸福担当”的管理理念。围绕学校的办学理念，学校在具体的办学实践中推出了一套幸福教育的实施策略。

推进两大办学方向：让教师享受教育的幸福，让学生享受幸福的教育。

促成四个要素循环：认知幸福、体验幸福、创造幸福、分享幸福。

实践六大行动计划：建设科学人文的幸福文化；滋养合作担当的幸福教师；打造互磨高效的幸福课堂；开发多元适合的幸福课程；培育阳光积极的幸福学生；营造书香温馨的幸福家庭。

通过对厦门市海沧中学办学理念的分析，我们可以发现该校的办学理念具有高度的统整性，学校的愿景、德育、教学、管理等都围绕着“幸福偕行”这一办学理念展开，并在实践中提出相应的推进策略。该校的做法体现了学校在制定办学理念时对整合性思维的运用，同时也凸显了其在践行办学理念过程中的系统性和连贯性。

虽说办学理念在表述上需要运用整合思维，但也要避免使用过于泛泛的措辞。例如，某些学校的办学理念为“改革、实验、示范、辐射”，这样的表述就过于宽泛，它没有指出学校的核心价值追求，没有指明学校需要改革或实验的领域，且它可以放到任何领域。换句话来说，办学理念在表述上不仅要体现对整合思维的运用，更应注重“彰显个性”，即能够准确表达学校办学过程中最为核心的要素。这要求学校办学者选择其教育价值观时，能够充分考虑到学校文化传统、学校现实或学校特色方面。例如，在案例 15 中，厦门实验中学提炼的办学理念及其对办学理念的诠释，体现学校提炼的办学理念所具有的统整思维，并最终以个性化的语言明确地阐述了学校的办学理念。

案例 15　厦门实验中学的办学理念

厦门实验中学兴建于 2013 年 9 月，公办学校，是一所新建的完全中学，其目标是办成厦门一流、省内外知名的现代化、实验性、示范性、国际化学校。

为早日实现这一目标，学校确立了“惟精惟新”的办学理念，即通过吸取精华、开拓创新来涵养师生智慧。该校办学理念的内涵诠释如下。

“精”的内涵为：①精华，指学习内容上要汲取中西传统文化、现代文化精华；②求精，指好上加好的学习态度；③智慧，指吸取精华、精益求精，以涵养师生智慧。“精”的外显办学要求为：精品课程；精致课堂；精品教材；精品教案；精彩活动；精细管理等。

“新”的内涵为：与时俱进、开拓创新。具体表现为：在创新中求发展；在创新中树品牌；在创新中出特色。“新”的外显办学行为即：新理念、新课程、新课堂、新方法、新活动。

总体而言，中小学办学者在提炼学校的办学理念时，要以统整思维进行思考。在语言的表达上，应当精确而简洁，直击核心，以确保办学理念能够在学校的各项工作中发挥核心和引领作用。同时，使学校发展定位、育人目标、三风一训等和办学理念形成紧密的内在联系，保证学校发展的一致性和连贯性，避免在发展进程中产生思想上的分歧或冲突。

（二）寓意深刻，情理交融

在中小学的办学过程中，办学者提炼出的办学理念不仅应当具备高度的理论性，而且应易于理解和接受，即所提炼出来的办学理念在其表述上要“寓意深刻”，并富含哲学深度。这意味着，只有当办学理念建立在坚实的理论基础之上，才能充分展现学校的深层次思想，体现一定的思想或者情感影响力，进而作为一种理想的追求在学校范围内得到广泛传播与学习，引起全校师生的广泛共鸣，并被内化和践行。例如案例 16 中，东北师范大学附属小学的办学理念就具有深刻的哲理性且独到的见解。

案例 16　东北师范大学附属小学的办学理念

东北师范大学附属小学所倡导的办学理念是“尊重个性、保护天性，培养社会性”。学校的办学理念紧扣学校一直秉持的“率性教育”理念，彰显了学校对教育价值取向的深刻理解，即重视儿童的个人发展和社会发展。此外，该校对如何实现个人和社会的和谐发展也有独到的见解。该校提出的办学理念，一方面源自学校在“儿童个性、天性”方面的长期理论研究与实践探索。自学校成立伊始，学校在王祝辰校长的带领下，开展“动的教学法”尝试实验，为学校在个性、天性的探索奠定最初根基。在此基础上，学校持续进行有关个性化教学的实验与探索。另一方面，学校的办学理念是对“率性教育”理念的深层次、个性化解读，其具有深厚的文化底蕴。“率性”一词源自《中庸》的“天命之谓性，率性之谓道，修道之谓教”，意思是教育应遵循人的身心发展规律，以促进个人的发展或者提升个人的境界，即教育应尊重人的天性。此外，该校的办学理念还融合杜威、李普曼等教育家的思想，他们认为儿童天生是个哲学家，他们具有本真的好奇心，它是儿童的天性。好奇心是探究创造的源泉，是需要被保护的天性。学校培养出来的学生最终将步入社会，成为各个领域的人才。因此，学校也特别强调对儿童社会性的培养，为他们成为合格的公民奠定基础。[1] 总而言之，东北师范大学附属小学提出的办学理念，内涵深刻，反映了学校办学者对“儿童身心发展的自然趋势和规律的遵循，又能够依据儿童的天性、个性，找到适合他们的‘当行之道’，从而很好地实现社会化的教育。”[2]

办学理念在语言表述上要体现“内涵深刻”，即，学校在陈述办学理念时，要避免使用缺乏实质性内涵、口号式的语言。例如，某些中小学以“办人民满意的教育”或“三个一切”作为学校的办学理念，尽管这些理念作为指导思想是无误的，但其内涵解读起来却显得不够清晰。同样，有些学校在办学理念中使用“特色、示范”等表述，虽然这些反映了学校办学者对办学特色及教育质量的重视，但这类表述过于泛泛，未能具体提炼出学校的真正特色和深层理念，容易导致学校陷入特色模糊不清的困境。实际上，学校的办学特色首先表现在办学理念上，学校可以围绕“教育价值观”这一核心要素或者其他核心要素等，在结合学校自身现状、历史、优势的基础上，以适当的语言表达出学校特色、特点，提出区别于其他学校的、个性化的办学理念。例如，北京景山学校“全面发展打基础，发展个性育人才”的办学理念，上海七宝中学的“全面发展，人文见长”的办学理念，均成功地将学校的办学特色、价值追求以及对学生全面发展的重视融入其中，并以个性化的语言陈述出来。

概言之，办学理念在语言表述上要“寓意深刻”，既能蕴含有关学校发展的丰富思想和价值追求，又要注意“情感与理性的融合”，做到“寓情以礼”。

---

[1] 案例16来源：本人于2016年9月23-24日，参加东北师范大学举办的“哲学与幼童——第二届率性教育高峰论坛”、参观东北师范大学附属小学时收集到的资料；参阅中国教育网记者王晓霞对于伟校长的访谈（中国教育网．“中国好校长”于伟：教育就意味着善，如果它使人向恶，就有问题了!）。

[2] 于伟．“率性教育”：建构与探索［J］．教育研究，2017（5）：23-32.

（三）诠释清晰，简洁明了

办学理念，作为一种理念系统，在语言表述上应能够“诠释清晰，简洁明了”。一个清晰的办学理念对于引导学校全体人员共同追求既定的价值目标，推动学校朝着设定的方向发展至关重要。这一个过程中，学校共同体成员对办学理念的认同与共识发挥着核心作用。因此，学校办学者在表述办学理念时，必须考虑不同学校成员的需求层次，做到表达的清晰与明确。如果表达含糊不清，将缺乏说服力和实施性，进而影响到学校教职工对办学理念的认同程度，也难以达成共识。这样不仅会妨碍学校全体人员朝着共同目标努力，也会影响到学校整体运作的效率。简言之，办学理念在表达上需避免过度冗长和复杂，以确保语言的简洁和精炼。举例来说，某小学的办学理念是“以人为本，重在过程管理；以良好的行为习惯为基础，以优异的创新思维为核心；坚持面向全体学生，促进学生全面发展，突出办学有特色，教育有特点，学生有特长”。很明显，这样的办学理念表述显得过于冗长，不利于识记，影响到其顺利践行。

办学理念在语言表述上还要做到“诠释清晰”，即能够对学校发展所秉持的理念做出清晰界定。例如，“以人为本，善待师生，为师生的发展创设宽松的支撑性环境，让每位师生走向成功”的表述，相较于“学生满意，教师满意”或“以人为本”等表述，其含义更为丰富且具体。再比如：有的中小学以“幸福教育”作为学校的办学理念，但是，个体对于幸福的理解存在差异，进行明确的解释变得尤为关键，以确保其能有效地指导学校的办学实践。举例来说，如果一所学校将其办学理念定位为“让每一个学生都享受学校教育的幸福和快乐”，但未对“幸福和快乐”做出清晰化的诠释，该理念便可能显得模糊不清，使学校在实际操作中遇到困难。因此，为了避免这种“上不去下不来”的困境，办学理念的表述需要清晰明确，以便为学校的教育方向和实践提供清晰的指导。

（四）朗朗上口，深入人心

学校办学理念作为学校的个性化标识，若是要给人留下深刻印象，乃至让人铭记于心，其语言表述上需具备流畅易记的特质。例如，先前提及的“尊重个性，保护天性，培养社会性”“全面发展，人文见长”“名家引领成长，经典润泽生命”“以德立德，以善至善”“立字立人，育人育己”等办学理念，其表述讲究对仗工整，读起来朗朗上口，易于被广泛记忆和传诵。这不仅反映了学校的办学理念是经过深思熟虑和精心提炼的，而且凝聚了学校全体人员的共同追求和向往。相对而言，那些通过冗长复杂的句子来阐述办学理念的学校，实际上缺乏对学校办学思想及其要素对应层次的清晰认识，不知道采用何种理念来引领或统整学校的发展观、教师观、学生观、管理观等，只能够把所有的要素都罗列出来。事实上，在学校办学思想中，存在各种各样的认识和理念，它们是分层次的，办学理念属于最根本性的，起到统领全局的作用。教学观、管理观、学生观、学校发展观，都是在其指导之下，是对办学理念的具体践行，不宜全部堆砌在办学理念之中。总之，学校办学者在表述办学理念时，要注意简洁，力求语言表达上的流畅和易于传诵，以便学校全体人员能广泛传播和接受。

四、中小学办学理念的践行及其审视

学校办学者在提炼办学理念时，其根本目的在于为学校的办学实践提供方向和指导。因此，办学理念不仅需要在学校的教育教学及管理活动中得到体现和实施，而且还应通过教育实践的过程不断地进行丰富和完善。换言之，办学理念既是对学校所有教育教学活动的规范和引领，也是在办学实践过程中通过实践经验的积累而逐渐深化和发展的。这意味着，学校的办学理念不是一成不变的，而是应当在实践中不断地反思和完善，以确保其始终能够有效地指引学校的发展和进步。

（一）中小学办学理念的践行

办学理念的顺利践行，一方面，离不开学校办学者对办学理念的深入宣讲和解释。因此，在办学理念确定之后，学校办学者应采用多样化的方式，向教师、学生、家长以及社会各界广泛传达本校的办学理念，以促进更广泛的认知、理解和接受。通过这种方式，以获得学校全体人员的支持，并鼓励他们积极参与到办学理念的践行中。具体而言，办学理念的传播，可以从校长向学校管理层或学校骨干教师进行详细解读和阐释开始，这有助于他们深入理解办学理念的背景和核心内容。随后，这些骨干教师再向全体教师和其他人进行进一步的宣讲，这项工作旨在为办学理念的全面推广打下坚实基础。另一方面，校长的理论素养提升也是办学理念成功践行的关键。校长要不断加强教育理论学习，以保持自己的思想先进性和独立性。当学校成员在践行办学理念碰到阻碍或困难时，校长应能够做出准确的判断与指导，提出有效的解决措施。同时，校长还需要从理论的高度对学校的办学实践进行总结和反思，以确保办学理念得以在办学实践中贯彻执行。此外，校长还应依据学校所面临的外部环境的变化，对办学理念进行及时更新和完善，确保办学理念的先进性和适应性。办学理念的践行，从以下几个方面落实。

1. 依托学校发展规划，将其作为践行办学理念的蓝图

办学理念的提炼本身属于学校发展规划的核心部分，它是学校发展规划的灵魂。因而，一个没有办学理念指引的发展规划是表面化的。与此同时，发展规划作为学校未来发展的工作计划，它是实现学校理想追求的阶段性计划，亦是办学理念得以落地、实现的战略性保障；不依托发展规划的办学理念是难以实现的，会导致办学理念仅停留在口号层面。例如案例 17 中，温州市城南小学依据其办

学理念“让每一个孩子精彩起来”，依托于学校发展规划，从“课程、课堂、德育、管理、师长、学生”六个相互关联的维度出发，规划学校办学理念的践行路径。

案例 17　温州市城南小学办学理念的践行体系[1]

精彩课程——关注生活，动态创生——夯实学生“成才”的基础
精彩课堂——自主对话，倾听生成——夯实学生“成才”的基础
精彩德育——善行天下，美在城南——奠定学生“成人”的基础
精彩管理——以人为本，文化兴校——发展学生“成功”的基础
精彩师长——教学向美，育人求美——实现培养目标的重要力量
精彩学生——善美相随，精彩无限——城南教育的学生培养目标

2. 在课程教学中落实办学理念

课程教学不仅是联结教师与学生的纽带，亦是实现学校发展目标和育人目标的重要途径。通过学校所开设的课程及其相应的教育教学活动，可以体现学校所秉持的教育价值观。因而，办学理念的渗透和践行要以学校的课程与教学为载体，这就需要学校办学者在办学理念的指导下，综合考虑国家课程、地方课程、校本课程，构建出既能彰显学校的办学特色，又能体现学校办学理念的课程体系和课程结构，并在办学理念的指引之下进行课堂教学改革和教育教学实践活动。例如在案例 18 中，温州市城南小学以“让每一个孩子精彩起来”作为学校的办学理念。在这一个办学理念的统整之下，学校办学者结合学校确定的育人目标，借鉴我国古代的“六艺”课程理念，开发与实施“精彩六艺课程”，其中每一个领域都与相关的学科课程相对应。

案例 18　温州市城南小学“新六艺”课程之“礼课程”

温州市城南小学“精彩新六艺”课程，包括“射”“书”“御”“数”“礼”“乐”等，分别对应“运动与健康”“阅读与生活”“科学与技术”“数学与思维”“品德与社会”“艺术与课程”六大领域，这六大领域将小学所有“基础课程”和“拓展课程”都纳入其中，围绕“让每一个孩子精彩起来”办学理念，形成有效课程向心力和有机的课程群落。以“礼课程”为例，结合不同年级开发出不同的年级课程，并结合不同时段的教育主题，开发出不同的横

[1] 陶晓迪．让每一个孩子精彩起来 学校管理的智慧与校长领导力［M］．上海：上海交通大学出版社，2019：14.

向德育课程，形成了精彩的“六纵六横”的精彩德育“礼”课程。[1] 详见表 3-6。

表 3-6　　温州市城南小学的“六纵六横”的精彩德育“礼”课程

课程时段主题	年级					
	一年级	二年级	三年级	四年级	五年级	六年级
	适应课程	自理课程	成长课程	交流课程	感恩课程	毕业课程
入学课程						
秋游课程						
校庆日课程						
爱心课程						
传统节日课程						
童心（六一）课程						

案例 19 中的上海师范大学附属罗店中学，长期秉持着“以美育人”的办学传统。因此，学校以“艺术见长 尚美成人”为办学理念。同时，为了提升学生的审美力，践行学校的办学理念，学校办学者对现有课程体系进行精心整合，构建了一个包含“艺味”国家课程和学校特色课程的“尚美成人”特色课程框架，具体内容详见图 3-1。

案例 19　上海师范大学附属罗店中学“尚美成人”课程体系

上海师范大学附属罗店中学，创立于 1942 年，原名为上海市罗店中学。1956 年，学校转型为公办宝山县第二中学，并于 1958 年增设高中。1965 年，学校恢复原名上海市罗店中学。1987 年，经上海市教育局批准，罗店中学成为区县级重点中学。2007 年 9 月，学校与上海师范大学合作共建，成为一所现代化的寄宿制中学，被认定为区实验性示范性高中。到 2022 年 6 月，罗店中学荣获上海市特色高中的称号。该校校长罗卫东在回顾学校 80 多年的办学历史时强调，罗店中学始终坚持‘以美育人’的办学传统。学校把“艺术见长 尚美成人”作为其办学理念，以“创建上海市高质量、现代化的美育特色普通高中，为上海乃至国家基础教育建构探索道路”为发展定位，以“培养自主、合作、尚美、卓越的健康人格”为育人目标。学校办学者围绕“艺术见长 尚美成人”的办学理

[1] 陶晓迪．让每一个孩子精彩起来 学校管理的智慧与校长领导力［M］．上海：上海交通大学出版社，2019：26-27.

念，结合学校的发展定位及其育人目标，精心开发出“尚美成人”课程整体框架，详见图 3-2。

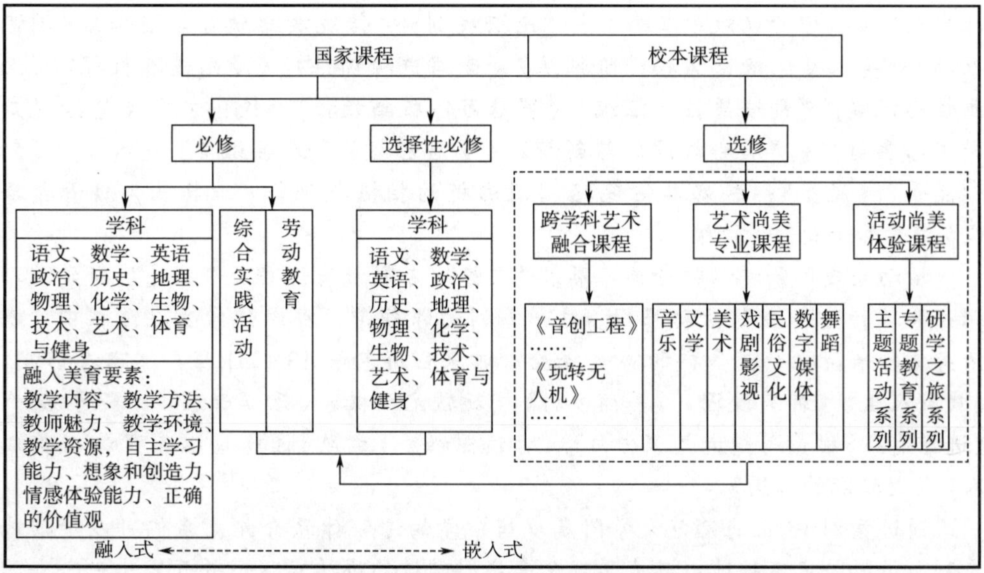

图 3-2　上海师范大学附属罗店中学“尚美成人”课程整体框架

从图 3-2 可知，上海师范大学附属罗店中学的“尚美成人”课程整体框架精心设计，涵盖了必修课程、选择性必修课程、选修课程三大类别。其中，“尚美成人”特色课程体系由跨学科艺术融合课程群、艺术尚美专业课程群和活动尚美体验课程群组成。

跨学科艺术融合课程群拓宽、加深了国家课程，并紧密结合社会生活，将其融入日常教学，以帮助学生感悟学科美，为学科专业知识的学习注入新的活力。目前该类课程已经开发 25 门。具体包含以下课程：《心灵驿站》《心理碰碰车》《气象小实验》《气象知识》《魅力化学系列》《算法与生活》《课本里的人生》《英语悦学系列之概要写作》《智慧家电唤醒美好生活》《英语悦学系列之悦说》《生命、健康、阳光》《高中数学建模拓展》《春风化雨——美文欣赏》《美丽世界，英语为伴》《统计物理学在生活中的应用》《踏寻美的足迹，地理实地探究》《探寻幸福人生密码》《高中数学文化拓展》《儒家文化》《智慧之光》《宇宙的奥妙》《心灵绽放，灵犀点通》《以美育心，给心筑梦》《走进伟大的数学家》《拥抱美好明天》。

艺术尚美专业课程群包括音乐、美术、舞蹈、戏剧影视、民俗文化、数字媒体艺术在内的多元艺术体系，以促使师生们在不断地探究和追问中体验艺术所表现的丰富内涵。目前共开发了 33 门课程。具体课程情况如下所示：音乐类包括《吹奏乐欣赏指南》《基础乐理》《视唱练耳》《管乐合奏基础教程》《各乐器专业课程》《乐团合奏表演课程》；书法类包括《基础书法欣赏》《历代书法赏析》《书法创作》《罗溪雅韵篆刻》；戏曲影视类包括《走进创作性心理戏剧》《心理疗愈戏剧工作坊》《论坛戏剧》《传统戏曲欣赏与演绎》《国潮衣尚》；美术类包括《素描进阶训练》《速写进阶训练》《漫画进阶教程》《涂画技巧汇编》《刮蜡画技法汇编》《罗店习俗版画教程》；民俗文化类包括《走进罗店彩灯》《罗店彩灯设计与创新》《罗店彩灯》《纸善纸美》《木工》《慧心慧手》《泥塑》；教媒其他包括《微影视的拍摄与制作》《摄影》《青春合唱》《青春辩论》《竹编》。

活动尚美体验课程群分为三类："思美"专题教育课程、"寻美"研学活动课程和"行美"主题活动课程。这一系列的课程群，可以使学生在课程中，以亲身体验来获取丰富多样的审美经验。该课程群包含 13 门课程：《艺海扬波》《戏点人生》《醉美校园》《美丽乡村》《玩转无人机》《乐享音乐》《罗溪庙会》《进馆有益》《最美跑道最深告白》《古镇探秘》《古风新韵》《以美育心 三愿成人》《太阳能的作用》。

通过案例 19 上海师范大学附属罗店中学的课程体系介绍，我们可以清晰地看到，该校坚定不移地以其办学理念来指引学校的办学实践，并开发出一套全面的课程体系，通过提供丰富而多样的艺术课程提升学生的审美趣味与审美能力。具体而言，学校通过美育，培养学生在生活的各个领域都能够感受美和创造美，这种教育对他们的一生将产生深远影响。

3. 围绕办学理念重塑学校文化

办学理念是校园文化的灵魂，而优质的学校文化能为办学理念的践行营造出良好的氛围，潜移默化地影响着全校师生的教育教学行为。同时，只有在办学理念的指导下，才能塑造出具有特色的优质文化，从而提升学校的综合软实力。因此，紧紧围绕办学理念对学校文化进行深度重塑显得尤为关键。以案例 20 为例，上海师范大学附属罗店中学在明确学校办学理念的基础上，对学校文化进行系统的重构优化。

案例 20　上海师范大学附属罗店中学的办学理念及学校文化

上海师范大学附属罗店中学以"艺术见长 尚美成人"为学校的办学理念，在该办学理念的指引下，以创建学校文化为抓手，对学校文化进行相应的重塑。首先，学校拥有三大主题雕像——《美的唤醒》《无限》《托起希望之星》，其中《美的唤醒》雕像由学校与上海大学美术学院合作打造，位于学校图书馆门前，以凸显学校的美育特色。其次，学校还与上海师范大学美术院、上海音乐学院、吴昌硕纪念馆进行深度联结，利用这些高校的展馆资源，为学校美育特色的开展提供了丰富的指导与支持。同时，学校还充分利用罗店古镇丰富的文化底蕴，因地制宜，采取“请进来，走出去”的策略，融合和共享本土文化资源，以此提升学校的美育品质和效果。再次，学校环境进一步凸显美育特色，打造了一个山水互动区和“琴棋书画”数字创造区，以及打造“阳刚之美、诗性之美、仁爱之美、创造之美”四大主题文化长廊展厅。最后，学校建立了六个美育基地：古风民韵民俗美育基地、灵犀点通生命基地、周宝良音乐创新实验室、金云华美术创新实验室、金爱华书法工作室、气象物语项目学习基地，用于学生每周 2 节大艺术课、每两周一次的社团活动以及学生课余自主研修等。

4. 合理开发和整合校内外资源，促进办学理念的践行

作为指引学校发展的办学理念，其作用的有效发挥依赖于充足和恰当的资源支持。鉴于学校资源的有限性，难免会遭遇资源不足的挑战。因此，办学理念的实现，必须依托于学校办学者对校内外资源的深度挖掘与有效整合。以案例 21 的厦门市集美区灌口中心小学为例，该校在提出办学理念之后，致力于在学校各项工作中全面落实办学理念，并在践行过程中不断完善和丰富对办学理念的理解与应用。正是这种对办学理念的深入践行与不断优化，使得厦门市集美区灌口中心小学得以在数年之内，从一所农村薄弱学校发展为一所优质学校。

案例 21　厦门市集美区灌口中心小学办学理念的践行

厦门市集美区灌口中心小学在提炼出“体验学习、享受成长”的办学理念之后，依托学校“闽南童玩”的特色项目，在实践中不断践行和丰富学校的办学理念。首先，目标方面的体现。在办学理念指导之下，学校提出“体验求真”的办学目标；确立“学真人、明真理、做真事的阳光少年”的育人目标；校训为“体验求真”，师训为“教学以经验见长，教育以体验求真”；生训为“体验学习，享受成长”。其次，校歌校徽方面的体现。校歌为“在体验中快乐成长”，学校校徽也灵动地诠释着学校的办学理念。一是校徽采用黄、绿、蓝三色弧形线条和具有闽南气息的红色少年团，形成“G”造型，跳跃的红色少年呈现出“K”的形状，整体构成“灌口”首字母“GK”，凸显学校所在的区域位置。二是校徽整体设计，色彩鲜艳，活泼且富有活力，弧形线条犹如环形跑道，小小少年或实践或欢呼，生动地展现学子们在体验中的自主探究、在快乐中享受成长的良好氛围，亦体现学校“体验求真”的办学理念，凸显对学生全面发展的关注。三是弧形线条如多彩之虹，又如胜利的彩带，隐喻学校丰富多彩、快乐健康的校园生活，寓意着学子们在童真童趣中享受快乐、收获成才、体验成功的美好愿景。再次，学校管理体系方面的体现。学校提出

“14333”学校管理体系，确保学校在办学理念的指引之下，通过教育教学实践活动，实现学校的办学目标，落实学校的育人目标。“14333”管理体系，是指以“一个‘童玩文化’特色项目引领；四条主线为主的‘以真育真’德育体系；国家、地方、校本的三层级课程架构；‘三个途径’的教师成长研训；‘三大机制’的学校求真管理规范”。最后，学校文化方面的体现。学校校园的一景一物充盈着童玩文化元素，校园围墙的墙体上有“童玩创意”动漫园，操场上有“跳房子”格，石椅上有“闽南棋盘”，校园一角开辟“闽南童玩公园”，闽南童玩石雕、十二生肖童趣雕像错落有致的童玩公园；学校有一个乡村少年宫以及红领巾花果山体验营，体验营里面种满各色果树、草药；学校广播里有“童玩民俗民情”推介……。从以上内容可知，厦门市集美区灌口中心小学的办学目标、育人目标、三风一训，以及教育教学实践，紧密围绕办学理念，办学理念成为学校全体人员的共同价值信奉，从而有效地推动了学校的发展和学生的全面成长。[1]

总之，办学理念源自办学实践，并在办学实践的践行中得到实现。学校要能够依据践行中存在的问题，使办学理念进一步丰富与完善，促进办学理念的不断更新，以更好地发挥它对学校发展的统领作用。

（二）中小学办学理念践行情况的审视

在教育领域，学校所提炼的办学理念与学校办学实际中所践行的办学理念可能存在一定的偏差。若忽视此种差异，便可能削弱学校办学理念在指导学校教育实践中的作用和效果。因此，需对学校办学理念的践行情况进行深入审视，以明了学校所提炼的办学理念与学校办学中所践行办学理念的相关性及其有效性。对办学理念践行情况的审视，可以从以下几个方面来进行。

——使命的哪些方面仍有价值（意义）？

——鉴于当今社会需求的不断变化，办学理念中哪些方面需要更新、补充或者删减？

——办学理念以什么方式存在于学校共同体之中？

——学校政策和文件中如何体现学校的办学理念？

——学校的课程如何反映办学理念中的价值观？

——学校的管理中如何反映办学理念中所表达的价值感和信念？

——学校内部以及学校共同体中各方的关系如何反映办学理念？

——学校的办学理念如何反映一个复杂的多元文化社会的需求？

这些问题的整个审视活动需要学校共同体来共同完成，通过对这些问题的思考，可以了解学校共同体成员对当前办学理念的看法，并为确定办学理念需要发展的方面提供一个新的起点。结合以上几个问题的思考，可知办学理念践行方面

[1] 案例21来源：厦门市集美区灌口中心小学的学校网站；陈永胜校长的访谈以及实地考察。

的审视，主要涉及人际关系、课程、学校管理以及“家庭—学校—社区联系”等领域。每一领域的审视，可以采用问卷和量表两种不同的形式，学校办学者可以依据自身需要选择适合本校的方式进行审视。

1. 以问卷形式开展的办学理念践行情况的审视

本部分将采用问卷调查表的形式，探索办学理念在“人际关系、课程、学校管理、家庭—学校—社区联系”领域的践行情况。具体操作过程及其问卷调查表详见表3-7~表3-11。[1]

表3-7　办学理念践行情况的审视Ⅰ

一、辅助工具

——人际关系领域的调查表（表3-7）

——课程领域的调查表（表3-8）

——学校管理领域的调查表（表3-9）

——“家庭—学校—社区”合作领域的调查表（表3-10）

——学校政策文件中有关这些领域的文本性材料：包括学生报名注册材料、人文关怀、纪律、课程、特殊需要、专业发展、信息教育、作业等文件。

——学校其他方面的文档材料：教职工手册、报告、招生简章、新闻通讯、校刊等（学校可根据实际情况提供其他相关文档材料）。

二、活动流程

（一）小组讨论

1. 学校教职工被分成几个小组以负责不同领域的调查，检查学校共同体中和这四个领域践行办学理念相关的文档材料，看看这些文档材料是否体现办学理念中所表达的价值观和信念。

2. 各小组结合自己所负责的领域，找出学校主要政策文件中，能体现办学理念所表达的价值观的具体证据。

3. 各小组结合自己所负责的领域，明确办学理念中所表达的价值观与学校其他文件中所体现的价值观之间存在的任何不一致之处。

4. 每个小组结合自己所负责的领域，思索学校办学理念在该领域的践行情况。小组成员对问卷调查表上的问题进行思考与回答，就这些问题达成较为一致的意见，并重点关注以下两个方面：其一，学校办学理念中没有反映在学校办学实践的部分；其二，根据不断变化的需求，学校办学理念中需要更新或者发展的部分。

（二）全体教职工会议

1. 各个小组报告本小组的反馈情况。

2. 识别并优先考虑与办学理念、学校政策、学校实践相关的核心领域。

（三）后续活动

在活动结束之后，做出安排去处理被确定为优先关注的领域。这些安排包含工作组的设立。

---

[1] 表3-7~表3-11均选自：Aengusís. Secondary Education in Ireland：Aspects of a Changing Paradigm［M］. Irish Academic Press，1993：pp. 24-32，59，60，74，78 &142.

表 3-8　　人际关系领域的调查表

核心问题：学校办学理念中所表达的价值观和信念是否有助于维持良好的人际关系。 探讨以下方面问题 1. 学校中的关系是否有证据表明认可每个人的尊严和价值？ 2. 学校的个人发展计划是否有助于学生理解人际关系的本质，并使学生获得建立有效人际关系的必要技能？ 3. 是否有证据表明学校理念中的价值观和信念对学生的行为和观念产生影响？

表 3-9　　课程领域的调查表

核心问题：学校课程是否反映了办学理念中所表达的独特价值观和信念。 探讨以下方面的问题 1. 学校是否能证明在课程中所有的学生有着平等的机会？ 2. 每个学科领域中是否有明确参照学校办学理念的政策，或明确反映办学理念中表达的价值观？ 3. 你是否有收到一份办学理念和学校目标的复印本，并要求突出学科中增进这些方面的内容？这样做的目的是让教师反思他们自身的学科与实现办学理念和目标之间的关系。 4. 是否有证据表明学校的课程结构与办学理念协调一致？

表 3-10　　学校管理领域的调查表

核心问题：学校办学理念中既定的价值观和信念是否反映在学校管理中。 探讨以下方面的问题 1. 学校的沟通和决策过程是否与办学理念一致？ 2. 是否有证据表明，通过专业发展政策和计划支持员工的需要和技能？ 3. 是否有证据表明学校有一个既定流程来落实学校办学使命、目标的实现进度？ 4. 是否有证据表明，办学理念在学校管理和运营中的优先事项？

表 3-11　　“家庭—学校—社区”合作领域的调查表

核心问题：学校的价值观和信念是否促进学校共同体之间的有效联系。 探索以下方面的问题 1. 有什么证据可以证明学校和家庭建立有效互动。 2. 有什么证据可以证明学校和当地社区建立有效互动。 3. 有什么证据可以表明学校和其他社会组织建立有效互动。

2. 以量表形式对办学理念践行情况的审视

本部分将采用量表的形式，探索办学理念在“人际关系、课程、学校管理、家庭—学校—社区联系”领域的践行情况。具体操作过程详见表 3-12~表 3-17。[1]

[1] 表 3-12~表 3-17 均选自：Aengusís. Secondary Education in Ireland：Aspects of a Changing Paradigm [M]. Irish Academic Press，1993：pp. 24-32，59，60，74，78 &142.

表 3-12　　办学理念践行情况的审视Ⅱ

一、辅助工具

人际关系领域的调查量表（表 3-13）；课程领域的调查量表（表 3-14）；学校管理领域的调查量表（表 3-15）；“家庭—学校—社区”合作领域的调查量表（表 3-16 和表 3-17）。

二、操作过程

（一）教职工会议的前期准备工作

——从所提供的材料中，选择适合学校当前需求的量表。

——请学校教职工提前填写所需调查量表，以便在全校教职工会议上交流调查结果。

（二）全校教职工会议

各个小组提交本组的调查数据，全校进行讨论，并形成最终调查报告。

1. 小组讨论

——各个小组讨论所收集到的反馈。

——各个小组明确办学理念中表达的理想值与问卷结果中所隐含的实际值之间存在的所有差异。

——各个小组重点关注：办学理念中没有在学校办学实践中反映的那些方面；办学理念中需要依据当前不断变化的实际需求进行修改或更新的那些方面。

——各个小组优先考虑从问卷回应的反思中浮现的三个特别关注的领域。

2. 全校教职工会议

——分享来自各个小组的反馈意见。各个小组优先关注的三个领域写在翻页纸上汇总，以产生一个经过同意的需要发展的领域清单。

——从这些已明确需要发展的领域清单中，商讨出需要立即关注的领域。

（三）后续行动计划

在活动结束之后，对需要优先考虑且备受关切领域的发展作出相应的安排。

表 3-13　　人际关系领域的调查量表

请勾选相应的方框，按 1 到 5 的比例对以下指标进行评分。

等级：5=非常优秀　1=非常令人不满意　请避免过度使用“3”这个等级。

有效性指标	5	4	3	2	1
1. 学校有很优秀的领导。	□	□	□	□	□
2. 对学校基本目标有良好理解和集体认同。	□	□	□	□	□
3. 一般而言，重大事项的决策和政策制定努力遵循民主原则。	□	□	□	□	□
4. 一些重要常规或程序的政策都很完善，在执行过程中采取了较为一致的做法。	□	□	□	□	□
5. 教职工内部的职能明确且为大家熟知。在学校的办学实践中，责任分担良好。	□	□	□	□	□
6. 管理层和教职工、教职工之间，普遍存在良好的信任和开放性。	□	□	□	□	□
7. 有明确而有效的沟通手段，使得教职工能够“知道学校正在做什么事情”。	□	□	□	□	□
8. 教师休息室存在良好且包容的社交氛围。	□	□	□	□	□
9. 学校拥有一支致力于工作且专业敏锐的教师团队。	□	□	□	□	□

续表

有效性指标	5	4	3	2	1
10. 学校有明确的政策来促进管理岗位人员以及教师个人的专业发展。	□	□	□	□	□
11. 学校有一些公认的积极做法以帮助在课堂管理上遇到困难的教师。	□	□	□	□	□
12. 学校关于学生纪律和人文关怀的政策，有助于维持一种有序且宽松的氛围，这对于良好的教学和学习都是有益的。	□	□	□	□	□
13. 学校的所有课程认可所有学生的能力和需求，并对所有学生一定程度地肯定和包容。	□	□	□	□	□
14. 对学生的学业成绩有着合理的高期望值。	□	□	□	□	□
15. 学校与家长有着良好的沟通，学校与家长之间存在良好的关系。	□	□	□	□	□

表 3-14　　课程领域的调查量表

请勾选相应的方框，按 1 到 5 的比例对以下指标进行评分。
等级：5=非常优秀　1=非常令人不满意　请避免过度使用“3”这个等级。

有效性指标	5	4	3	2	1
在我的学校					
1. 整体课程旨在识别出所有学生的需求。	□	□	□	□	□
2. 学校所有课程（课内外）使得各种天赋的表达和发展都成为可能。	□	□	□	□	□
3. 每个级别提供课程对学生个体及学生群体的“准备程度”都很敏感。	□	□	□	□	□
4. 课程中所渗透的价值体系反映对人类尊严的真正尊重。	□	□	□	□	□
5. 课程是“以学生为中心”而不是“以学科为中心”。	□	□	□	□	□
6. 课程实施时，教师与班集体认同优于科目，专业化优先于学科专业。	□	□	□	□	□
7. 课程实施使所有学生都有希望在实现目标方面取得一些成功。	□	□	□	□	□
8. 有政策和实际措施以诊断并满足有特殊学习困难学生的需求。	□	□	□	□	□
9. 所有科目领域都有明确的政策或计划用于补救和扩展。	□	□	□	□	□
10. 评估和报告程序倾向于促进所有学生的自尊。	□	□	□	□	□
11. 在整个学校，评估和评价程序的应用是真正公正和一致的。	□	□	□	□	□
12. 规定的课程与实施中的课程均与学校办学理念相一致。	□	□	□	□	□
13. 在课程审查时，会努力征询学生的意见。	□	□	□	□	□
14. 学生们相信，学校所提供的课程能有效地为他们离校后的过渡做好准备。	□	□	□	□	□
15. 学生们获得了足够的资源，使他们能够有效地学习所选定的课程领域。	□	□	□	□	□

表 3-15　　学校管理领域的调查量表

请勾选相应的方框，按 1 到 5 的比例对以下指标进行评分。
等级：5＝非常优秀　1＝非常令人不满意　请避免过度使用“3”这个等级。

有效性指标	5	4	3	2	1
1. 学校管理层成员普遍了解学校管理层的权力和责任。	□	□	□	□	□
2. 相对于校长角色来说，学校管理层成员了解学校管理层应当扮演的角色。	□	□	□	□	□
3. 学校管理层成员提前收到了会议通知，并对会议讨论事项有足够的了解。	□	□	□	□	□
4. 会议议程的安排是适合学校管理层成员的。	□	□	□	□	□
5. 学校管理层成员定期将政策和发展问题列入学校管理层的议程之中。	□	□	□	□	□
6. 所有学校管理层成员都有机会充分参与学校管理会议。	□	□	□	□	□
7. 学校管理层会努力在其主要决策中达成共识或协议。	□	□	□	□	□
8. 学校管理层做出的决策通常能够令人满意地实施。	□	□	□	□	□
9. 在学校财务管理方面，学校管理层确保学校内部需求之间的公平分配。	□	□	□	□	□
10. 学校管理层认识到职工发展是学校效能发挥的一个重要因素。	□	□	□	□	□
11. 学校管理层对学校的精神有着共同理解，并努力践行。	□	□	□	□	□
12. 学校管理层积极促进学校与家长之间的良好关系。	□	□	□	□	□
13. 学校管理层从战略角度考虑学校的未来，并据此制定政策和计划。	□	□	□	□	□
14. 学校管理层对学校的管理和领导起到了真正的帮助。	□	□	□	□	□

表 3-16　　“家庭—学校—社区”合作领域的教师调查量表

请勾选相应的方框，按 1 到 5 的比例对以下指标进行评分 。
等级：5＝非常优秀　1＝非常令人不满意　请避免过度使用“3”这个等级。

有效性指标	5	4	3	2	1
在我们学校，管理层和教师会做到以下几方面工作。	□	□	□	□	□
1. 把家庭与学校之间的良好沟通作为优先事项。	□	□	□	□	□
2. 努力与家长建立良好的关系。	□	□	□	□	□
3. 当孩子在学校出现有严重不良行为或持续表现出适应不良的迹象时，会主动联系家长。	□	□	□	□	□
4. 具有一定的敏锐性，努力了解可能对学生在校行为产生不利影响的家庭状况。	□	□	□	□	□
5. 普遍意识到一些“难以管教”的学生的家长可能自已也有不良的学校经历，因此可能需要鼓励这些家长信任学校。	□	□	□	□	□
6. 努力与学生所处的社区保持联系。	□	□	□	□	□

续表

有效性指标	5	4	3	2	1
7. 鼓励学生加入社区的俱乐部、利用社区的便利设施等，以促进学生在休闲时间从事一些积极的活动。	□	□	□	□	□
8. 了解当地社区的重大事件，并酌情将学校与社区项目或庆祝活动结合起来。	□	□	□	□	□
9. 促进和鼓励当地社区人员到学校开展人文关怀。	□	□	□	□	□
10. 通过家庭通信或利用当地媒体，努力为学校树立积极的公众形象。	□	□	□	□	□

表 3-17　　“家庭—学校—社区”合作领域的家长调查量表

请勾选相应的方框，按 1 到 5 的比例对以下指标进行评分。
等级：5=非常优秀　1=非常令人不满意　请避免过度使用“3”这个等级。

有效性指标	5	4	3	2	1
1. 通过时事通信和特别信件，家长们可以随时了解学校的日常生活和特别重要的问题。	□	□	□	□	□
2. 提供正式的机会，让新生家长了解学校的一般政策，并让他们与学校相关人员见面。	□	□	□	□	□
3. 有适当的标志和适当的接待设施，以帮助家长在特别拜访校长或教师时感到自在。	□	□	□	□	□
4. 学生“成绩单报告单”的设计应包括一系列的进步指标，并在精心准备的情况下将其寄给家长，学校将这件事情作为高度重视的优先事项。	□	□	□	□	□
5. 家长和教师会议的形式是鼓励家长和学校之间建立良好的沟通和信任。	□	□	□	□	□
6. 家长和教师之间的相互交流已列入学校日程表。	□	□	□	□	□
7. 邀请家长参加具有特殊意义的活动，如参加学生的入学典礼、毕业典礼等已成惯例。	□	□	□	□	□
8. 邀请家长帮助组织学校的“课外活动”，如音乐剧、辩论、游戏等。	□	□	□	□	□
9. 为新生家长提供育儿课程。	□	□	□	□	□
10. 学校一些政策的制定中寻求家长的意见，例如纪律、与学生个人发展、校服等相关政策等。	□	□	□	□	□
11. 有类似家委会的组织，使家长和学校之间的互动和合作规范化。	□	□	□	□	□
12. 针对那些对学校的特色或有效性做出特别贡献的学生，管理层有提供良好的实际行动。	□	□	□	□	□

采用问卷或者量表的形式来展开调研，有助于更为直观、科学地了解学校办学理念在“人际关系、课程、学校管理、家庭—学校—社区联系”这些领域的践行情况。量化调查的目的，主要是通过这些直观的数据，了解办学理念是否真

的成为学校全体成员的共识，是否得到有效的践行等，并通过调查，进一步获得办学理念在引领学校发展过程中还存在的不足，为办学理念的进一步更新、与时俱进提供科学依据，以切实发挥办学理念引领学校办学实践的作用。

【本章导读】发展定位是学校发展的愿景和理想定位，实质上是学校办学者对好学校的期盼。因而，基于对“学校发展、学校发展定位”深入的理解，对学校发展定位的理论依据进行探讨显得尤为重要。本章指出“定位理论、生态位理论、‘好学校’的价值追求”，是中小学办学者确立学校发展定位的理论依据。随后，针对目前中小学发展定位存在“模糊不清、盲目攀高和缺乏个性”的问题，归纳出学校办学者把握学校发展定位的四大策略，即“特色定位策略、空档定位策略、首席定位策略、高级俱乐部定位策略”。最后，提出学校办学者确立学校发展定位的基本环节，以及在确立学校发展定位时需要注意的基本要求。

第四章　发展定位：中小学办学的愿景

发展定位作为办学思想的核心构成，主要是学校办学者对“办什么样的学校”这一问题的回答，是对学校发展问题的探讨。一个科学合理的发展定位，不仅能内化学校办学理念，而且还能明确展示学校的办学优势与办学特色。在把握学校发展定位时，学校办学者需要思考以下三个方面内容：第一，理清学校发展定位的内涵；第二，掌握确立学校发展定位的理论依据；第三，选择适宜的定位策略。

第一节　发展定位的内涵解析

学校发展定位是有关学校未来发展的，它体现学校办学者对“好学校”的期盼。为了确立一个与本校实际情况相匹配的发展定位，学校办学者必须深入理解学校发展的本质，并对发展定位的概念进行清晰的界定。这一过程对于准确把握学校发展定位至关重要，同时也影响着学校在其他各方面发展目标实现的可能性。

一、学校发展的整体性理解

（一）学校发展内涵的认识

学校发展指的是学校组织为了适应不断变化的环境，通过学校全体成员的不断努力，使学校在规模和质量上实现持续性的进步和提升。这包括扩增学校规模、拓展校园空间、提升办学质量、优化办学结构、增进办学效益和实力等。具体来说，学校发展涉及很多方面，学生、教师、学校、队伍、机制、设施、环境等，这些方面的发展对于学校整体来说是至关重要的。从发展的目的来说，“所有的发展的最终目的都在于扩展人类的潜能，扩大人类的自由。发展在于拓展人们的能力，使他们有能力做出选择，过上一种他们所看重的生活。”[1] 通过这一定义，我们不难看出，学校发展不仅涉及一个数量的增加或者质量的提升，它更是一个全方位、多维度的进程。它涉及学校各个层面的改进与提升，旨在创造一个更有利于学生成长、教师发展以及教育创新的环境。因而，为了更好地确立学校发展定位，需要对学校发展的内涵有着进一步的认识。

1. 学校利益主体不同，对学校发展的需求不同

当人们对自己看重的生活，有着不同理解时，就会产生不同的发展追求。学校也是如此，学校作为一个复杂的社会组织，涵盖了众多利益相关者，包括学生、家长、教职工、政府等。这些不同利益主体对学校发展持有各自不同的期望和需求。例如，学生入校求学，追求的是个人成长与完善，体现了对良好“准备未来”的追求，其中也包含学生对优质学校生活的追求；家长将孩子送进学校，是期望自己孩子能够获得良好的发展；教师在学校从教，既有实现个人职业理想的动机，也有谋求稳定生计的需求。[2] 对于学校而言，在其不同的发展阶段，面临的需求和重点也是不同的。因而，在学校的办学过程中，一个关键的挑战是如何将学校自身发展需求和各利益相关者的需求相结合，实现协调一致的发展。这需要学校办学者具备高度的洞察力和策略性思维，以识别和平衡各方的期望，以确保各方利益得到充分的理解和尊重，促进学校整体的和谐发展。

2. 学校发展需要考虑方向性、合理性

学校发展过程不仅仅是一系列行动的实施，而是对一定价值预设所作出的战略规划。这一价值预设在很大程度上决定了学校未来发展的轨迹。因此，学校办学者在确定学校发展方向时，必须进行深入的价值辩护，以确保所选定的发展方向的正确性。此外，学校发展的实现依赖于各种资源的支持，鉴于学校可利用资源的有限性，学校办学者在确定发展目标时，必须考虑到可资利用的校内外资源情况，选择既能够满足各利益相关者价值诉求，又能在现有资源条件下实现的

---

[1] 王玲玲，冯皓．发展伦理学探究［M］．北京：人民出版社，2010：3.（转引自：陈建华．中小学发展规划［M］．北京：北京大学出版社，2013：45.）

[2] 钟海清，戚业国．学校发展与资源战略［J］．清华大学教育研究，2007（1）：78-81.

目标。

以上所有这些问题，均要求学校办学者在确定学校发展目标、内容、方向时，必须具备强烈的目标意识和准确的定位意识。目标的确定本身就是一种定位的过程。也就是说，在学校发展中，定位很关键，科学合理的定位不仅有助于学校制定切实可行的发展目标，而且能够指明正确的发展方向，从而保障学校能持续且稳定地发展。

（二）学校发展方式：外延发展与内涵发展

从学校发展方式来看，又存在两种不同的发展方式，一种是“外延式”发展，一种是“内涵式”发展。这两种发展方式在逻辑学中均占有重要的地位，二者属于同一个范畴，分别代表了对事物的不同理解和关注点。具体而言，“内涵”聚焦于事物内部所包含的本质属性，是有关事物“是什么”的回答，属于事物“质”的方面；“外延”则涵盖事物外部的所有相关延伸，关注事物“有什么、有多少”的问题，属于事物“量”的方面。在学校发展的语境下，“外延发展”属于学校发展的中低阶层次，主要指向学校在物质或者外观方面的变化，追求的是学校在人力、财力、物力等方面的数量增长或规模扩大。这种发展模式侧重于学校规模的外部扩张，追求学校资源和影响力的量化增长。相对而言，“内涵发展”代表了学校发展的更高层次，探寻的是学校内在的、本质的发展，其关注的核心在于提高教学质量、促进教师和学生的全面成长，以及优化学校教育环境。学校的内涵发展强调的是通过提升教育服务的质量和效率，实现学校内部结构和功能的优化，从而促进学校整体素质的提升。

具体来说，学校的外延发展，发展的关注点在于学校的硬件设施和规模扩张，比如师生数量、校舍、占地面积、校园环境的外部变化等，即学校发展点集中在那些可以被量化的学校外在形态的改变。学校的外延发展也是学校发展的必经阶段，然而，在学校的外延发展中，经常出现这样的问题，即学校的教师、学生数量增长了，但是学生、教师本身没有得到发展；学校的外部条件变好了，但是学校的教育教学质量没有提升，教师和学生没有获得足够的发展；学校的部分教师、学生得到发展，但是大部分教师和学生没有得到发展。这样的发展实质上是一种“粗放式的发展”，虽说可能在短期内“提升”学校的效益，但是其教育质量却不容乐观。确实，“扩大教育资源尤其是优质教育资源是必要的，但义务教育的发展不能因为规模扩张而‘稀释’质量，我们应该把提升质量作为核心问题，追求有质量的教育公平，走内涵发展之路，实现教育的优质均衡。这既是对外延发展中‘规模扩张、质量稀释’的校正，也是对外延发展边界的突破和深入。”[1] 从另一个角度来说，当前我国的义务教育已逐步超越了粗放型的发展阶段，转向追求优质均衡的教育。这一转变迫切需要学校从单纯的外延发展模

---

［1］ 冯建军．内涵发展：推进义务教育优质均衡的路向选择［J］．南京社会科学，2012，(1)：119-125.

式，转向更深层次的内涵发展。学校内涵发展聚焦于教育质量的提升，“内涵发展是一种从外向内寻求目标的过程，把一些外在的东西都淡化之后，才是真正的内涵，它们是学校内看不见摸不着，但沉淀在每个人心底的东西。”[1]“学校内涵式发展的主体不在教育系统之外，而在于学校系统自身，是学校利用现有的资源，通过教育教学改革，充分挖掘和形成学校内部的发展潜力，使学校蓬发勃勃生机，促进学校的可持续发展。”[2]具体来说，学校内涵发展的主旨在于对学校数量、规模不做大的调整或扩张的前提之下，从校园文化建设、教师队伍建设、学校特色、课程与教学改革等着眼，使现有教育教学资源得到高效利用，并以学生发展、学校教育质量提升为最终旨归。

从学校内涵发展的需求角度来看，其核心在于提升教育质量。然而，不同利益主体对教育质量的追求存在显著差异：“国家强调的是与社会需求同构的群体教育质量；老百姓追求的是个体、与别人竞争中处于优势地位的质量；地方管理者追求的是能够体现短期执政绩效的质量。国家、地方、家庭其各自追求的质量难有交集，这背后是国家、很多地方、千万家庭的利益博弈。利益博弈最终集结于学校，使得学校工作常常处于两难境地。”[3]因此，作为利益博弈汇集地的学校，为了避免处于两难境地，学校办学者必须寻找到各方利益的共同之处，即要实现学校的内涵发展。这首先要求学校办学者与广大教师、家长、学生等学校共同体成员，共同构建学校发展的愿景，而学校发展共同愿景的确定，离不开对学校当前与未来发展方向的准确定位。学校的准确定位，需要进一步厘清对学校发展定位的认识。

二、学校发展定位的含义解析

“定位”这一概念最初源自生物学领域，用以描述微生物在宿主内的特定生态环境中的解剖位置或者存活的状态，随后该术语被广泛应用于航海学、航空学、天文学、经济学等多个学科领域。[4]关于“定位”的释义，包含三种：一种行为，指运用一些专业仪器设备来确定物体所在的地理位置；测量的结果，指通过仪器测量而确定物体的地理位置；把事物置于适当、合适地位并对此作出评价。在讨论学校发展定位时，我们主要指的是第三种含义。具体来说，学校的发展定位是指把“学校发展置于适当、合适的地位，并对其作出评价”。也就是说，学校的发展定位，就是确定学校在整个学校系统和社会公众中的地位，从而

[1] 吴晓玲．区域联动式学校内涵发展的整体探索——以南京市栖霞区 U-A-S 合作研究为个案［J］．教育发展研究，2012，32（24）：54-59.

[2] 冯建军．义务教育均衡发展方式的转变［J］．中国教育学刊，2012（3）：1-4.

[3] 王一军．教育质量的悖论［J］．教育发展研究，2011（4）：3.

[4] 王莹．应用技术大学定位研究［D］．上海：华东师范大学，2016：5.

识别出学校独特的竞争优势，使其与其他学校区分开来。[1] 它的确定，需要立足学校的现实基础，即明确学校在学校系统中所处位置的基础上，结合国家经济、社会发展的要求，考虑国内外基础教育发展现状与趋势，以及对自身状况的准确把握，从而确定出学校在一定时期内的发展目标。

结合对发展定位和学校发展定位的描述，中小学的发展定位做如下理解：一是学校发展定位的主体是每一所中小学校的办学者。中小学校的定位是中小学校面向社会，独立进行的自主规划活动。在定位过程中，教育行政部门承担着对中小学的发展定位进行合理调控和引导的重要职责。二是学校发展定位的前提：立足实际基础上的现实选择。同一层级的不同学校，由于它们所处的地域不同、学校发展历史不同，学校间的差别很大。因此，学校办学者要进行准确定位，就必须明确学校所处的发展阶段、资源禀赋、优势与劣势以及内外环境等因素，在正确认识和把握的基础上，使学校的发展定位能够符合实际。三是学校发展定位的维度：具有“动态、静态”两种维度，其一是“静态—现实”维度，指中小学校办学者依据自身情况，确定它在初等教育、中等教育分类系统中的某一层次位置；其二是“动态-发展”维度，指中小学校办学者依据现实情况对学校未来发展愿景的更高目标。[2] 四是学校发展定位的整体性，学校发展定位是有关整所学校发展的综合性概括，并非单指学校某一领域特色、学生发展或者教师发展，而是对这些方面的综合，是指整个学校的发展。

第二节　学校发展定位的理据

学校办学者在确定学校的发展定位时，其准确性和科学性直接影响到学校未来的发展轨迹。为了确保定位的合理性，理论指导不可或缺。通过审视与“发展”及“定位”相关的研究，显而易见的是，学校办学者在把握学校发展定位的过程中，需要遵循“定位理论”和“生态位理论”的指导。其中，“定位理论”为学校的发展定位提供一种思维方式和相应的策略指导，帮助学校办学者以系统化的视角审视学校的发展定位问题。“生态位理论”的运用，则进一步促使学校办学者在广阔的学校生态系统中，寻找并确立学校的适宜发展空间，这不仅涉及环境的适应性，也包括如何在竞争和合作中寻求最有利的发展位置。

综上所述，学校办学者在确定学校的发展定位时，需深入理解并运用定位理论与生态位理论。通过这样的理论指导，学校办学者才能够有效地识别学校的独特优势和发展潜力，从而在复杂多变的教育环境中确立起发展的优势地位，最终确立适合学校的发展定位。

---

[1] 陈丽．中小学学校发展定位策划探析［J］．中小学管理，2004（8）：7-10.

[2] 赵贤迪．生态位理论下我国民族院校发展定位研究［D］．西安：陕西师范大学，2013：8.

一、定位理论：学校发展和成功的基础

发展定位是学校对未来发展的一种全局性、长远性的规划，这一规划对学校能否持续发展具有决定性影响。因此，学校办学者在把握学校的发展定位时，须将定位理论视为其核心的理论基础。从定位理论的观点来看，成功的关键在于能否实现品牌化，而实现品牌化的前提是明确的定位。科学合理的发展定位是避免发展过程中出现同质化现象的关键；对于任何组织而言，尤其是学校这种特殊社会功能的组织，合理的发展定位是其取得成功的关键所在。因此，学校办学者在确定学校的发展定位时，需要以定位理论作为其理论依据。

（一）定位理论的精髓

“定位”（Positioning）作为一个理论成熟起来，并被广泛运用于企业和其他形式的组织，源于美国营销专家艾·里斯（AI Ries）和杰克·特劳特（Jack Trout）的观点，他们提出：“在传播过度的社会中，获得成功的唯一希望，是要有选择性，集中火力于狭窄的目标，细分市场。一言以蔽之，就是‘定位’。”[1] 他们认为：“定位从产品开始，可以是一件商品、一项服务、一家公司、一个机构，甚至是一个人，也许就是你自己。”“定位不是围绕产品进行的，而是围绕潜在顾客的心智进行的。也就是说，将产品定位于潜在顾客的心智中。”[2] 杰克·特劳特还提到：“《韦氏词典》对战略的定义是针对敌人（竞争对手）确立最具优势的位置（position）。这正好是定位要做的工作。”[3] 可见，在杰克·特劳特看来，定位就是一种新工具和战略，是一种“最具革命性的营销观念，而且是战略的核心。”[4] 在他们看来，我们生活在一个信息泛滥的社会，面对媒体、产品和广告的爆炸性增长，人类的心智就像有限的容器，只能存储有限的信息。乔治·A. 米勒（George A. Miller）的研究也表明，“普通人的心智不能同时处理七个以上的单位。”[5] 一个公司想强大或获得成功，最为关键的是注重“品牌在心智中的地位”。[6] 一个品牌要在潜在客户心理占据一定的位置，需要这个品牌具有独特的定位，成为该品类的代表。如何才能够在潜在客户心里占据一定的位置？杰克·特劳特和艾·里斯认为，任何品牌的定位“不是去创造某种新的、不同的事物，而是去操控心智中已经存在的认知，去重组已存在的关联认知。”[7] 在

---

[1] 艾·里斯，杰克·特劳特．定位［M］．谢伟山，等译．北京：机械工业出版社，2017：9.

[2] 艾·里斯，杰克·特劳特．定位［M］．谢伟山，等译．北京：机械工业出版社，2017：引言3.

[3] 艾·里斯，杰克·特劳特．定位［M］．谢伟山，等译．北京：机械工业出版社，2017：序一XXI.

[4] 艾·里斯，杰克·特劳特．定位［M］．谢伟山，等译．北京：机械工业出版社，2017：序一XXIII.

[5] 艾·里斯，杰克·特劳特．定位［M］．谢伟山，等译．北京：机械工业出版社，2017：44.

[6] 艾·里斯，杰克·特劳特．定位［M］．谢伟山，等译．北京：机械工业出版社，2017：79.

[7] 艾·里斯，杰克·特劳特．定位［M］．谢伟山，等译．北京：机械工业出版社，2017：8.

定位理论中，还提到两条关键的原则：第一，“不要试图改变人类的心智”[1]；第二，“你如果不能在这一方面争得第一，那就在另外一个领域成为第一[2]”。这意味着，在市场上存在着众多品类和复杂的产品时，消费者会根据某些标准在心中对它们进行排序，而首先占据消费者心智的产品往往是最先占据第一位的商品。对于那些领先的品牌来讲，需要想方设法地稳定和巩固品牌的领导地位。对于没有抢先占领第一的品牌来说，它可以通过发掘自身的相对优势，满足消费者对商品特殊属性的需求，通过商品的个性化来满足消费者的个性化需求，从而使商品在人们的心目中占据有利的位置。

（二）定位理论对中小学发展定位的指引

定位理论对中小学的发展定位来说，既是一种思维工具，又是一种策略，它可以帮助中小学办学者在厘清规划思路的基础上，结合学校办学的实际情况，做出科学合理的定位。

1. 指引中小学办学者寻找相对竞争优势

定位理论的观点表明，定位源于竞争，目的是寻找自身的竞争优势，使自己能够在目标受众的心智中占据有利的位置，进而促进或确保自身的发展。在学校中，使学生获得全面而有个性地发展，是学校的最高教育目的。学校要培育出“全有个性”的学生，就需要对学生实施全面而差异化的教育。为此，要求学校在学校标准化建设的基础上，凸显其独特性，创造并强化学校特色，实现特色化办学。[3] 实际上，寻找并发展学校特色是一种确定并强化学校自身优势的过程。不同的学校，在历史背景、规模、基础设施、教育质量等方面各有不同，即便是同类型、同层次的学校，也必然存在一定的竞争优势。发展定位实际就是学校办学者运用定位思维寻找自身的相对竞争优势，并把这种竞争优势做强，树立这个竞争优势在社会公众心目中的独特地位。目前，大多数中小学面临的一个挑战是教育同质化现象的普遍存在，这导致学校缺乏特色。定位理论为学校办学者提供了重要的启示：要积极寻找自身的相对竞争优势，避免同质化，努力实现个性化办学。这意味着要创办具有个性化特征的学校，以满足社会及个体对个性化教育的需求。

2. 指引中小学办学者认清处境，提供厘清思绪的方法

杰克·特劳特和艾·里斯指出，定位的过程并非易事，在得出结论之前，认清自身处境是极其关键的。认清处境的思考过程有六步。

“第一步，你拥有怎样的定位”

---

[1] 艾·里斯，杰克·特劳特．定位［M］．谢伟山，等译．北京：机械工业出版社，2017：10.

[2] 艾·里斯，杰克·特劳特．定位［M］．谢伟山，等译．北京：机械工业出版社，2017：32.

[3] 冯建军．优质均衡：义务教育均衡发展的新目标［J］．教育发展研究，2011（6）：1-5.

“第二步，你想拥有怎样的定位”

“第三步，谁是你必须超越的”

“第四步，你有足够的钱吗”

“第五步，你能坚持到底吗”

“第六步，你符合自己的定位吗[1]”

借助杰克·特劳特和艾·里斯提出的认清处境的六步思考法，中小学办学者对本校处境的认识，也可以按照这六个步骤来厘清思绪，以确实了解到学校目前的处境。

第一，认清学校目前的定位。学校办学者需要通过广泛的调研，包括但不限于社会评价、家长意见和学生反馈等，以全面了解学校在各方心目中的地位。

第二，思考学校希望达到的定位。鉴于每所学校的资源和条件有限，不可能满足所有人的需求。因此，学校办学者可以通过聚焦，凸显自身的相对优势，从学校的相对优势上把握学校的定位，探求出学校希望拥有的定位。

第三，哪所学校是本校试图超越的。学校办学者不仅要了解自身的定位，还需要了解在同一地区中，哪些学校和本校的水平相当；并探讨通过哪些方面的聚焦，可以有效地超越这些学校。

第四，学校有足够的资源吗？学校成功定位的关键在于能确定出切实可行的目标。目标的实现则离不开足够的资源支撑。因而，学校办学者在把握发展定位时，要考虑到学校资源是否足以确保发展定位的实现或者保持。

第五，学校是否具有行之有效的措施，确保发展定位的实现。学校发展定位的成功实现，必须能够具有一整套相应的举措，并长期坚持下去才能确保其实现。

第六，学校的各项行为如何做才能够与自身定位相符。当学校的发展定位确定之后，一切教育教学行为、管理行为都必须与所制定的发展定位相当，这样才能够确保发展定位的最终实现。

3. 为中小学发展定位的确立提供行之有效的策略

杰克·特劳特等人的定位理论并非仅停留在理论层面，他们还基于自身实践经验，提出了一系列有效的定位策略。在杰克·特劳特看来，不同的品牌定位需要采取不同的定位，而选择的策略将直接影响品牌的发展路径。这些定位策略主要分为两大类：领导者定位和跟随者定位两种类别。在领导者定位策略中，其关键是维持品牌的领先地位，要求学校不断创新和提升，以保持其在教育领域中的竞争优势。跟随者定位则关键在于空位的寻找，通过填补这些空位，使自己在潜在客户中建立起品牌的认知和影响力。简言之，定位理论为中小学的发展定位提

[1] 艾·里斯，杰克·特劳特．定位［M］．谢伟山，等译．北京：机械工业出版社，2017：266-271.

供了一套行之有效的策略。学校应根据自己的现状及对未来发展的规划，选择最适合自身特点的定位策略。通过这样的策略选择，学校能够更加明确自己的发展方向，有效地提升竞争力，从而在教育系统中占据有利的位置。

二、生态位理论：学校发展方向的找寻

中小学办学者在把握学校发展定位的过程中，对学校在教育生态系统中的生态空间要有合理认识。也就是说，生态位理论有助于中小学办学者确定学校现有的生态空间，并寻找到未来适合学校发展的生态发展点。

（一）生态位的基本概念和理论

1. 生态系统与生态位的内涵

生态理论提出，生态系统是在一定时空内，生物与生物之间、生物与非生物之间，通过不断的物质循环、能量流动、信息传递，形成相互作用和相互依赖的结构化功能整体。[1] “任何一个生态系统都是由生物成分和非生物成分组成，”[2] “只要在一定空间内存在生物和非生物两种成分，并能相互作用，达到某种机能上的稳定性，哪怕是短暂的，这个整体就可以视为生态系统。”[3] 在这一系统中，生物成分是生态系统的主体和本质所在，而非生物成分则构成了生物体生存的环境，为其提供必需的能量和物质资源。在生态系统中，“生态位”是影响和决定生态平衡的一个重要元素，它也是一个物种能够获得持续发展的关键。

那么，究竟何为“生态位”？在生态学领域中，不同学者研究视角不同，对生态位的看法也不同，典型的解释有三种：格林内尔（J. Grinnell）的“空间生态位”、埃尔顿（Charles Elton）的“功能生态位”以及哈钦森（G. E. Hutchinson）的“多维生态位”。其中，“多维生态位”的理念越来越被人们认可。这是因为，在任何一个生态系统内，可供有机体利用的资源和影响其生存的条件绝非单一维度，而是具有多维性。因此，生态位的确定需要综合考虑这些多样化的因素。哈钦森进一步细分了生态位的概念，将其区分为“基础生态位”“实际生态位”和“多维生态位”。“基础生态位”是指一个物种在理论上所能占据的最大空间，它是物种在无竞争情况下可能占据的潜在生态空间，这属于一种理想的生态位。然而，实际中很少有物种能够全部占据其基础生态位，一旦出现竞争，物种实际占据的生态空间即被限制在基础生态位的一部分，这部分即称为“实际生态位”或“现实生态位”，它是基础生态位的一个子集。随着竞争因素的增加，物种所占有的实际生态位可能越

---

[1] 邓小泉．中国教育生态系统的四个发展阶段［J］．南通大学学报（社会科学版），2013，29（2）：100-106.

[2] 周东兴，李淑敏．生态学研究方法及应用［M］．哈尔滨：黑龙江人民出版社，2009：157.

[3] 尚玉昆．生态学概论［M］．北京：北京大学出版社，2003：194.

来越小。[1]哈钦森指出，影响有机体生存的每个条件和可利用的每个资源均可视为一个轴或一个维度。通过综合这一系列的维度，可以明确地界定有机体的生态位，即所谓的“多维生态位”。[2]这种多维度的考量为生态位的理解提供了一个更为全面和深入的视角，有助于准确地分析和预测物种在生态系统中的分布和行为。

2. 生态位理论的基本内容

随着对生态位概念理解的不断深入，形成较为完整的生态位理论体系，该理论涵盖了“生态位重叠与分离、生态位态势和生态位扩充与压缩”三个方面。

首先，生态位重叠与分离。这个内容和“生态位宽”有关。所谓的“生态位宽”，是指一个物种所能利用的各种资源和条件的总体范围。一般而言，生态位的宽度会根据该物种的适应能力而变化，适应能力较强的物种拥有更广的生态位。物种的生态位越宽，物种特化程度越小，即更倾向于一个泛化物种。[3] 同类物种之间的生态位因素相似的部分，即生态位宽重叠的部分，称为“生态位重叠”；反之，称为生态位分离。在同一地区，既有不同物种，也有相同物种，物种在“种类竞争”和“种间竞争”的作用下，生态位关系可能存有三种形式：①生态位完全分离，指物种之间的生态宽位窄，存在大量尚未被利用的闲置资源。在这个情况之下，种间没有竞争，物种可以扩大，增大它的实际生态位。②生态位彼此部分重叠，指物种之间的生态仅存在部分重叠，位宽合适。在这个情况下，物种之间存在着适度竞争。③生态位基本重叠，指物种之间存在着较大的生态宽位，存在着大量的重叠。此种情况下，物种之间存在严重竞争。在资源有限的情况之下，随着资源维、时间维、空间维上重叠程度的增加，种间竞争加剧，可能会造成一个物种被完全排挤掉。

其次，生态位态势理论。生态位理论表明，无论在自然生态环境还是社会生态环境中，每一生物单元的生态位均呈现出“态”与“势”两种基本属性。“态”是生物单元的状态（生物量、个体数量、资源占有量、能量、智能水平、经济与科技发展水平、适应能力等），是生物单元过去生长发育、学习以及与环境相互作用的结果。“势”是指生物单元对环境的现实支配力和影响力，如能量和物质变化的速率、生物增长率、经济增长率、占据新环境的能力。简言之，“态”是生物单元过去生态作用积累的结果，“势”是生物单元的现实作用和影响力。每个特定时刻的生态环境容量是保持在一个相对稳定的范围内，生物单元

[1] 林仁惠，等．空龄生态开发与生产要素配置的优化耦合［M］．北京：中国农业科学技术出版社，2001：3.

[2] 庄悦群．从生态位到可持续发展位：概念的演进［J］．中国人口·资源与环境，2005，15（4）：1-4.

[3] 秦玮，等．产学研联盟中企业动机与绩效——基于生态位理论［M］．上海：上海交通大学出版社，2013：41.

的“态”制约着它的“势”，而“势”的变化又能够促进“态”的转化。[1] 这一过程揭示了生态位中“态”与“势”之间的动态相互关系，强调了生物单元与环境之间相互作用的复杂性，及其对生态系统结构和功能的影响。通过深入理解生态位这一动态理论，我们能够更准确地把握生物单元在生态系统中的角色与地位，为物种的可持续发展提供科学依据。

最后，生态位扩充与压缩。生物具有无限增长的潜力，当它处在有利环境时，其潜力能够得到充分发挥，表现为其数量的增加和扩充的速度；然而，当它处在不利的环境条件下，这种潜力受到不同程度的限制，表现为减少、衰退甚至灭绝。这种由生物单元无限增长的潜力引起“态”和“势”的增加，称为“生态位扩充”，反之称为“生态位压缩”。[2] 生态位扩充或者压缩发生在资源有限或竞争激烈的条件之下。

在社会科学领域，人类社会是由各种子系统构成的有机体，在社会各子系统中，均存在生存、竞争和发展问题，生态位概念揭示的正是生态个体、种群和物种生存与竞争的普遍规律。生态位理论对于社会科学领域的研究也是适用的，“任何一个观察对象都可以定义为一个生态位，”[3] 都可以依据生态位重叠与分离理论以确定物种的“现实生态位”，也可依据生态位态势理论、生态位扩充与压缩理论以扩大其实际生态位或者确定其“理想生态位”。简言之，人类社会各子系统都可以用生态位理论加以认识和研究。

（二）生态位理论对中小学发展定位的理论指引

生态位理论表明，只要存在生物和非生物因素，都可视为完整的生态系统。教育领域也存在生物和非生物要素，存在能量、物质、信息交换，是完整的生态系统，学校是教育生态系统中的小系统，自身构成一个完整的微观学校生态系统。

从生态学的角度看，由不同类型、层次、形式学校构成的学校生态系统中，每所学校都有它独特的“生态位”。在学校生态系统中，每所学校要明确自身特定的“生态位”，才能够确保学校系统平衡和自身的持续发展。一所学校的生态位反映该校在特定时期、范围和环境中占据的空间位置，也反映学校在环境中的自然资源、社会资源、人力资源等学校生态因子所形成的梯度上的位置。[4] 学校的生态位是多维的，有理想生态位和现实生态位之分。从教育生态学来看，学校办学者对发展定位的把握，就是要寻找出适宜本校发展的特定“理想生态位”，它的确定是建立在对“现实生态位”正确认识的基础上。学校办学者可以在生态位理论的指导下，寻找到学校的“现实生态位”和“理想生态位”。

---

[1] 朱春全．生态位态势理论与扩充假说［J］．生态学报，1997，17（3）：324-332.

[2] 朱春全．生态位态势理论与扩充假说［J］．生态学报，1997，17（3）：324-332.

[3] 庄悦群．从生态位到可持续发展位：概念的演进［J］．中国人口资源与环境，2005，15（4）：1-4.

[4] 朱兆军．漳州农业学校发展定位与策略研究［D］．北京：中国农业科学院，2009：9.

生态位重叠与分离理论表明，在同一区域，不同学校之间生态位越相近，越意味着两所学校需要共享相同的资源，彼此之间部分生态位空间是共同占有的，这种共同占有就是生态位重叠。在中小学生态系统中，当它们有同样或相似的目标群体、目标资源等，会发生中小学生态位重叠。这些重叠部分会使中小学之间出现竞争，竞争越激烈，学校实际可利用的现实生态位空间就越少。竞争度大小和资源丰富度相关。学校系统是一个耗散结构，在一定时期内，内外资源都是有限的，学校要在竞争中处于持续发展的地位，必须尽量减少与其他学校的生态位重叠。换句话说，学校要利用“已有生态位”基础寻找“特有的生态位”，寻求学校的特色发展，通过生态位分离来降低竞争强度，实现共存，[1] 即用相互补充来代替相互竞争。生态学理论对中小学发展定位确立的指引作用，体现在以下三个方面。

1. 有助于中小学办学者进行“事先定位”

学校发展“事先定位”的进行，可以依照以下两个步骤：一是确定学校的生态位重叠情况，细致分析学校在哪些方面可能与其他同类学校存在生态位重叠。二是依据生态位态势理论，对学校进行“事先定位”，找准学校现有的“态”。学校现有的“态”，指学校现有的生存状态或者办学状态，它是历史积蓄的结果，是教学科研、师资队伍、教学设施、后勤保障等全部工作的综合，它是学校在过去的办学实践中所积累的现实生存能力。[2] 学校的“势”是学校如何获取、转化或优化资源所形成的适应力。学校的现实生态位，是由学校的“态”所决定的；学校的理想生态位，是由“态”和“势”共同作用的结果。通过探究学校的生态位重叠度和学校的“态”，有助于学校办学者清楚本校的“现实生态位”。

2. 有助于中小学校“发展定位”的把握

学校发展定位的把握，事实上是在寻找并确立学校的理想生态位。上文提及，学校的理想生态位是由学校的“态”和“势”共同决定的，既反映了学校现有的生存力，也涵盖了学校在获取、转化及优化资源方面的适应力。生存力代表了学校现阶段的固有状态，短期内难以发生根本性变化；而适应力则涉及学校对资源的获取、转化以及优化等方面的能力。据此，学校可依据生态位原理，对学校资源进行战略性调整，以保障学校发展定位的合理性和方向性。具体来讲，学校应运用生态位分离理论，对其和其他学校间的重叠生态位进行细致筛选。筛选的标准是基于重叠生态位的生态位宽和学校可利用的资源情况。倘若某一个重叠生态位的生态位宽很小，说明它在学校发展中处于劣势生态位，在这个方面的发展较弱，目前也没有多大的生态位空间，学校可以考虑将其淘汰，从而释放出

---

[1] 纪秋颖，林健．基于生态位原理的高等学校特色建设［J］．黑龙江高教研究，2005（3）：39.

[2] 何培英．基于生态位理论的高等海洋教育研究［J］．中国渔业经济，2010（1）：144-149.

一定的生态空间和资源，用来发展学校的优势生态位。通过此举，学校不仅能避免在高度竞争的领域中陷入劣势，还能够突出自身优势，推动个性化发展，进而建立独特的品牌形象。

3. 指引中小学办学者探寻可能扩充的生态位

学校生态位的形成既是学校间竞争的直接结果，也与学校的主动选择紧密相关。学校发展定位的实现，需要以学校现有条件为基础。这包括对学校未充分利用或尚未被开发的资源，以及可进行整合与优化的现有资源进行深入了解。基于此，确定学校生态位的潜在扩展区域，并在此范围内指引学校探寻出合理的发展定位。

生态位理论为学校办学者提供了确定合理发展定位的有效理论依据，帮助学校减少与其他学校在生态位上的过度重叠，避免不必要的竞争。通过生态位的分离和扩充，学校能够确立与其他学校不同或更优的独特属性，从而促进学校确定合理的发展定位，实现学校的个性发展和持续发展。

综合来看，定位理论、生态位理论在中小学发展定位的确定中扮演着不同的角色。定位理论为中小学办学者提供思维方式、策略上的指导，使中小学办学者能够提出科学的发展定位；生态位理论有助于中小学办学者分析本校在学校系统中所处的生态位，学校内部各要素的生态位等，为自己的学校选择合适的发展定位点和定位策略。

三、"好学校"的价值追求

发展定位是学校办学者对"好学校"的期盼和诉求。在过去，人们对好学校的建设，更多的是学校办学条件的改善与提高，比如，学校规模的扩大、校园环境的优化等。然而，随着社会对教育需求的不断提高以及对教育质量的重视，"优质"已经成为中小学教育追求的核心价值。在这一价值观引导下，中小学的外部条件已经获得显著改善，人们对学校发展的关注点逐渐从外部条件转向学校内部，均希望把学校建设成为一所提供优质教育的学校。因此，发展定位作为学校办学者对好学校的期盼，实际上就是要从优质学校的角度把握学校的发展定位。

（一）"好学校"将学生发展放在首位

对于何为优质学校，学术界尚未形成统一的定义。然而，大量的研究表明，一所优质的学校，关键在于对学生发展的重视程度。美国蓝带优质学校协会主席巴特·提尔（Bart Till）强调，优质学校的首要任务是把学生的发展放在首位。朱迪思·查普曼（Judith Chapman）也认为，优质学校必须关注学生的发展，使学生在知识、能力、技巧等方面获得充分发展，并为他们提供多样化的机会，为他们步入社会发展做准备。[1] 此外，一些学者指出，优质学校应当着眼学生

[1] 张志娜．美国优质学校研究［D］．保定：河北大学，2013：7.

"基本素养"的培养。例如，罗伯特·J. 斯滕伯格（Robert J. Sternberg）认为，优质学校要能够面向全体学生，帮助学生形成面对现代文明的基本素养，即：优质学校应能使学生形成传统的读、写、算能力的同时，还要使学生具备责任感、推理和韧性。[1] 我国研究者田荣俊也认为，优质学校，在于它能够满足学生的需要，对学生的发展承担责任，让每一个学生都能够获得不同程度的成功，因而，得到了社会的欢迎和认可，是在社会上享有较高声誉的学校。[2] 尽管对于优质学校的定义存在多元观点，但学者们普遍强调，优质学校要以学生的发展为核心目的。这一点毋庸置疑，自学校设立之初，人的培养就是它的本质。因而，一所好学校，应当把学生的发展放在首位。因为"学生对于学校具有优先性，学校依托学生而形成，学生构成了学校的本源，是学生让学校成为生动的学校……可见，学生乃是学校教育的根本所在"。[3] 换言之，学校是由众多独特个性的学生组成，因此，一所高品质的好学校应当重视每位学生的发展，使学生在学校中不仅获得知识的滋养，还能够培养健康的体魄和丰富的精神世界。

（二）"好学校"关注教师的专业发展

好学校不仅关注学生的全面发展，同样也高度重视教师的专业成长。在学生发展中，教师的作用是至关重要的。缺乏对教师专业成长的重视，学生的发展亦将难以得到保障；若教师缺乏主动性，则学生的主动性亦难以被激发。学生的习惯养成、性格塑造以及观念形成等多方面都需要教师的精心引导。教师是激发、维持和促进学生学习活动的关键。没有高素质、高水平的教师，是难以培养出高素质、高水平的学生的。因此，"教师的发展和学生的发展是互为条件、互相促进的。教师发展真正的价值和意义就在于它是促进学生发展真实和必要的条件。"[4] 例如，"华中理工大学原校长，中国科学院院士朱九思先生谈到自己就读的扬州中学时，他说：扬州中学是当时全国有名的好学校。好在什么地方呢？首先就是教师水平高……教师对于办学之重要意义，我青少年时代就有切身体验。"[5] 事实上，所有著名的学校，无论是中小学还是大学，都特别强调对教师队伍的培养。只有拥有一支优秀的教师队伍，学校才能够培养出卓越的学生，进而创建优秀的学校。教师对学生的影响并不仅限于课堂和学科知识，教师的学识涵养、灵性悟性、兴趣爱好等对学生的影响是深远和无形的。换言之，学校一切教学工作落实的主体是教师，他们是形成与贯穿办学思想的核心团队。一支具有扎实教学技能、高超教学水平、先进教学理念的教师队伍，是学校特色办学得以

---

[1] 周峰，苏鸿，郑向荣．论优质学校的内涵及特征［J］．教育发展研究，2009（12）：11-15.

[2] 罗伯特·J. 斯滕伯格，杜娟，盛群力．论优质学校的现代标准［J］．教育发展研究，2009，29（02）：42-45.

[3] 刘铁芳．什么是好的教育——学校教育的哲学阐释［M］．北京：高等教育出版社，2014：54.

[4] 方勤华．论学生发展与教师专业成长［J］．教育与职业，2006（29）：67-68.

[5] 刘铁芳．什么是好的教育——学校教育的哲学阐释［M］．北京：高等教育出版社，2014：267.

顺利推进的关键。教师专业素养高度影响着学生的发展高度，只有教师不断获得发展，才能提供高质量的教育。因此，好学校就应当关注教师的专业发展，它是好学校存在和发展的重要条件。学校应为教师专业成长提供支点，使教师能够成为一个专业素养高，精力充沛的人。

（三）“好学校”关注学校整体的可持续发展

好学校对学生发展和教师发展的需要，要求学校应关注自身的发展。学校是教师和学生生活、成长的场所，它为师生的发展提供各种资源、机会与平台。教师和学生的发展也需要学校的支撑，学校发展是教师和学生发展的内在需求，教师和学生的发展是学校发展的动力。从学校本身来说，它要成为一所好学校，本身就是不断追求自我发展的过程。在这一过程中，学校需要关注自身在规模和质量方面的提升，持续总结办学经验，发现自身优势，以确保自身办学水平的不断提高。为了生存和发展，学校必须着眼于自身能力的增强。学生发展、教师发展以及学校发展共同构成学校发展的整体框架，在这三者之中，学生发展是最终的目的，教师发展是学生发展的关键，而学校发展为教师发展和学生发展提供了必要的支持与条件。因此，对于追求成为优质学校的办学者而言，重视学校整体的持续发展成为一个不可或缺的考量。

（四）“好学校”有先进理念的引领

在有关优质文化的研究中，巴特 · 提尔认为，优质学校最重要的是学校文化，他说：“我每到一所学校，希望这所学校最先有所改变的不是教育教学工作，而是学校的文化，学校文化应从一种低期待的文化，转变为高期待的文化。”[1] 这一观点揭示了学校文化作为一种无形的力量，在学校发展中的重要作用。在构建优质学校的过程中，许多学校首先着眼于如何塑造一种健康积极的学校文化。对于一所好学校来说，学校文化的建设是至关重要的，它引领着好学校的建设。在学校文化建设中，最为关键的要素是办学理念，它制约着学校文化的建设。办学理念是学校文化的核心，不同的办学理念塑造出不同的学校文化。办学理念是对办学活动的全局性理解和把握，是对学校自身存在和发展意义的阐释和确认，它是有关学校的办学方向，从根本上指导着学校的建设与发展，是学校办学的动力、导向和保障。先进的办学理念能使学校走在教育教学改革的前列，营造出积极健康的文化，是学校发展的内在动力。先进办学理念的指引是创建一所好学校的关键，它能够促使学校营造出优质的学校文化。因而，一所“好学校”应当具有先进的办学理念。

第三节　中小学发展定位的现状与问题

一所学校的持续发展，离不开明确的发展定位。学校发展定位是否合理，影

[1] 高靓．蓝带优质学校协会：造就好学校的是文化而非成绩［N］．中国教育报，2008-02-05.

响着一所学校发展的方向和程度。因而，探讨中小学发展定位的现状，分析当前中小学发展定位中存在的普遍问题和原因，有助于中小学办学者合理把握学校的发展定位。

一、中小学发展定位的基本情况

从当前中小学提出的发展定位来看，通常涉及以下五种维度：①在办学水平维度上，常用“一流”“高质量”“先进”“领先”等词语表达学校的发展定位。②在学校社会声誉以及影响力维度上，常用“特色”“优质”“知名”“满意”“合格”“规范”“品牌”“前茅”“标准化”“文明”“示范”等词语表达学校的发展定位。③在区域概念维度上，常用“国际”“国内”“省内”“区内”等词语表达学校的发展定位。④在学校主体维度上，常用“师生和谐发展、素质全面提高”“教师自信、学生自强、家长自豪”“为学生健康成长营造乐园、为教师专业发展搭建平台”等语句描述学校的发展定位。⑤在学校特色维度上，常用“以革命传统教育、国防教育为特色，以整体发展为目标”“书香校园”“夯实双基，发展艺术特色”“传承国学经典、构建儒雅校园”等具体特色描述学校的发展定位。

依据调查可知，我国中小学在把握发展定位时，存在着一定的共性，即一般是从以上五个维度中，选择二至三个维度来作为学校发展定位的表述，较少学校以单一维度来表述本校的发展定位。如“学生喜欢、家长认可、教师自豪、社会满意的学校”“规范、合格、特色的学校”“‘规范+特色’的品牌学校”“高质量、有特色的现代化学校”“质量上乘、社会认可的书香校园优质校”“区内一流，市内知名、走向全国”“全国一流，与世界发展同步的国家级示范中学”“管理一流、环境一流、质量一流的精品型学校”……这些发展定位的表述，基本上是从办学水平、社会声誉、影响力或区域等方面选取若干个维度进行界定。

二、中小学发展定位的常见问题

通过对当前中小学发展定位的分析，可知当前中小学办学者在把握学校的发展定位时，存在三个常见问题。

（一）发展定位模糊不清

中小学的发展定位存在模糊不清的问题，具体表现为：一是学校缺乏发展定位。个别中小学只是按照一定的政策规定进行办学，而对学校的未来发展并没有认真考虑。在这样的情况下，学校没有自己的发展追求，学校凝聚力也不容易产生，在发展方向上容易陷入盲目的处境。二是学校的发展定位在表述上显得含糊不清，学校发展目标也不明确。例如：宁波市镇海区某所中学的办学目标是“教育质量示范校、文化特色引领学校、改革创新先行学校”，这个发展定位的陈述，是用学校今后的发展状况作为表述，可谓巧妙地回避自己的劣势，但是，却无法从这个发展定位陈述中找到学校的核心发展目标。三是中小学发展定位选用的维度过多。常见的是把“教育、管理、师资、人才”等要素集合在一起，再冠以“一流”作为学校的发展定位。这么多维度叠加在一起，学校难以进行有效比较和评价，学校自身也难以找出一个核心点来突破，会把不属于学校发展定位的内容也加进去。例如，某所小学的办学目标是“教育管理科学化，教学手段信息化，科研教改规范化，师资队伍专业化，办好孩子们愿意学习、学会学习、学会成长的名校”，该校的发展定位就是把所有操作性层面的东西都罗列进入，无形中弱化了学校整体的发展定位。

（二）发展定位存在盲目跟风或攀高

当前中小学的发展定位，存在着盲目跟风的情况。学校的发展定位属于学校未来发展的愿景，要体现一定的理想性和超越性，但是，理想性、超越性需要建立在学校现实基础之上。也就是说，中小学的发展定位要从学校自身的现状、优势出发，学校经过努力可以达到的，它才能够成为一种激励的动力。同时，学校发展目标要能落到实处，学校的发展定位也才有实现的可能。这就要求学校的发展定位不能仅局限在学校目前的困难，盲目悲观或安于现状，否则会使学校成员失去前进动力，容易停滞不前，难以改变学校落后的现状。目前个别中小学在发展定位上过于盲目，今日流行什么口号，学校就喊什么口号；哪所中小学的目标获得较高的社会声誉，学校也跟着提，如“规范+特长”“三园”“四园”“五园”等提法。

不少中小学校在发展定位上还存在过于攀高的情况，这样的发展定位完全不顾本校的实际条件和教育资源，设定过于宏大的目标。例如动不动就提要建设各类型的一流学校，如“学校管理一流、办学条件一流、教师队伍一流、教研成果一流”“一流的育人环境、一流的教师队伍、一流的教育管理、一流的教育质量”等提法。一所学校有远大理想追求固然重要，但是，缺乏对学校实际条件、教育资源等的考虑，就容易出现盲目攀高或选择不切实际的发展定位。例如：江西某所中学的发展定位是“冲出全市、跨进全省、跃入全国、飞向全球”。这样的发展定位显然不切实际，难以实现，而且还有可能使学校丢失原有发展特色甚至偏离既有的发展方向。

（三）发展定位缺乏个性

当前中小学的发展定位，存在定位缺乏个性的问题。换句话说，中小学确定的发展定位，从内容上看存在大同小异的情况，都喜欢用一些表层或口号式的陈述，例如“一流、知名、领先、满意”等方面的表述，这些定位，很多时候是不切实际的，在学校发展方向上也不清晰。例如，个别中小学以“学校有特色、教师有特色、学生有特色”作为学校的发展定位。然而，这种表述留下许多未解之谜：这些特色，具体指的是什么？它们是否符合当前教育发展需求？是否能够贯穿学校文化的各个层面？或者，它们是否仅仅体现在学校的某一个方面？一所学校的发展定位应该是个性化的，能够突出学校的独特生态优势。学校在陈述自己的发展定位时，学校办学水平、区域概念、社会声誉和影响力、学校主体、办学特色等维度都可以考虑，并选择出比较贴切的维度，这样才能够提出更加明确的发展定位。

第四节　中小学发展定位的策略、环节及其要求

教育系统是社会大系统的一部分，每一所中小学又是教育系统的一部分。不同组成要素在系统中有着特定位置和角色，即各要素在系统中都要有自己的定位，它是系统得以协调发展，系统目标得以实现的前提和保证。目前中小学发展的趋势表明，教育消费者对中小学的要求越来越高；与此同时，基础教育优质均衡发展的需求对中小学的发展也提出新要求，它们为中小学发展提供新的契机和挑战。面对新形势，中小学若不想被淘汰出局，有必要依照一定的定位策略，对学校发展进行科学合理的定位。

一、学校发展定位的常见策略

在中小学的办学过程中，对发展定位的精准把握对学校未来的发展轨迹具有深远的影响。根据定位理论，可以归纳出多种定位策略，包括但不限于特色定位、空档定位、首席定位、高级俱乐部定位、多种定位结合策略等。[1] 中小学办学者在确立学校的发展定位时，应基于学校的实际需求，选择适宜的定位策略。

（一）特色定位策略

学校特色是学校个性化特征的体现，标志着一所学校从规范发展走向内涵发展，并为提高学校办学品位开辟了新的途径。在确定发展定位时，许多中小学倾向于将学校的特色作为定位点，采用特色定位策略。学校特色可以选择的对象比较广泛，学校中的任何元素都可以作为特色，例如，学校理念、学校建筑、学校经典、领导方式、学校文化、家校合作形式、学科教学改革、道德教育、教师素质结构、社团活动等。然而，并非所有的特色都适宜作为学校发展的特色定位点。学校特色要成为学校的发展定位点，需要满足以下几点条件。

第一，作为学校发展定位点的学校特色，要符合“独特、优质、稳定”的内在标准。其中，“独特”不能仅仅理解为学校的某个教育要素的个性化表现，也不能狭隘地解释为“你无我有，你有我精”。它是指学校整体的个性，是学校整体中最具典型意义的个性风格或个性风貌。[2] “优质”指办学质量的优质，指能够成为发展定位点的学校特色，要有助于学校办学质量的优质发展。“稳

[1] “定位策略选择”部分，借鉴：陈丽，等．学校发展策划：理论、方法与实践［M］．重庆：重庆大学出版社，2005：152-155.

[2] 邢真．学校特色建设理论的探讨［J］．中国教育学刊，1995（5）：31-34.

定”指作为定位点的学校特色，应该是学校在长期教育实践过程中，沉淀下来的一种办学风格或文化传统，是能够渗透到学校办学生活的全部过程中，可以影响到学校元素的各方面，而不是一种孤立的学校特色。

第二，作为学校发展定位点的学校特色，要以学校的办学理念作为指导，它应是办学理念在学校发展目标层面的延伸或落实，这样的学校特色才有生命力，它也才能够作为学校的发展定位点。

第三，作为发展定位点的学校特色，不仅能够作为学校的核心竞争优势，还要体现对学生、家长需求的满足，能够促进学校师资水平提升，以及学校内外资源的提升。换句话说，作为发展定位点的学校特色，要能够以点带面，带动学校全方位发展。那么，以此特色作为学校的发展定位点才是适合的，也才能表明学校具有良好发展势头。例如，首都师范大学附属小学在其办学理念“童心教育”的指导下，构建了以学生发展为核心的“童心内在教育”，针对教师发展的“童心帮助教育”以及以环境为依托的“童心浸染教育”，结合这些“童心”特色，提出“办一所敬畏童心，师生生动成长的杰出学校”的发展定位。[1]

（二）空档定位策略

空档定位是一种常用的定位策略，是从一个全新的角度来开辟学校的发展道路。空档，指从社会公众、学生、家长的需求出发，寻找他们重视的，但是在当前学校所处区域的学校生态系统中，还属于空白或者薄弱领域，它在教育生态中具有较大生态位宽。学校要积极探索并利用空档定位策略，寻找发展的契机，减少与周边学校在教育生态位上的重叠，从而降低竞争压力。寻找空档的过程充满挑战，它要求学校“逆向思考的能力，反其道而行之，如果人人都朝东走，那就看你能不能找到一个空位往西走”。[2] 也就是说，空档定位的关键不在于满足所有人的需求，而在于如何精准定位于某一个特定领域，以此扩展学校的发展空间。这正体现了定位理论的第二个有效原理：“你如果不能在这一方面争得第一，那就在另外一个领域成为第一。”[3] 以案例22中北京市宣武外国语实验学校为例，该校在确立发展定位时，便采用了空档定位策略。

案例22　北京市宣武外国语实验学校的发展定位

北京市宣武外国语实验学校，其前身为1963年成立的“南菜园中学”。由于南菜园中学当时处于发展不佳的状态，在2002年，宣武区进行学校布局调整，把南菜园中学与148初中部合并。在重新进行学校发展规划的过程中，南菜园中

[1] 备注：该校的发展定位资料的获得来自本人参加“福建省‘十三五’小学名校长后备人选高级研修班”时，宋继东校长的报告“童心教育的实践”整理而来。

[2] 艾·里斯，杰克·特劳特．定位［M］．谢伟山，等译．北京：机械工业出版社，2017：83.

[3] 艾·里斯，杰克·特劳特．定位［M］．谢伟山，等译．北京：机械工业出版社，2017：32.

学发现自身的外部环境是：随着中国加入世界贸易组织以及成功申办奥运会，北京市对学生的外语能力要求日益提高。然而，在宣武区并不存在一所专门的外国语学校。学校的内部环境分析显示：家长和学生对外语方面的需求高涨，学校刚刚合并的148初中有涉外教育专业，学校的外语教师在数量和质量上具有相对竞争优势。经过反复论证，学校决定采用空档定位策略，将校名更改为“宣武外国语实验学校”，这一发展定位成功填补宣武区外语类学校的空白，使其成为当时宣武区唯一一所公办外国语学校。学校最终提出的发展定位是：“外语优势，文理兼重，多元文化，优质发展”。随后，学校在办学理念的指导下，围绕发展定位、本校的育人目标，采取一系列教育教学改革措施，不断凸显学校核心竞争优势，教育质量逐步提升。[1]

由案例22可知，通过空档定位策略，精准选择适宜的领域作为学校的发展定位点，能够有效激励学校全体教职员工迅速建立起信心，并促使学校朝向个性化发展的方向迈进。此外，该策略亦有助于薄弱学校迅速建立起本校优势，从而比较容易地实现成功并获得社会的广泛认可。有必要指出，空档定位点的选定，必须建立在学校现有优势和条件的基础之上。反之，如果选择不当，不仅无助于学校的发展，反而会制约学校的发展。

（三）首席定位策略

首席定位策略是指把学校发展定位在成为同类学校中领导者的定位策略。定位理论表明，要在人们“心智中留下不可磨灭的信息”“‘当第一胜过做得更好’是迄今为止最有效的定位观念。”[2] 这也是很多中小学办学者都把学校的发展定位确定为“一流”的原因。但是，并非所有学校都适合首席定位策略，这需要根据学校本身的规模和实力而定。本身实力雄厚的中小学校，可以将学校的发展定位确立为全国领先，甚至国际一流的水平上。例如：上海中学目前的发展定位是“构筑世界一流的研究型、创新型中国基础教育顶尖名校”；中国人民大学附属中学目前的发展定位是“国内领先，国际一流，创世界名校”。[3] 一般来说，首席定位策略是实力雄厚学校的首选，学校办学者通过对领导者地位在范围上的重新限定，可以稳步地推进学校的发展。例如，上海中学，在1999—2002年，它的发展定位是“从现在起到本世纪末，努力把上海中学办成适应时代要求的全国一流、教育高质、管理高效的示范校”；在2002—2007年，它提出的发展定位是“国内一流、国际知名、教育高质、管理高效”；在2007—2012年，学校提出的发展定位是“创建世界一流的中国名校”；目前学校的发展定位是“构建世界

[1] 案例22来源：百度百科对北京市宣武外国语实验学校的介绍，以及该校教师发表的有关学校发展思路的多篇论文，论文发表在《北京教育》（普教版）。

[2] 艾·里斯，杰克·特劳特．定位［M］．谢伟山，等译．北京：机械工业出版社，2017：29.

[3] 两所学校的发展定位均来源于相关学校的官方网站。

一流的研究型、创新型中国基础教育名校”。[1] 除此以外，发展较好的中小学也可以在限定的基础上采用首席定位策略，比如将学校的发展定位确立为全省同类学校中的首席；实力次之的学校可以定位为全市同类学校中的首席，以此推之，全区、该学区的首席等。这样的发展定位有助于学校不断超越自我。一般来说，实力比较薄弱的学校，不适宜采用首席定位策略。薄弱学校如果要选用该策略，可以通过学校类型以及范围的限定来确定学校的领导者地位。例如，厦门市蔡塘学校，是一所生源以外来务工人员子女为主的学校，因而将学校的发展定位确立为：“外来务工人员子女品牌学校”。[2] 学校也可以通过凸显某项核心优势的方法，成为某一领域或某一方面的首席、精品，例如某一种艺术、体育方面的首席或者某一学科方面的首席。

总而言之，在首席定位策略中，学校可以通过对学校的领导者地位进行一定的范围限定，可以是区县第一、全市第一、全省第一，甚至是全国第一这样的范围，具体选择什么样的范围、什么样的领域，学校需要依据自身的规模和实力而定，而不是盲目地追寻什么都是“一流”，这样的定位是不切实际的。

(四) 高级俱乐部定位策略

高级俱乐部定位策略属于一种特殊的追随者定位，是把学校发展定位为某个具有良好社会声誉的小团体中的一员。换句话来说，如果学校无法拥有首席的地位，或者学校本身不具备明显特色，那么，适宜选择高级俱乐部定位策略。例如北京师范大学株洲附属学校的发展定位是：把学校建成“有优势、有特色、有影响、有品牌的三湘名校”[3]。这所学校无论是在校名上，还是学校的发展定位上，采用的就是高级俱乐部策略，即在攀附名校光环之下，使自己成为优良小团体中一员。这个类型的定位策略属于一种借势定位，它有助于提高学校自信力，有助于学校凝聚力的产生，使学校朝着合理的发展定位积极前进。中小学在使用高级俱乐部策略进行发展定位时，学校不能满足于依附某个知名团体，而是要逐步发展出自己的定位，才能确保学校持续发展的势头。

一所学校的发展定位，可以只采用一种定位策略，也可以选用多种定位策略，如把特色、空档、首席等定位策略相结合，使学校的发展定位更为立体饱满，学校发展也更具有梯队性，学校也能不断地朝着一个合适的方向前进。有必要强调的是，多种定位策略的运用也需要谨慎，特别是那些本身基础比较薄弱的学校，若是定位策略过多，会导致学校的发展定位过于复杂，反而让学校教职员工难以聚焦，学校的发展定位也难以真正成为学校发展的方向。可见，学校采取哪一种定位策略，需结合学校发展实际来选择。

---

[1] 内容来源于该校的官方网站。

[2] 内容来源于厦门市蔡塘学校的官方网站。

[3] 内容来源于北京师范大学株洲附属学校的官方网站。

二、把握学校发展定位的基本环节

在教育领域，确立学校的发展定位不仅是实现学校发展目标的基础，也是推动整个教育体系乃至社会更广泛目标实现的关键条件。对于中小学办学者而言，准确把握发展定位，包含以下三个基本环节：分析校情，明晰相对优势；选准定位点，运用定位策略；制定措施，实现发展定位。

（一）分析校情，明晰相对优势

一所学校的发展定位，要对学校办学以来取得的经验、成绩、拥有的优势以及存在的不足等进行全面整理以及全方位、透彻地审视与剖析。这是因为每一所学校都是在特定社会环境下办学的，同时也是学校在自身办学历史中前行的，学校昨日的积淀，正是今日学校发展的起点。因而，只有对校情进行多维度、全方位的分析，学校办学者才能够明晰学校自身的相对优势。

1. 学校宏观环境的认识

学校作为一个公共服务组织，是一个开放系统，它“只有不断地与其环境进行能量、信息交换，把投入转变为产出，才能生存发展，实现组织目标。”[1] 换言之，学校发展离不开外部环境，一定国家或者区域的政治、经济、文化状况及人口、教育状况等，在客观上制约着学校的发展，影响学校发展定位的制定。因此，在确定发展定位时，学校要考虑国家和地区的政治、经济、文化的整体状况，教育需求等，以便进行科学合理的发展定位。在这一过程中，对学校宏观环境的认识可以分为以下三个主要方面。

第一，深入解读国家教育政策法规。无论是国家教育的发展，还是学校建设与发展，都离不开国家教育政策法规的指导和支持。学校在把握发展定位之时，必须对国家颁布的有关教育发展、学校发展、学校管理等方面的法规、政策性文件进行详尽的解读，从政策上获得支持，以确保学校发展定位的正确性以及实现的可能性。第二，分析当前的社会文化环境。文化是社会环境的构成要素之一，文化是社会成员共同做事的一种准则与价值倾向，它对生活在其中的社会组织以及成员产生同化作用。在社会文化环境中，科技发展水平、文化价值观念以及传播媒介等，皆会对学校发展产生影响。学校发展定位的制定，必须把这些因素考虑进去，思考哪些因素有可能成为学校的优势，以及它是否可以作为学校发展的定位点等。第三，了解学校所属区域的人口状况、经济水平、教育氛围、人文环境等。这些内容，学校在把握发展定位时，都需要将它们考虑进去，它们在一定程度上是学校发展定位得以实现的条件或有利资源。

在宏观环境的认识环节，学校办学者应当明确自身在哪些方面具有充分的自

---

[1] 陈振明．公共管理学——一种不同于传统行政学的研究途径（第二版）[M]．北京：中国人民大学出版社，2003：68.

主权，同时也应当争取尽可能多的自主权。一个缺乏自主权的学校，整天要忙于应付上级的指令、评估以及各类检查，很难谈得上真正的发展。学校办学者还要尽可能多地争取外部环境对学校发展定位的支持与认同。学校可利用的外部资源有限，但学校发展定位的实现，又离不开人、财、物等资源的保障，缺乏足够资源，学校发展定位只能是一种“空中楼阁”。因而，在宏观环境认识方面，学校办学者应当明确学校发展定位如何获得外部环境的认同与支持，确保能够为学校发展定位的实现创设一个良好的外部环境。

2. 学校教育生态的调研

学校办学者确定本校的优势之后，需要判断哪些可以成为学校的优势点或者定位的立足点。这一过程需要从以下两个方面来洞察学校所处的教育环境。

（1）学校所属区域的学生以及家长需求的调查。学校发展定位的动因之一是满足学生和家长的个性化需求，它也是塑造学校个性化的关键因素之一。为了深入了解学生、家长的个性化需求，学校可以从以下几个方面入手。第一，通过问卷调查、文献研究、座谈会、个别访谈等多种形式，收集学生和家长对学校教育教学、学校风气、学校特色、社团活动等方面的主要需求，明确哪些需求在本校已经得到满足，哪些需求存在巨大差距或者无法满足。第二，分析这些需求在其他学校的满足情况，以便对比和定位。

（2）学校所处区域的教育状况分析。学校是整个教育生态系统的一环，它的发展定位离不开对整个学校教育生态的分析。教育生态分析包含以下四个方面。第一，学校要对本区域的整体教育水平有明确的认识，包括同类学校的数量、受欢迎的学校以及受欢迎的原因。这些学校在教学质量、德育水平、管理能力、科研能力、创新能力和资源开发能力等方面的优势。第二，评估学校在教育生态中的位置，分析与其他学校在类似领域的竞争优势。第三，对当前所属教育系统中倡导的教育理念以及教育行为的分析，识别学校尚未充分挖掘的潜力。第四，关注当前教育理论研究的热点、重点、难点以及国内外教育改革的动向等，并将这些与学校当前或今后可能的发展结合起来考虑。

总之，合理把握学校的发展定位，需要学校办学者洞察学校所处的教育背景，对当前教育系统在理论和实践层面的现状、需求和发展趋势进行分析、比较，寻找出本校在教育系统中拥有的优势与劣势，这样既可以避免走弯路，又有助于学校提出合理的发展定位。简言之，学校教育生态系统的调研，可以为学校的合理发展定位提供现实依据和借鉴。

3. 学校内部要素的理清

正确的发展定位，不能脱离学校现有位置与条件，它表明学校目前的办学水平或层次，它是学校发展定位的起点；学校现有的软硬件条件，无论是不足、缺憾还是精彩、优势，它在一定程度上都会影响着学校未来的发展方向，蕴含着学校经过努力可能达到的境界。英国教育哲学家怀海特（Whitehead）在《教育的目的》一书中指出，“每所学校都必须有权考虑自身的特殊情况”。[1] 因而，学校正确地、客观地自我认识，是学校合理把握发展定位最为根本的要素。学校内部要素的理清，包含以下四个方面：①探究学校的发展历史，包括是否拥有浓厚的历史文化底蕴、独特历史传统或优势等。②评估学校内外环境因素，如地理位置和校内环境是否具备特殊优势，以及这些优势是否能够转化为学校独特的理念标识或者其他标识。例如，成都石室双楠实验学校依托学校所处的独特地理优势，最终以“传承千年蜀汉文化，培育未来民族栋梁”作为学校的发展定位。③深入洞察学校文化优势。学校文化在推动学校发展和学校教职员工成长方面发挥着至关重要的作用，能够凝聚人心、统一思想、优化学校各种办学资源。基于学校文化的发展定位，能够为学校发展开辟更为广阔的空间。学校要挖掘学校文化优势，判断这些是否可以成为学校教职员工共同拥有的价值观和信念，在此基础上把它融进学校的发展定位之中。④识别学校内部要素的特征。学校内部要素包含学生水平、学生培养任务、教师队伍、学科水平、教育资源（经费、设施等）等。它们是学校的基本组成要素，这一部分数据的收集很重要，收集到的数据可以为学校未来发展规划服务，同时它也制约着学校发展定位的形成与实现。

学校发展定位的把握，必须建立在学校对校情全面了解的基础之上。校情的完整认识，包括学校所处的宏观环境、学校教育生态以及学校现有基础三个部分。为了深入了解校情，学校可以采取多种方式，包括问卷调查、文献、专家访谈、座谈等。调研之后，学校需运用科学的方法进行分析，即学校需要掌握校情分析的技术和手段，例如问题树分析法、SWOT 分析法、GAP 分析法、标杆分析法、德尔菲法等校情分析方法。[2] 只有通过这样的全面分析，学校办学者才能够对校情有完整的认识，才能够真正洞察学校的优势，才有利于学校办学者选择合适的定位策略，选准学校的发展定位。

（二）选准定位点，运用定位策略

定位理论表明，合理定位是建立在对自身处境认识的基础之上。它是理清学校发展头绪的一个过程，是寻找生态发展点的过程。有必要指出：通过校情分析识别出的学校相对优势可能很多，在这些相对优势中，不可能所有内容都能够成为学校的发展定位点，学校还需要对这些相对优势进行细致的筛选和区分。学校发展优势的分析，是对学校现有条件和位置的认知，认清哪些显性的或潜在的因素可以成为学校的核心优势，例如：在地理位置、学校传统、教育教学质量、学校管理、政策等方面是否具有优势，这些优势哪些不同于其他学校，或哪些可以成为学校的真正优势点。在此基础上，以生态位理论为基础，结合生态位重叠与分离、生态位态势等，考虑可以扩充或压缩的生态位。学校要分析学校内部是否

---

［1］ 怀海特．教育的目的［M］．庄连平，王中立，译．北京：文汇出版社，2012：18.

［2］ 陈建华．中小学校发展规划［M］．北京：北京大学出版社，2013：129-140.

存在生态位重叠，或与其他学校存在生态位重叠，利用生态位分离寻找学校独特的生态发展点，它有助于降低学校外部的竞争压力，以最大限度地争取学校发展资源和机会。

不同类型、发展水平的学校，拥有的生态位是不同的，采取的定位策略应是不一样的。具体来说，有以下三种情况：一是领先型学校，它在同类学校中长期处于龙头地位，它的发展定位适宜采用首席定位策略，以确保学校能够一直保持在领先地位。一方面，处于领先地位的学校是其他学校学习和挑战的对象，该类型的学校就必须积极创新，寻找更好的发展点，为学校开拓新的生态空间，确保学校的领先地位。学校若是自满自足，缺乏前瞻性，其领先地位极有可能被其他学校赶超。另一方面，当前教育正处于转型时期，领先型学校应当密切关注各类教育政策的变化、关注国内外教育改革的动态、关注社会对教育的新需求，及时进行教育教学管理改革，找准新的生长点，才能够确保学校持续发展。无论如何，领先型学校本身已经拥有优质资源，自身形象已经占据优势，在新的发展定位中，就应当采取首席定位策略，继续追求新生长点的领先地位，以维护其在同类学校中的领导地位。二是发展情况较好的学校，这类学校在发展过程中，具有较好积淀，也可以结合自身实际情况，采用首席定位策略。在运用首席定位策略时，学校应当依据自身实力，将自己定位为同层次学校中的佼佼者地位，而不是盲目追高求大。学校办学者可以把首席定位策略与特色定位策略结合起来，依托自己的核心特色优势，把学校定位在某个区域的领先地位，逐步带动学校其他领域的发展。三是发展薄弱的学校或刚创办的学校，适宜采用高级俱乐部定位策略、特色定位策略或空档定位策略。运用高级俱乐部定位策略，学校借助名校光环，可以较快获得自己的自信力。但是，在这个光环之下，学校还要努力发展出自身的独特特色，使它逐步成为学校的生长点，带动学校的全面发展。空档定位虽说比较难寻找，但是一旦学校办学者寻找到空档，并深入挖掘发展的话，它有可能为学校拓展出新的生态空间，使学校迅速发展成为优质学校。总之，定位策略的选择，可以依据学校自身校情，选择一种或多种定位策略。

（三）制定措施，实现发展定位

学校发展定位确定之后，需要集合全校之力，在共同商讨的基础上制定一系列有效措施，以确保学校发展定位的逐步实现。这些措施的制定，是确保学校发展定位实现的关键一环。

1. 目标分解，项目引领

学校发展定位，它展现的是学校未来图景，指向学校未来力图要达到的方向或质量标准。它的实现需要学校各领域的互相支持与协调，需要学校把发展定位分解为各个领域的不同层次与类型的目标。当各类目标逐步达成，学校的发展定位也会逐步实现。从时间上来看，发展定位可以分解为近期目标、阶段性目标和终极目标。从内容上来看，它包含学校众多领域的目标，如德育工作、课程建设、教学改革、学校管理、师资队伍建设、科研工作等领域。学校在进行目标分解时，应当有时间的考虑，也有领域方面的考虑，即：学校不仅需要有领域目标，而且还需要将领域目标细分为不同的阶段目标，在阶段目标达成基础上，保证学校发展定位的逐步实现。例如，在案例23中，集美中学附属滨水学校在明确其发展定位后，不仅提出了领域内的具体目标，同时也制定了阶段性目标的细化，从而确保了学校发展定位的逐步实现。通过目标分解，学校能够更加系统地规划和实施学校的发展战略，确保每一步都是朝着既定的未来愿景前进。同时，这也有助于学校在实现其长远目标的过程中，能够灵活应对各种挑战和变化，从而保持持续的发展动力和竞争力。

案例23 集美中学附属滨水学校的发展定位

集美中学附属滨水学校的发展定位是把学校建成“师生共同成长、自主发展、快乐成长、具有丰富内涵和文化底蕴优势的可持续发展的现代化学校”。依据学校当时的发展定位，该校办学者从以下领域开展工作：抓学校管理，创“和谐校园”；抓德育工作，创“文明校园”；抓教学工作，创“人文校园”；抓读书教育，创“书香校园”；抓体育工作，创“健康校园”；抓安全教育，创“平安校园”。除此以外，该校还结合学校的发展定位，详细制定出每一个领域的阶段达成目标，在每一个阶段，遴选出该阶段的重点项目，引领阶段目标的实现；随着阶段目标的实现，学校的发展定位会逐步实现。例如，“德育工作，文明校园”这个领域，第一个阶段主要是抓学校的德育常规，即侧重养成教育，文明礼仪、个人卫生习惯、劳动习惯、课堂常规等。第二个阶段强调的是教师德育能力的提升，以适应新时期德育工作的新特点。第三个阶段主要是绿色校园的建设，争取将学校建设成“市级文明校园。”[1]

在进行学校阶段目标的细化过程中，必须紧扣学校的发展定位，确保方向的一致性与和谐统一，从而构建起促进学校发展定位实现的支撑网络。在这一过程中，还需准确把握各领域目标的层次，避免目标内容之间的重叠；学校要根据各领域目标的性质、难易程度，目标达成的时间顺序等，拟定相应的年度具体目标，并依据前一年度的实现情况进行必要的调整和完善，以确保各领域目标能够有序实现。在目标的细化过程中，学校各领域制定的年度目标，应当具有可度量性、可操作性，若目标过于笼统，可能会导致学校教职员工无所适从，不知如何有效地朝着目标前进。换句话说，需要明确每一个阶段目标的具体达成标准以及评估方式。在目标细化中，分阶段目标应当有所侧重，即学校应当着力遴选出该阶段的优先项目。学校作为一个组织系统，系统内的事情千头万绪，需要完成的

[1] 案例23来源：集美中学厦门滨水学校的学校发展规划文本。

事层出不穷，它们不是一下子就可以完成的。学校若没有遴选出优先发展项目，学校成员易在众多任务中迷失方向，或者导致学校工作陷入低效的重复循环。总而言之，为了顺利实现发展定位，学校在目标分解过程中，就需要关注优先项目遴选。有必要指明的是，优先项目的遴选，无须覆盖学校全部的目标领域，而是从这些目标领域中，选择一到两个学校原先建设得比较成功的项目，集中力量做深做透，使它成为学校的办学特色，以点带面，逐步带动其他领域目标的实现。例如，在案例24中，首都师范大学附属玉泉学校确立的发展定位为："办一所敬畏童心，师生成长的杰出学校"，结合学校自身的特色"童心"，学校办学者对教师发展目标进行了精细的项目分解。

案例24 首都师范大学附属玉泉学校的教师发展目标

首都师范大学附属玉泉学校以"办一所敬畏童心，师生成长的杰出学校"作为学校的发展定位，其中针对教师成长，学校办学者决定构建一支"理解儿童"的教师队伍，在涵养教师心智的基础上，促进教师的成长。针对教师成长这一目标，系统地开展学习型校本培训，该项培训包含以下四个项目：第一，启动师带徒"一起成长"项目，通过该项目使师徒之间相互激活，协同发展。第二，启动校内"名师成长"项目，该项目采用外聘和校内聘请的方式，让教师"拜大师为师""拜名师为师"，从而使教师在"大师、名师"的引领下，在技术专长和教学能力方面获得更好的发展。第三，启动"100小时专业培训"项目，该项目本着"量化考核，满足兴趣，扎实有效"的原则，将教师个人目标和学校战略发展目标结合起来，每年安排不少于100小时的培训，激励每一个教师自主发展，并通过这100小时的历练达到优秀。第四，启动校区"小伙伴分享共同成长"项目。通过这四项教师培训项目，教师在职业态度、专业技能以及个人修养方面都获得了提升。[1]

2. 调整学校组织结构

学校发展定位的实现，依靠的是学校所有成员的共同协调和努力。学校内部成员能否协调一致，它与学校是否具有良好的组织结构有关。也就是说，学校发展定位的实现，在很大程度上依赖于学校是否形成与发展定位实现相匹配的组织架构。学校组织结构之于发展定位实现的重要性，一方面源于组织结构决定着学校资源的配置。在金字塔型的组织结构或集权式的组织结构中，资源分配通常受到个人价值取向的影响，若这些价值取向恰好和学校发展定位的阶段目标相一致，那么，这样的资源配置可能不会影响到学校发展定位的实现；反之，可能使

[1] 备注：案例24来自本人于2019年4月28日参加"福建省'十三五'小学名校长后备人选高级研修班"，到北京师范大学参加培训时，该校宋继东校长《童心教育的实践》讲座。

学校发展定位出现人为障碍，如资源的缺乏或者浪费等。另一方面，在有效的学校组织机构中，学校各部门之间的分工与合作有着明确的规定，各部门之间的信息有着自由流通的渠道。哈罗德·孔茨（H. Koonze）指出，一个高效的机构，它的“设计应当职责分明，使每个人都知道该做些什么，谁对什么成果负责；应能排除由于工作分配的混乱和多变所造成的故障，并能提供反映和支持组织目标的决策沟通网络。”[1] 当学校明确规定各部门的分工与职责，有利于把学校各部门以及学校个体的行动都统一到学校的理想蓝图中，学校成员的行动也具有一定的方向性和紧张感，确保学校各项活动能够有条不紊地进行，确保学校既定的阶段目标或领域目标的达成，使学校向着既定的发展定位前进。以案例 25 为例，首都师范大学附属玉泉学校，在“童心教育”办学理念的引领下，确立了“办一所敬畏童心，师生成长的杰出学校”的发展定位，为了实现该发展定位，学校对组织结构进行调整，建立了“童心管理”的组织系统。

案例 25　首都师范大学附属玉泉学校“童心管理”组织系统

首都师范大学附属玉泉学校在“童心教育”办学理念的指导下，确立了“办一所敬畏童心，师生成长的杰出学校”的发展定位。为了确保这一发展定位的实现，学校对自身的组织结构进行调整，建立了“童心管理”组织系统。这一组织系统的建立，是一种以“学校（教育）价值共同创造者”的管理方式——即奔着一个整体的目标，在强烈动机的激励下实现学生、教师和学校三方的共同成长。目的在于让全校“同行共治，每一个都可以有所作为”。倡导扁平管理以提升管理的速度效率，鼓励教师通过互动参与一起管理学校，并为教师发展提供一定的支持。学校构建的扁平管理主要是构建一种低重心组织结构，让同行在“共同做”中凝聚共识。童心管理是一种低重心的组织管理结构，包含负责管理课程、学生和后勤部的党政监督服务式管理；负责低段、中段、高段语数学科的三段模块式管理；以及负责英语、音乐、美术、科技、品心、体育、信息学科的学科分类式管理。同时建立三级互动管理流程，实施“分工负责、协作推进”的三级互动管理，形成针对学生阶段性成长需要的同心、同步研究群体，在“真心做”中培育责任，在“共同做”中凝聚共识，最终实现师生的共同成长。[2]

3. 优化学校资源配置

学校发展定位的顺利实现，离不开学校人力、物力、财力资源配置的优化。人力资源是学校发展中不可缺少的重要资产和重要保障，是学校发展最有活力的

[1] 哈罗德·孔茨．管理学［M］．黄砥石，译．北京：中国社会科学出版社，1987：384.

[2] 备注：案例 25 整理来自本人在 2019 年 4 月 28 日参加“福建省‘十三五、小学名校长后备人选高级研修班”，到北京师范大学参加培训时，该校宋继东校长做的该校《童心教育的实践》讲座。

资源。学校全体成员都存在着巨大的潜能，学校可以通过组织结构完善、规章制度保障等激发学校全体成员的主动性、积极性和创造性，通过教师队伍建设、课题研究等途径，培养教师在实现学校发展分目标过程中所需要的知识和能力，使学校成员的潜能得以激发和优化，为学校发展定位的实现提供人力支持。财力资源是学校生存与发展的基础，公办学校的财力资源一般都是由国家划拨，学校可资利用的财力资源有限甚至可能匮乏，学校只有合理分配有限的财力资源，将它用于那些有助于学校发展定位实现的项目，或能够带来后续发展潜力的项目，才能够确保学校发展的顺利实现。物力资源是学校教育教学得以顺利进行的物质基础，它也是衡量一所学校办学实力的重要指标。学校物力资源是否得到充分的开发利用，会影响到学校发展定位的实现。学校办学者应当紧密结合学校发展定位，避免浪费、闲置，使学校的物力资源充分发挥出其应有的价值。总之，学校资源的优化和配置，必须围绕着如何更好实现发展定位来进行，一方面避免资源的闲置、浪费，另一方面是资源的充分开发与利用，只有这样才能够为学校发展定位的实现提供坚实的物质基础。例如，在案例 26 中，江苏省吴江区八坼小学在确立新时期的发展定位——“各美其美，让学校成为师生共同成长的乐园”，打造“尚美”文化特色品牌之后，学校办学者就有效地整合了学校资源，以确保发展定位的顺利实现。

案例 26　江苏省吴江区八坼小学的资源优化方案

学校办学者结合学校原有的艺术特色，提炼出“以美辅德、以美益智、以美健体、以美怡情”的办学理念，并将新时期学校发展定位确立为“各美其美，让学校成为师生共同成长的乐园”，打造“尚美”文化特色品牌。为了实现这一发展定位，学校办学者努力挖掘身边的各类资源，例如首先结合乡土资源，引进了农民画和锡剧课程，让传统文化进校园，拓宽学生的知识领域；其次积极与校外机构进行合作，开设少儿油画、绘本插画、丙烯装饰画、构成设计等课程，由校外专业教师定期到校上课，例如聘请苏州大学教授徐海鸥和农民画家周鑫华到校指导油画和农民画，聘请资深锡剧表演艺术家指导学生唱锡剧，成立“尚美”青年教师成长论坛，定期开展活动等。这些资源的开发，在寓教于乐中，提升学生欣赏美、创造美的能力，也让每一位师生得到成长。

4. 学校规章制度的健全

学校良好、完善的制度环境是学校发展定位得以顺利实现的必要条件和保障。也就是说，在学校教职员工的教育行为决策中，学校制度是重要的决策依据之一，它规范并约束着学校教职员工的行为。埃莉诺·奥斯特罗姆（Elinor Ostrom）指出，“是什么能够让我们如此直接地根据感觉选择现在，干干脆脆呢？制度分析学者的回答一定是：是隐藏于我们生活背后又消融于我们生活本身的特定的制度平台。"[1] 经济学家道格拉斯·C. 诺斯（Douglass C. North）也认为，"制度是社会的博弈规则，或更严格地说，是人类设计的制约人们相互行为的约束条件。"[2] 学校制度也是如此，它作为一种正式的规则和规范，会使学校成员朝着统一的方向前进。此外，学校制度还具有激励作用，"激励是规则的结果，这些规则用于奖励和约束各种活动的收益和成本。"[3] 制度规定对学校成员的教育行为有着相互对应的、明确的物质方面或者精神方面的规定，从而激励和影响着个体在教育教学活动中的行为选择。

总之，学校发展定位的落实，它要在价值追求上达成共识，需要通过目标的分解来实现追求，也需要从学校制度上激励学校全体人员自愿以办学理念为思想导引，引导学校发展定位的实现为自己奋斗的目标。因而，学校发展定位的实现，有必要对学校制度进行创新，使办学理念转化为具体的学校教职员工教育行为，并有着相应制度保障，使发展定位的实现成为激励学校教职员工教育行为选择的动力。学校办学者要从人事、教职工培养与聘任、教学管理、教师考核与评价等方面进行制度改革，这些改革旨在引导学校朝着有利于发展定位实现的方向发展，进而规范和激励学校教职员工的教育行为，为学校发展定位的实现提供制度保障。案例 27 中，首都师范大学附属玉泉学校在"童心教育"办学理念的指导之下，为了确保学校所确定的发展定位的顺利实现，学校不仅进行组织结构的调整，还对学校的制度进行完善和健全。

案例 27　首都师范大学附属玉泉学校的制度体系

首都师范大学附属玉泉学校为了确保发展定位的顺利实现，进行了学校制度的完善和健全。首先，学校对绩效评估的改革，建立"侧重引领，进行'显性绩效'的多元指标体系和'隐性绩效'的三级管理评价"，此次的绩效改革既突出教师在童心教育中的价值，重视教师的未来发展，又能够激发教师的积极性和主动性，促进教师在童心教育实践中获取职业幸福感和成长。其次，制定学校章程，最终建立了"一套追寻共同信仰，体现教师价值创造的制度体系"。该制度体系分为三大部分：第一部分主要是为了确保规范管理与责任建设的统一，建立一套有助于工作自信、自我约束、自我管理的卓越行政管理体系，它涵盖职责体系以及学校智力体系、智慧校园建设体系、科研管理制度、教学管理制度体系、质量管理体系等各项流程保障体系。第二部分主要为了增强彼此信任，确保尊重并保障主体权利、高素质教师团队的制度体系，涵盖培训体系、教师关怀体系、

---

[1] 埃莉诺·奥斯特罗姆. 制度激励与可持续发展［M］. 毛寿龙，译. 上海：上海三联书店，2000：3.

[2] 转引自：青木昌彦. 比较制度分析［M］. 周黎安，译. 上海：上海三联书店，2004：6.

[3] 埃莉诺·奥斯特罗姆. 制度激励与可持续发展 基础设施政策透视［M］. 毛寿龙，译. 上海：上海三联书店，2000：52.

绩效管理体系、教职工代表大会制度、家长委员会制度。第三部分主要为了提升童心信仰，促使教师在创新中解决发展问题，实施高素质的童心教育的制度体系，涵盖价值文化管理要求、共同体管理体系效率提高制度。所有这些制度体系的建立，都是为了确保学校各项工作的有序进行，更好地践行办学理念和逐步实现学校的发展定位。[1]

三、把握学校发展定位的基本要求

基础教育系统作为一个完整的生态系统，需要作为主体的各级各类中小学的平衡发展、和谐共存，才能确保生态系统的平衡和可持续发展。学校办学者对学校发展定位的选择与正确把握，对于促进学校自身以及整个基础教育生态系统的健康发展、良性循环有着重要作用与意义。但是，一个科学合理的发展定位，不仅要选对定位策略，遵循一定的程序，还需要注意一些基本要求。

（一）要素齐全，言简意赅

要素齐全是指学校办学者在把握发展定位时，基本上需要考虑方向、程度和时间三个基本维度。在这三个维度中，最为重要的是方向，“方向”的定位往往是和办学特色相联系的，它可能是独特的办学理念，也可能是学校不同于他校的历史文化等。“程度”的定位则指学校在同类学校中所处地位方面的定位。在发展方向和程度定位明确之后，也可以把目标定位涵盖进去。例如，上海曹扬中学的发展定位是：“文理兼通，以文见长，在人文修养方面有高素质，三年成为上海市一流，全国有一定影响的示范性和实验性中学。”

言简意赅是指学校发展定位在陈述上尽量要做到简单清晰、意思完整，切忌含糊不清。很多中小学校由于自身的发展定位过于模糊、笼统，无法体现学校自身的特色。定位理论表明，定位的目的在于确定产品在未来潜在客户心目中一个合理的位置和形象，例如，一提起江苏洋思中学，熟悉它的就会想起洋思的“每一个学生都能教好”这一朴素的办学理念，会想到他们围绕这一理念所进行的“先学后教，当堂训练”的教学模式。定位理论也提到，在传播过度的社会，人们的心智备受骚扰，人们的信息接收能力有限，心智是有限的，“要想让信息穿越层层的屏障，抵达潜在客户的心智，你必须使用一种尽量简单的方法，”[2] 也就是说，应当尽量简化信息，越简洁越好。“你一定要‘削尖’你的信息，使其能够切入人的心智；你一定要抛弃意义含糊、模棱两可的词语，要简化信息；如果想给人留下长久的印象，就要再简化些。”[3] 因而，学校办学者在陈述学校发展定位时，可以适当精简维度，例如，上海交通大学附属小学的发展定位为：

[1] 备注：案例26资料的整理，来自本人于2019年4月28日参加“福建省‘十三五’小学名校长后备人选高级研修班”，到北京师范大学参加培训时，该校宋继东校长《童心教育的实践》的讲座。

[2] 艾·里斯，杰克·特劳特．定位［M］．谢伟山，等译．北京：机械工业出版社，2017：20.

[3] 艾·里斯，杰克·特劳特．定位［M］．谢伟山，等译．北京：机械工业出版社，2017：11-12.

“科学发展，和谐发展”。厦门市湖里区教师进修学校附属小学的发展定位为：“建全省一流的陶行知实验学校”。[1] 学校办学者要以尽量简洁、清晰的语言来表达发展定位，还可以避免盲目照搬他人的发展定位造成发展方向不明的情况。

（二）立足实际，量时度力

学校要获得生存与发展的持续动力，在发展定位上需要立足实际，避免定位上的盲目性、盲从性。中小学发展定位的确定，必须客观、准确地分析学校校情，一方面，学校办学者要考虑外部条件对学校发展的要求，如区域经济、文化发展状况等，考虑它们对学校发展的资源、人才数量、质量等产生的影响。另一方面，学校办学者要以学校自身的资源条件作为基础，综合考虑学校自身的办学历史、规模、师资队伍、地域条件、学科建设情况、教育资源条件等内部要素，分析自身这些因素在学校系统中占据的位置以及拥有的有利条件或者优势、不足等，它们代表着学校通过努力可能达到的水平，也是学校有效发展定位的依托。

学校办学者在确定学校发展定位时，还应当注意“量时度力”，在衡量实力的基础上，确定适合学校现在或未来发展的定位，而不是随意就提出创办各方面都一流的学校的定位。学校发展定位应当注重持续性，盲目地攀高是不可取的。“一流”的提出固然能够鼓舞士气，但它需要学校在长期历史发展过程中自然形成，不是通过短期地加强某些学科建设或者增大投入就可以实现的。况且，无论办学历史或长或短，学校发展定位的确定，关键是学校办学者要能够科学分析学校自身实力、外部环境，避免出现信心不足而定位过低，使学校丧失发展的动力和契机；同时，也不是盲目乐观、好高骛远，确定一个和学校实际相背离的发展定位，即学校的发展定位也不是越高越好。如果学校的发展定位过高，只会徒增学校发展的难度，造成办学资源的浪费、耽误学校的发展。

（三）有所侧重，言能践行

学校发展定位的确定，要做到“有所侧重，言能践行”。它包含以下三层含义。首先，要凸显重点或个性。一所学校的发展，不可能在任何领域都能够齐头并进，多重点实际上就是无重点，它会导致学校特色模糊。学校应当集中优势发展最有潜力、最能体现学校特色的领域，培养强项，寻找学校新的生长点，挖掘学校的潜力和成长空间。例如，安徽邹平市第二实验小学的发展定位是“打造‘弘扬传统文化，致力师生幸福’的品牌学校”，它准确地表达学校发展的价值取向，以及学校希望获得的社会地位。其次，注重发展性与稳定性。学校的发展定位要保持一定的稳定性，避免造成学校的发展混乱；它同时需要具有一定的发展性，使学校发展保持一定的弹性，满足学校不断向前发展的需求，避免阻碍学校的发展进程。在学校发展过程中，学校会面临教育政策、生源、学校建设、学生和家长的教育期待、师资队伍变化、校长更替等内部要素变化，还会面对教育

[1] 两所学校的发展定位均来自对应学校的官方网站。

改革所带来的教育观念革新，教育内容、教学方法或教育体制改革等外部教育环境的变化，此时，学校的发展定位就要进行适时调整或具有一定的弹性，以满足不断变化发展的需求。如：四川德阳第五中学的发展定位是“做巴蜀一流中学，创华夏品牌学校。”[1] 其中，“巴蜀一流中学”，把学校的发展目标定位在一定的区域平台，使学校的发展保留在区域领先的水平，体现学校发展定位具有一定的稳定性；力图“创华夏品牌学校”，使学校拥有走向全国的博大胸怀，它既是对学校自身实力的信心，也展示了学校发展定位的灵活性，使学校成员能够以它作为长期的奋斗目标，通过不懈的努力，确保发展定位的逐步实现。最后，发展定位要现实可行。学校发展定位是有关学校未来一段时间内的发展目标和方向，要具有现实可行性。学校办学者在制定之前要充分收集足够的信息，在定位之后还需要结合这些信息、学校办学者实际情况以及具体环境状况等，制定出切实可行的发展规划，确保学校发展定位有序实现。

[1] 内容来自四川德阳第五中学的官方网站。

【本章导读】在所有学校的教育教学工作中，培养学生始终是其最为核心的任务。因此，育人目标在办学思想体系中居于至关重要的地位，它是学校办学者对好学生的追问与期待。本章主要探究以下内容：首先，结合教育目标与育人目标之间的区别与联系，提出育人目标在内容上由“人才类型、人才层次、人才素质”三个方面共同构成。其次，提出育人目标的确立应以“人的发展问题的思考、个体身心发展规律、核心素养理论、‘好学生’的价值追求”作为其理论依据。此外，针对中小学育人目标的现状及其存在问题，提出确立育人目标的过程以及确立过程中需要遵循的四个原则。

第五章　育人目标：中小学办学的归宿

育人目标作为办学思想的核心构成，是学校办学者对“培养什么样的人”的回答，是学校对学生身心发展的预期标准或要求的规定，也是学校教育活动最为根本的出发点和归宿点。一所学校如果没有明确的育人目标，学校的教育实践活动就会迷失方向。换言之，中小学育人目标的确立需要理论考量，也需要现实的关照。因而，在确立育人目标的过程中，中小学办学者需要理论层面和实践层面思考有关育人目标内涵、要素、理论基础及其确立过程等一系列问题。

第一节　育人目标的内涵解析

育人目标是有关学生发展状态的一种预期规定，反映了办学者对“好学生”的期盼，是对学生应该达到素质标准的看法。育人目标规定的是一个受过学校教育的人应该达到的目标要求。当人们谈及育人目标时，常常会提到另外一个相关概念——教育目标。鉴于这两个概念之间存在紧密联系且内涵相似，导致不少人把它们视为相同的概念。然而，概念是一种浓缩的判断，概念的混淆和误用可能导致理论认识上的模糊和实践指导上的偏差。因此，通过对育人目标概念的明确梳理，有助于减少学校办学者在确立育人目标时遇到的理论和实践方面的误区。

一、教育目标及育人目标概念的厘清

教育目标这一概念在学术圈是一个有争议的概念。正如顾明远先生所说，教育目标涵盖三层含义：一是亦称“教育目的”，指培养受教育者的总目标。二是各级各类学校、各专业的具体培养要求，其是在教育总目标指导下，根据各级各类学校、各专业所担负的任务和学生年龄、文化知识水平而提出。三是教育事业发展的目标。[1] 由此可见，教育目标的概念是复杂的。它的复杂性和汉语中“目标”一词综合性紧密相关。在汉语中，“目标”既可以作为宏观的、长期的目标，也可以作为具体的、短期的目标，其精确含义需要依照特定的“语言情境”而定，其确立与教育“活动的层次性”有关。教育目标是针对一定的教育活动而言的，鉴于教育活动本身是有层次性的，因此，教育目标亦呈现出层次性。[2] 如《教育大辞典》所述，“教育目标层次化”指教育目标系统形成由低到高的多层次、多规格的有机结构。多层次指总的教育目标可具体化为幼儿园、小学、中学和大学等，由低到高的各个层次学校的教育目标，以及各个阶段的由低年级到高年级的各年级教育目标。由此形成的循序渐进的目标系统。多规格指……存在不同标准。针对受教育者发展潜力的差异，教育也具有不同要求，这些不同标准和要求反映到教育目标的各个层次中，形成多级别的规格组合。[3] 在这个概念中，多层次的教育目标，指的是阶段教育目标，如幼儿园、小学、中学和大学阶段的教育目标；多规格的教育目标，指的是在相同教育阶段，存在区域、学校等具体教育目标上的差异，主要指各个学校自身的教育目标设定。

在我国的教育体系中，教育目标是一个分层次、多规格的体系，旨在规定各个教育阶段中学生需要达到的标准或结果。这一体系按照自上而下的层次划分，依次包括：“国家总教育目标→阶段教育目标（幼儿园、小学、初中、高中、大学）→具体学校的教育目标→专业或课程目标→教学目标。”在这一纵向的层次结构中，较低层次的教育目标受到较高层次教育目标的制约，其本质是对较高层次教育目标的落实和具体化。

育人目标这一概念，在含义上和教育目标相类似，是指通过教育活动，学生需要达到的具体规格和标准，它是学校根据国家教育方针和教育目的要求，根据学校的具体情况，学校办学者确立的学生培育目标。换言之，育人目标属于教育目标体系中的一个层级，主要是指学校层面的具体教育目标。

教育目标和育人目标均属于实现教育目的的阶段性目标，是在教育方针的指

---

[1] 顾明远．教育大辞典（简编版）[M]．上海：上海教育出版社，1999：234.

[2] 丁念金．走出教育目的研究误区的途径 [J]．教育评论，1998（6）：12-14.

[3] 顾明远．教育大辞典（简编版）[M]．上海：上海教育出版社，1999：234.

引下，对实现教育目的提出的阶段性目标。它们之间的关系如下：第一育人目标是教育目标体系中的一部分。从教育目标体系的层级结构来看，育人目标在该体系中属于学校层级，它属于阶段教育目标，是教育总目标在各个学校的具体化。第二二者提出的主体不一样。教育目标作为一个目标体系，当处于不同的层级，提出的主体是不同的。也就是说，教育目标的提出主体是多元的，主要根据所处的层级来确定。例如，国家总教育目标的提出主体是“国家”；教学目标的提出主体可以是“教师”。育人目标不同，它的提出主体只能是“学校”，更确切地说是学校全体成员在达成一致的情况下，共同确立的学生发展规格和标准。

二、育人目标的主要内容

育人目标作为国家教育目标在学校层次的具体化，它直接作用于学校教育，是学校最为核心的目的，学校的其他一切工作目标和手段，都是紧紧围绕着如何实现育人目标展开的。学校的课程设置、教学设计是以育人目标的实现作为基本依据。此外，育人目标也是办学思想的核心，它对学校教育起着定向、调控和评价的作用。学校办学者要正确发挥育人目标的作用，就需要认清育人目标的基本要素，以及各个要素之间的相互关系。从层次上来说，各个学校的育人目标涵盖法定层面和校定层面两个维度：法定层面指的是国家对所有学校提出的通用目标要求，反映了教育的共性要求；校定层面则是给予学校自身的特色和定位设定的具体目标要求，体现了学校在培养学生方面的个性化追求。这些个性化要求在方向上必须与国家的共性要求保持一致，个性要求是共性要求在具体学校层面的细化和实现。从内容上来说，育人目标的基本要素包含三个方面：学校要把学生“培养成什么样的人”“什么层次的人”和“具有什么素质标准的人”。

学校要把学生培养成什么样的人，考虑的是学校要把学生培养成什么类型的人。通过学校教育之后，学生在社会上要承担什么样的角色或者成为什么样的社会成员。这个问题的回答，同一个国家的社会性质、教育目标、社会需求以及教育功能之间有着内在联系。我国教育目标中提到的“社会主义建设者和接班人”，属于对“人”的社会角色规定，属于国家层面的要求，是国家从国家发展的立场出发，显示国家对教育的“经济功能和政治功能”的强调。

学校要把学生培养成什么层次的人，回答的是不同层次类型学校应该具有的育人目标。社会需求的层次性和多样性、人的发展阶段性，学校自身在类型层次上的差异，需要学校在育人目标上有着不同的规格和要求。国家教育目标是最高层次的目标要求，指引着各个层次、类型学校育人目标的确定。不同层次之间的目标需要具有一定的衔接性和连贯性。但是，不同层次之间的目标是不能够相互混用或者互相取代的。学校确立的育人目标层次过高，会脱离该阶段教育的实际，或学生的实际发展需求。例如，在基础教育阶段，中小学生的发展目标主要是“成人”，这时候就不太适合套用高等教育阶段的“成才”目标。

学校要培养什么素质标准的人，是对学校培养的人才类型的规定和说明，它是育人目标的重要组成部分。育人目标包含国家法定层面和校定层面，也就是说，在育人目标素质标准方面，具有一定的共性，即在人才特质方面具有一致性；与此同时，学校的育人目标还需要有自身独特的特质。具体来说，共性层面体现在基本素质类型上，指各个学校在育人目标方面要从“德、智、体、美、劳”以及“知识、能力、素质”的视角来确定。个性层面是指在基本素质类型中，学校可以在素质点、侧重点上有所不同。

育人目标在内容上是由“人才类型”“人才层次”“人才素质”三个方面共同组成的，其中“人才类型”属于育人目标的核心，“人才层次”属于育人目标的规定性，“人才素质”属于育人目标的重要组成部分，三者构成一个完整的育人目标体系。

第二节　中小学育人目标确立的理据

育人目标是办学思想的核心问题，探讨的是“人的发展”问题，它涉及很多的理论问题，如哲学、教育学、心理学等，还涉及具体多样的现实问题。在确立育人目标的过程中，学校办学者需要有全面的考虑才能提出适合学校学生发展、具有学校特色又符合社会需求的育人目标。具体来说，学校办学者在确定育人目标过程中，需要遵循以下理论依据的指导。

一、人的全面发展理论

育人目标是学校对自身通过教育活动要造就的“人”的质量规格的设计。简言之，它是学校办学者对“人的发展”的标准设计。因而，它的确立，需要以“人的全面发展理论”作为根本理论依据。

（一）“人的发展”问题的思考

人的发展，是人之为人的规定性的发展，包含人的本质和人性的发展。人性是人的特性或属性，人的本质是人成其为人的根据。[1]也就是说，探讨人的发展，要明白“人的本质和人性”是什么？人作为生命体，活动是它的存在方式，“有意识的生命活动直接把人跟动物的生命活动区别开来。”[2] 人的生命活动相对于动物来说，“人把自己的生命活动本身变成自己的意志和意识的对象，他的生命活动是有意识的。这不是人与之直接融为一体的那种规定性。有意识的生命活动直接把人跟动物的生命活动区别开来。换言之，正是仅仅由于这个缘故，人是类的存在物。”“劳动本身、生活活动本身、生产活动本身对人来说不过成为满

[1] 吴向东．对人的全面发展内涵的解释［J］．教学与研究，2004，1（1）：84-87.
[2] （德）卡尔·马克思．1844 经济学 哲学手稿［M］．刘丕坤，译．北京：研究出版社，2021：73.

足他的一个需要，即维持肉体生存的需要的手段。而生产生活也就是类的生活。这是创造生命的生活。"[1] 简言之，人类的生命活动是自由自觉的活动，是人区别于动物的类特性。

人的本质是什么？自古以来也是哲学史上争论不休的问题，如"人是理性的动物""人是符号的动物""人是政治的动物"等。这些观点存在的共同缺陷是："或是把人的本质仅归结于人区别于动物或其他自然存在物的某一特征；或是把人的本质归结为人的存在方式或活动的某一方面。"[2] 马克思认为人的本质的理解要结合人的存在方式，即自由自觉的活动——劳动来解释。"人作为自然存在物，而且作为有生命的自然存在物，"[3] "全部人类历史的第一个前提无疑是有生命的个人的存在。"[4] 但是，"人的本质并不是单个人所固有的抽象物。在其现实性上，它是一切社会关系的总和。"[5] 人与生俱来就具有动物的本能，从人的类特性来说，个体从事生产劳动或者其他社会劳动，无法孤立进行，它是在人与人交往中，在相互依赖、相互合作中实现的。在劳动中，个人主要是以独立的主体参与各领域、各层次的共同活动，"而生产本身又是以个人彼此之间的交往为前提的"。[6] 可见社会关系是"指许多人的共同活动，这个关系则主要是通过人与人之间实际的交往表现出来的。"[7] 可见，"社会不是由个人构成的，而是表示这些个人彼此发生的那些联系和关系的总和，"[8] 这就表明社会关系会处于经常不断地变化中，具有一定复杂性和历史性。社会的复杂性和历史性，使得个人的现有发展水平和社会的发展水平处于矛盾之中，即：人在认识、适应和改造社会的现实力量，与社会发展的现实水平和未来趋势的要求之间，存在一定矛盾，这才需要借由学校这个场所开展教育活动，使人的素质提高到社会发展所要求的水平，解决人的发展与社会发展所面临的基本矛盾，并从此促进社会发展。[9] 因而，学校产生、发展的动力之一，就是要解决人的发展与社会发展之间的矛盾。通过学校教育使个体获得发展，解决或者缓解人的发展与社会发展的

---

[1] （德）卡尔·马克思．1844 经济学 哲学手稿［M］．刘丕坤，译．北京：研究出版社，2021：73.

[2] 刘振怡．论人的本质的双重内涵——马克思人学思想浅析［J］．学术交流，2006（8）：5-8.

[3] 马克思，恩格斯．马克思恩格斯全集（第 42 卷）［M］．中共中央马克思恩格斯列宁斯大林著作编译局，编译，北京：人民出版社，1979：167.

[4] 马克思，恩格斯．马克思恩格斯选集（第 1 卷）［M］．中共中央马克思恩格斯列宁斯大林著作编译局，编译．北京：人民出版社，2012：146.

[5] 马克思，恩格斯．马克思恩格斯选集（第 1 卷）［M］．中共中央马克思恩格斯列宁斯大林著作编译局，编译．北京：人民出版社，1972：18.

[6] 马克思、恩格斯．费尔巴哈［M］．中共中央马克思恩格斯列宁斯大林著作编译局，编译．北京：人民出版社，1998：11.

[7] 马克思、恩格斯．费尔巴哈［M］．中共中央马克思恩格斯列宁斯大林著作编译局，编译．北京：人民出版社，1998：24..

[8] 马克思，恩格斯．马克思恩格斯全集（第 46 卷）（上）［M］．中共中央马克思恩格斯列宁斯大林著作编译局，编译．北京：人民出版社，1979：220.

[9] 扈中平．教育目的论［M］．武汉：湖北教育出版社，1997：2.

矛盾，这个矛盾的解决是统一在人的发展之中的。从学校内部来讲，主要就是如何处理好个体内部的“自然性、社会性”之间的关系。在现实中，“人双重地存在着，主观上作为他自身而存在着，客观上又存在于自己生存的这些自然无机条件之中。”[1] 可见，人的发展不应该是片面的，人的发展要把“社会性”“自然性”都包含其中，把二者有机地统一起来，使它们都能够获得全面发展。

（二）马克思主义的“人的全面发展理论”

人的全面发展问题，在“全面发展”的内涵上，是随着时代变迁不断丰富和完善的。不同历史时期对全面发展的理解各异，这种理解反映了每个时代对于人才培养目标的追求。在探讨人的全面发展问题时，许多学者过多强调教育对人的发展的影响，把教育看作是实现全面发展的根本途径，对人的全面发展条件和实现途径缺乏科学认识。马克思主义在吸收前人卓越思想，在总结其局限性的基础上，从科学的角度提出“人的全面发展”理论。

在人的全面发展问题上，马克思认为，它的本质含义是：“人的全面发展，从人的劳动能力来说，是指脑力劳动同体力劳动相结合，个人的体力和智力的充分统一发展；同时还包括人的思想品德和精神状态的发展。人的全面发展是包括德智体几方面的发展。马克思主义认为，人的发展与社会生产的发展相一致。人的片面发展是社会分工造成的。大工业生产提供了人的全面发展的客观基础。社会生产力的发展，是人的发展的物质基础。社会生产关系，是人的全面发展的决定性条件。马克思主义指出了培养全面发展的人的途径，这就是教育与生产劳动相结合，它是历史发展的客观规律。‘它不仅是提高社会生产的一种方法，而且是造就全面发展的人的唯一方法’。”[2] 可见，马克思主义不仅提出人的全面发展的内容，还提出实现人的全面发展的条件和途径。

（三）人的全面发展理论是确立育人目标的方法论基础

马克思主义的人的全面发展理论是我国教育目的的重要理论基础。育人目标是教育目的在特定学校的具体化。因而，人的全面发展理论是制定育人目标的重要指导思想和理论基础。在马克思的人的全面发展理论中，人、全面和发展是一个有机的结合体，“人”规定着“发展的主体”，“全面”规定着“发展的内容”，“发展”解释着“发展的属性”。[3] 简言之，人的全面发展理论为育人目标的确定提供方法论指导。

首先，学校办学者制定育人目标时，要考虑到学校的培养对象，既包括学生个体，也包括由学生个体构成的学生群体。在马克思主义的人的全面发展理论看来，“人的全面发展，从来就不可能仅仅是指整体人的全面发展，而主要是指个

[1] 马克思，恩格斯．马克思恩格斯全集（第46卷）（上）[M]．中共中央马克思恩格斯列宁斯大林著作编译局，编译．北京：人民出版社，1984：491.

[2] 张念宏．教育学词典[M]．北京：北京出版社，1987：82.

[3] 张立鹏．马克思人的全面发展理论及其在当代中国实现条件研究[D]．苏州：苏州大学，2014：12.

体人的素质、能力、个体生命价值的充分实现与发展。因为，离开了个体的有价值的生命活动和存在，‘整体的人’就只是一个空洞的概念而已。”[1] 简言之，学生“个体”发展是学生“群体”发展的基础，学生“个体”发展也离不开学生“群体”的发展。“只有在共同体中，个人才能获得全面发展其才能的手段，也就是说，只有在共同体中才有可能有个人自由。”[2] 学校办学者在确立育人目标时，就必须处理好学生“个人”发展与“群体”发展之间的关系。也就是说，学校办学者在确定育人目标时，要重视学生群体的一般素质，也要重视个体的个性发展，即处理好“个性”和“共性”之间的关系。

其次，学校办学者在考虑育人目标的内容时，要注意协调个体的自然属性和社会属性之间的发展关系。马克思提到：“自然界的人的本质只有对社会的人来说才是存在的；因为只有在社会中，自然界才是人与人联系的纽带，才是他为别人的存在和别人为他的存在”，因此，“社会是人同自然界的完成了的本质的统一，是自然界的真正复活，是人的实现了的自然主义和自然界的实现了的人道主义。”[3] 简言之，人的发展离不开自然属性和社会属性的发展。那么，学校办学者在确立育人目标时，一方面要顺应个体自身机体发展的规律与需要，另一方面要注重学生体力、智力、能力的培养，并与时代发展需求紧密契合，把个体的先天潜能开发和后天素质培养结合起来。

最后，学校办学者在确立育人目标时，要立足于人的“全面而有个性”的发展。马克思提到：“人以一种全面的方式，就是说，作为一个完整的人，占有自己的全面的本质”。[4] 它包含“人的劳动能力、需要和社会关系”的全面发展。但是，人的全面发展并非指所有方面的发展，追求“面面俱到”很容易导致“全面平庸”，个性和卓越的发展才是全面发展所追求的。[5] 人的全面发展是一种自由而全面的发展。未来社会是“建立在个人全面发展和他们共同的、社会的生产能力成为从属于他们的社会财富这一基础上的自由个性。”[6] 可见，在马克思主义看来，个性的充分发展和个人能力的多方面发展才是真正的全面发展。马克思的人的全面发展理论是学校确立育人目标的哲学依据，它既是学校办学者确立育人目标的方法论，也为育人目标的确定指明总方向。学校办学者也须

[1] 傅洁琳．马克思人的全面发展理论新的时代内涵［J］．当代世界社会主义问题，2007（2）：54-60.

[2] 马克思，恩格斯．马克思恩格斯选集（第1卷）［M］．中共中央马克思恩格斯列宁斯大林著作编译局，编译．北京：人民出版社，1995：119.

[3] 马克思，恩格斯．马克思恩格斯文集（第8卷）［M］．中共中央马克思恩格斯列宁斯大林著作编译局，编译．北京：人民出版社，2009：187.

[4] 马克思，恩格斯．马克思恩格斯文集（第1卷）［M］．中共中央马克思恩格斯列宁斯大林著作编译局，编译．北京：人民出版社，2009：189.

[5] 扈中平．“人的全面发展”内涵新析［J］．教育研究，2005（5）：3-8.

[6] 马克思，恩格斯．马克思恩格斯文集（第8卷）［M］．中共中央马克思恩格斯列宁斯大林著作编译局，编译．北京：人民出版社，2009：52.

以“人的全面而有个性的发展”作为人才培养的最终目标，把它落实在学校的育人目标中。

二、个体身心发展规律

学校确实起到促进学生身心发展的作用，但是也出现不少阻碍学生身心发展的情况。这个情况的出现，和很多因素有关，其中的一个关键因素是，学校在确立育人目标时，没有遵循学生身心发展规律，缺乏对学生发展需求的关注。学校开展的教育教学活动，只有符合学生的身心发展规律，才能促进学生身心的健康发展。因而，学校办学者在确立育人目标时，要以个体的身心发展规律作为理论依据。

（一）个体身心发展规律的内容

个体的身心发展规律包含以下五个内容：一是个体的身心发展是统一的，包含身体和心理两方面的发展。例如，个体心理活动的发展与个体神经系统的发展状况有关，认识、情感、意志、性格等心理过程和特征的发展，也影响到个体身体的发展。可见，二者之间是相互影响、相辅相成的关系。二是个体的身心发展具有不平衡性。具体来说，在不同年龄段，同一方面的发展是不均衡的，例如：个体的身高体重、大脑发展等，在不同年龄段发展速度是不同的。不同方面的发展水平也存在不均衡性，有的方面在较早年龄就有着较高水平，有的在较晚年龄阶段才能够达到成熟。例如，个体的神经系统、淋巴系统的成熟时间先于生殖系统；感知、思维、感情方面，感知成熟期最早，思维次之，感情最晚。三是个体的身心发展具有顺序性和阶段性。无论学生整体身心的发展，还是身心个别方面的发展，都具有一定的顺序性。身心发展还呈现出阶段性、规律性，前一阶段是后一阶段发展的基础，它们是一个量变到质变发展的过程，都需要一定的时间。例如，让·皮亚杰（Jean Piaget）认为，人的智力发展按照感知运动水平、前运算水平、具体运算水平和形式运算水平这样一个发展顺序。[1] 四是个体的身心发展具有稳定性与可变性。在相同的社会环境和教育条件之下，个体身心发展的各方面在哪一个阶段会出现，这是稳定不变的。同时，每一个阶段在变化速度和进程方面大体上也是相同的。但是，当社会环境和教育条件发生改变时，相同年龄阶段的个体在发展水平上会产生不同的变化。例如，2024 年出生的个体与 2014 年出生的个体，在相同年龄段时，由于环境与教育条件的变化，身心发展水平就有着不同的变化。五是个体的身心发展具有个体差异性。个体发展的影响因素众多，使得个体发展具有差异性。具体表现在，在群体方面，男女性别差异带来二者身心发展水平的差异；在身心构成方面，不同儿童在相同方面的发展，存在速度和水平的差异；相同儿童在身心各方面的发展水平也存在差异，有的可

[1] 让·皮亚杰. 发生认识论原理［M］. 王宪钿，译，北京：商务印书馆，2017：前言 6.

能绘画能力强而数学能力弱，有的刚好相反；个体在个性心理品质方面也存在着个别差异，即相同年龄段的个体，其性格、兴趣、爱好等方面存在个别差异。

（二）育人目标的确立须符合个体身心发展规律

学校办学者在确立育人目标时，要遵循并适应个体的身心发展规律。具体来说，依照身心发展的统一性，在育人目标确立时，必须关照到身体素质和心理素质方面的协调发展；依照身心发展的顺序性和阶段性、不平衡性，就要求学校在确立育人目标时，既要有总体要求，又要能够按照个体的身心发展顺序，抓住身心发展中各领域的关键期进行分层次、有针对性的培养。在案例 28 中，广东省湛江市二中海东中学确立的育人目标就体现学校对身心发展规律的顺序性、阶段性的关注。

案例 28　广东省湛江市二中海东中学的育人目标

广东省湛江市二中海东中学确立的育人目标是“健全的人格，幸福的人生”，学校办学者在育人目标实现方面，采用“三项教育”以确保学校育人目标的实现，三项教育具体包含以下内容：“养成教育以培养规则意识”“三情教育（师生情、同学情、父母情）以培养感恩意识”“自信教育以培养责任意识”。该校的三项教育不仅十分注重结合学生的年龄特点，同时还注意将其贯穿于学生在校教育的始终。例如：高一年级的学生，正处于从青少年向青年的初步过渡期，对他们来说最为重要的是学会做人的基本习惯与规则。学校以养成教育为内容，在育人目标的分目标上强调培养“守时、守纪、文明、礼貌、循规、专注、卫生、健体”等，这些内容涵盖个体发展的德、智、体诸方面的要求。高二年级是最为重要的过渡期，情感方面的发展显得尤为重要。学校以“三情教育”为主要内容，培养学生学会做人、相处和感恩方面的情操。高三年级的学生即将独自面对成人社会，最为重要的是具有自信心理品质。学校通过“自信教育”，培养学生的自律、自信、自立、自强、言必信行必果的责任意识。[1]

除此以外，依照个体身心发展的稳定性，学校办学者在确立育人目标时，要能够关注到学生每个阶段的那些比较稳定的特征，使它们能够在适宜的时期得到恰当、充分的发展。结合个体身心发展的可变性，要求中小学确立的育人目标要具有一定的弹性，确保个体身心能够得到较快发展。学校依据个体身心的差异性，在确立育人目标时，既要关注个体的全面发展，又要尊重个体的个性特长，也就是说，学校办学者要确立出多元化的育人目标，以满足个体多样化的发展需要，确保学生既能够全面发展，又能够适性发展。

［1］ 田飞虎，田一苇．育人目标分层细化的基本理念与实践操作［J］．中国德育，2015（5）：31-35.

三、核心素养理论

中小学校承担的是基础教育，是一种“成人”教育而非“选拔性人才”教育，它要求学校教育要能够为每一个人提供今后生存保障、培养基本素质的合格教育。在我国，基础教育的目的一般指的是传授普通文化基础知识，提高国民素质的教育。以培养基本素质为主要任务的基础教育，和素质教育在本质上是一致的，关注的都是人的素质的全面发展。育人目标的确立，是学校办学者对本校要培养的学生的素养规格和标准的要求。其中，“核心素养作为一种关键少数高级行为能力，已经被认为是21世纪人人需要具备的高级共同素养，”[1] 它为各级各类学校育人目标的确立提供参考框架。

（一）学生发展核心素养的国际共识

信息化、全球化、知识化社会的到来，对现代公民素养提出新的要求。现代公民需要具备什么样的素养，以及如何培养才能够促进个体自我实现、成功生活和服务生活？这些问题已经成为学生培养中无法规避的问题，针对这一问题，世界各国以及一些重要的国际组织纷纷就学生发展的“核心素养”展开研究。我国对核心素养的研究起步较晚，对它的内涵没有一个精准定义，国外有关核心素养的研究相对丰富。从国内外核心素养概念的梳理中（参阅表5-1）发现国际上对学生核心素养的看法存在一定的共识。首先，核心素养是指向所有个体，是所有人在生活、工作中都应当具备的共同素养，是全民的国民核心素养；“其次，核心素养是对知识、技能、态度的超越、融合和统整，具有行为导向或实践导向，但它不是一种全面素养，也不同于职业素养或者专业素养”；它是一种“重要的”“必要的”关键少数素养，它是一种涉及学生生存和发展最需要的优先素养。[2] 最后，国际上在核心素养内容上具有相同的价值取向：第一，都强调在遴选核心素养时，要涉及全面发展和终身发展所需要的知识、技能、态度和价值观，要重视和学生自我发展、实现社会价值以及适应现在、未来社会发展需要的素养。第二，都强调在遴选核心素养时，“个体需求”和“社会需要”的素养都应该涵盖进去，普遍强调那些能够反映社会发展新要求的素养，如对信息素养、沟通交流、社会参与、国际视野等素养的强调。世界各国在核心素养内容上有不同的侧重点，但是，它们都强调遴选出来的核心素养，要能够适应21世纪社会发展的挑战。

---

[1] 褚宏启．核心素养的国际视野与中国立场——21世纪中国的国民素质提升与教育目标转型［J］．教育研究，2016（11）：8-18.

[2] 褚宏启．核心素养的国际视野与中国立场——21世纪中国的国民素质提升与教育目标转型［J］．教育研究，2016（11）：8-18.

表 5-1　　世界各国或国际组织对核心素养的定义[1]

国际组织/国家	核心素养的定义
经济合作与发展组织	核心素养使个人拥有良好的、成功的生活。这种成功的生活表现为与他人具有亲密的关系，理解自我和自身所处的世界，与自身的生理和社会环境自主互动，拥有成就感和愉悦感。核心素养对多样的社会和个人均具有包容性，它回答的问题是普通人想要在社会中安身立命同时又能够应对日新月异的技术发展，需要哪些素养
联合国教科文组织	核心素养指向终身学习，并提出“学会求知、学会做事、学会共处、学会发展、学会改变”五大支柱
欧盟	素养是适宜于特定情境的知识、技能和态度的组合，核心素养是指一个人要在知识社会中自我实现、社会融入以及就业所需要的素养，其中包括知识、技能与态度。欧盟对核心素养的定位是在义务教育与培训阶段结束之前，年轻人应该具备这些素养，以使他们能过好成年生活，并以此作为终身学习的基础
美国	核心素养主要指所有学生或工作者都必须具备的能力，其发展目的在于培养具有 21 世纪工作技能及核心竞争能力的人，确保学生从学校所学的技能能够充分满足后续大学深造或社会就业的需求，成为 21 世纪称职的社会公民、员工及领导者
英国	核心素养是指为了适应将来的生活，年轻人需要具备的关键技能（key skills），及学习、生活和工作所需要的资质，其中的关键技能，主要是一种普通的、可迁移的、对劳动者的未来发展起关键性作用的能力
法国	“socle（foundation or core）of competences”表示基本的或核心素养，专用于义务教育中的基本学科和跨学科的素养，强调这些素养是构建终身学习的基础。法国的素养模型认为一个人的职业能力与知识、技能和社交能力三个方面密不可分。素养是一种学习的动态过程，知识的积累与传递过程
澳大利亚	核心素养也称为综合职业能力或关键能力，是指为有效参与发展中的工作形态与工作组织所必要的能力，其所强调的并非某一个学科或某一个职业领域所具有的知识和技能，而是学生终身发展所需要的能力，是一般性的

（二）核心素养内容框架对育人目标确立的指导意义

在借鉴国际经验、研究国情、教育实践的基础上，我国以“全面发展的人”作为目标指向，经过几年的研究论证之后，确定中国学生发展核心素养的内容框架。该内容框架围绕全面发展的人，提出我国学生发展需要掌握的核心素养是：“文化基础、自主发展、社会参与”三个方面，分别包括：“人文底蕴、科学精神、学会学习、健康生活、责任担当、实践创新”六大素养，如表 5-2 所示。

[1] 辛涛，姜宇，林崇德，等. 论学生发展核心素养的内涵特征及框架定位［J］. 中国教育学刊，2016（6）：3-7，28.

表 5-2　　　　中国学生发展核心素养基本要点[1]

核心素养	文化基础						自主发展						社会参与					
	人文底蕴			科学精神			学会学习			健康生活			责任担当			实践创新		
基本要点	人文积淀	人文情怀	审美情趣	理性思维	批判质疑	勇于探究	乐学善学	勤于反思	信息意识	珍爱生命	健全人格	自我管理	社会责任	国家认同	国际理解	劳动意识	问题解决	技术应用

在我国的学生发展核心素养内容框架中，每个素养都包含3个基本要点，在每个基本要点中，都有知识、技能、态度方面的要求，对每一个基本点的主要表现有具体的描述。该内容框架的制定，体现我国在新时代对“德智体美劳全面发展”内涵的进一步解读。通过对每个领域目标的细化，构建一个完整的学生核心素养体系，深入回答了我国的学校要“培养什么人”的问题。它的制定对于中小学校育人目标的确立来说，有以下三个方面的指导意义。

1. 为育人目标的确立指明路线

长期以来，中小学校育人目标的确立，主要依据是“德智体美劳全面发展”的国家培养目标。随着时代和国情的变化，全面发展的内涵在发生变化。我国的核心素养体系，结合了学生成长规律、国情与时代特点、社会发展对人才的需求等，对全面发展需要的目标进一步细化，提出作为社会公民需要具备的关键素养。“核心素养是对素质教育、三维目标、全面发展、综合素质等的聚焦强化版和升级转型版。核心素养为教育教学改革提供了重点更突出、焦点更集中的教育目标，”[2] 它是新时代对素质教育内涵的解读与具体化。中小学教育的主要任务就是培养学生的社会基本素养、基本知识能力以及促进学生的全面发展。这个框架的提出，为中小学育人目标的确立提供可资借鉴的目标框架，它为中小学筛选社会基本素养和知识能力提供了借鉴。框架中对每一个素养应该具有的表现做出详细规定，有助于学校办学者对本校的育人目标做出明确的诠释，并制定出行之有效的可操作方案。

2. 为育人目标的践行提供层次框架

学校办学者确立育人目标之后，要有效践行育人目标，需要提出一些具体操作细则，这些细则要体现出学段差异性和连续性。从核心素养的素质点和主要表现来看，十分强调学生核心素养发展的整体性。每一个素养都体现知识、技能、态度情感之间的融合。对学生来说，这些核心素养的获得，是一个终身的、持续的学习过程。但是，在个体不同人生阶段，发展重点不同，不同教育阶段在核心素养培养方面有不同的敏感性。学校办学者在确立育人目标时，要依据学校的教

[1] 核心素养研究课题组．中国学生发展核心素养［J］．中国教育学刊，2016（10）：1-3.
[2] 褚宏启．核心素养的概念与本质［J］．华东师范大学学报（教育科学版），2016，（1）：12-15.

育阶段，在育人目标的确立、要素的诠释以及操作性细则的确立时，分层次分阶段地融入，即这些核心素养在不同阶段、学段都有所体现，在具体要求方面又各不相同，确保学校提出的育人目标呈现一定的连续性，实行一种“总体衔接、层层递进”的培育模式。[1]

3. 指导学校办学者对核心素养的“校本化”识别

学生发展核心素养是学校确立育人目标的导向，因而，学校办学者在确立育人目标时，对于核心素养需要有一定的识别。的确，在相同时代，个体所需的素养范围会有一定的、相当的共性，例如，对信息素养、公民素养等方面的需要，但是，学段不同、区域不同、校情不同、学生需求不同，学校办学者在确立育人目标时，对于核心素养的厘定或者培育，在程度上、内容上要体现出一定的差异，即要进行“校本化”识别，使其适合本校的培养需求。

四、“好学生”的价值追求

育人目标体现学校办学者对好学生的期盼，它是学校中最为核心的问题。学校开设什么样的课程、开展什么样的活动，以什么样的途径来培养学生等，和学校办学者希望把学生培养成为什么样的人有关。学生的培养，是通过学校的教育实现的，一所学校的教育目的，就是把学生培养成为自己希望成为的人。换言之，好学生是通过教育来实现的，是一个受过教育的人。

什么是受过教育的人？理查德·斯坦利·彼得斯（Richard Stanley Peters）认为，“不管一个受过教育的人是什么别的东西，他是一个对某种东西有所了解的人。”[2] 在他看来，受过教育的人具备三个特征：“一是一个受过教育的人不仅仅是消息灵通的（informed）或知识渊博的（knowledgeable）人，但必定是在知识或理解上具有一定深度的人；二是一个受过教育的人不是狭隘专门化的（narrowly specialized）人，而是在知识上具有一定广度的人；三是一个受过教育的人不只是关注自己所从事的工作的工具性方面，而必须具备‘善的知识’。”[3] 理查德·斯坦利·彼得斯“对受过教育的人”的观点，来自他对认知标准的理解，他把知识看作是受过教育的人的全部条件，并从知识的广度或理论上理解的深度去阐述什么是受过教育的人。当然，理查德·斯坦利·彼得斯的观点，也引起不少学者的批判。例如约翰·怀特（John White）对理查德·斯坦利·彼得斯的认知标准就提出进一步的质疑。约翰·怀特认为，“即使我们断定知识本身具有内在的价值，我们却没有任何理由证明教育必须以追求知识为目

[1] 常珊珊．课程改革深化背景下的核心素养体系构建［J］．课程·教材·教法，2015（9）：29-35.

[2] 理查德·斯坦利·彼得斯·教育与受过教育的人：一些深层次的思考．王承绪，译，西方现代教育论著选［M］．北京：人民教育出版社，2001：498.

[3] 程亮．什么是受过教育的人——彼得斯的观点及其批评［J］．教育学报，2012，8（6）：44-51.

的。"[1]"拥有知识"只是教育的"诸多目的"之一。在约翰·怀特看来，受过教育的人是这样的："从拓展的意义上考虑他的自身幸福，他把个人幸福推及他人，把幸福融入一种道德高尚的生活之中。"[2]约翰·怀特提出，一个受过教育的人是具有德性的人，特征是审慎、勇气、克制、仁慈和明智、思想独立、智慧、幽默和活力等。[3]可见，从约翰·怀特的观点来看，他是把美德作为区分"没有受过教育的人"与"受过教育的人"的标准。

针对"什么是受过教育的人"这个问题，理查德·斯坦利·彼得斯是从"教育概念分析"的角度提出的；约翰·怀特的观点是建立在对"教育目的"问题的"规范"立场上。他们都是从教育的角度出发。罗宾·巴罗则认为，学校的研究，不能仅从教育的立场，教育只是学校的一个主要任务，学校还有其他方面的重要任务——准备未来。他认为，学校应该承担的是：教育、社会化、健康、职业准备和情感成熟。其中，后面四种都是属于"准备未来"的内容，是通过"教育"来实现的，因此，学校要围绕这五个方面开设相应的核心课程，培养出相应的素养。按照罗宾·巴罗的观点，一个受过教育的人，就是能够准备未来的人，教育就要培养出准备未来的那些素养。

三位教育家对"受过教育的人"的探讨，提醒我们，在确立育人目标时，选择学生发展素质点，知识的获得是不可缺少的一个内容；其他素质点的选择，要和"学生进入未来社会需要具备的能力"相关。因而，学校办学者在确立育人目标时，无论选择什么样的素质点，对"好学生"的价值追求包含以下三个方面。

（一）"好学生"应当具有良好的学习素养

知识的学习是学生的核心任务。知识的掌握是学生认知发展以及其他能力发展的重要途径。进入知识经济时代后，终身学习已经成为一个必然的趋势，它强调学习要贯穿在人的一生之中，强调个体要有自主学习的能力。在知识经济时代，学习也不仅仅是消费知识的活动，更是一种创造知识的活动。知识经济时代，社会还是一个信息化社会，获取知识途径拓宽，在学校之外出现新的学习空间，全球学习格局显现。面对这样的变化，学校在培养学生时，要特别关注学生学习素养的培养，要让学生成为主动、自为的学习者，而非停留在学生对知识的学习或掌握。也就是说，学生学习素养的培养，目的在于使学生能够具有"向学性"。因为"学生不仅仅是一个名词，是一种静态的身份，更是一个动词，一种趋向，即成为向学之生、爱学之生、乐学之生。"[4]因而，好学生，应当具有良好的学习素养，它使个体具有向学之心，确保个体具有自我生长的能力与力量。它是促使个体成功生活的核心素养，也是健全社会需要的核心素养。

[1] 约翰·怀特．再论教育目的［M］．李永红，等译．北京：教育科学出版社，1997：13

[2] 约翰·怀特．再论教育目的［M］．李永红，等译．北京：教育科学出版社，1997：138.

[3] 约翰·怀特．再论教育目的［M］．李永红，等译．北京：教育科学出版社，1997：138-139.

[4] 金薇，董鹏主编．育德：滴灌生命之魂［M］．上海：上海教育出版社，2017：89

（二）“好学生”应当具有良好的公民素养

和谐社会的建设，需要公民积极参与，公民的责任重大，他们是推动社会进步的主要力量。和谐社会是一个文明、健康的社会，公民素养的高低影响到和谐社会的建设。和谐社会要求公民素养的提高，要求公民具备良好的文化修养和较高的审美品位。[1] 只有公民具有良好的素养，公民才能够具有责任感，积极主动地参加到和谐社会的建设中来。公民需要具备的基本素养，它不会在个人的头脑中自发产生，需要通过教育的塑造。中小学教育的主要任务之一就是培养合格公民。因而，学校办学者对于好学生的期盼，要把公民素养考虑进去。

（三）“好学生”应当具有健全的人格

健全的人格是好学生的一个重要素养。“人格是人们的自我意识、理想、道德、价值等主体理念的外在表现。”[2] 人格上的自信、坚定是人一生中的永恒动力。它的培养是十分重要的，它也是中小学教育的重要任务。“教育绝非单纯的文化传递，教育之为教育，正是在于它是人格心灵的‘唤醒’，这是教育的核心所在。”[3] “教育无论如何必须要有自己的立足点，这个立足点就是永远不断地追求人格的完善。它既包含着教育对历史与现实的容纳，也包含着教育对未来的开放”。[4] 可见，人格培养是教育的重要任务。个体人格的发展是个性发展的体现，教育要实现人的全面发展，关键就在于个性发展；个性发展的关键，就在于能够具备一个健全的人格。因此，学校办学者对于好学生的期盼，要把人格的健全考虑进去。

第三节　中小学育人目标的现状及问题

中小学育人目标现状的探讨，能探明中小学在确立育人目标时出现的问题，通过对这些问题的分析，有助于中小学确立育人目标时，能够有着更为全面、合理的思考。

一、中小学育人目标的现状

育人目标现状部分的梳理，资料源自×市公办中小学的学校官网，其中，有的学校并没有明确的育人目标陈述，有的学校育人目标陈述采用其他表述。因而，本部分仅分析有明确陈述育人目标的学校。在那些有明确育人目标陈述的学校中，发现有不少学校在育人目标陈述上存在内容相同的情况。在剔除没有明确陈述育人目标的，育人目标陈述重复的情况之下，最终梳理出表 5-3 中的育人目标陈述。

---

[1] 罗秋萝．和谐社会与公民素质［J］．江苏省社会主义学院学报，2007（2）：29-30.

[2] 邓如辛．新时期大学生人格培养的对策［J］．黑龙江高教研究，2007（1）：149-150.

[3] 转引自：杨诚德．对素质教育与人格培养的思考［J］．教育探索，2000（8）：17-18.

[4] 扈中平．挑战与应答［M］．青岛：山东教育出版社，1995：451.

表 5-3　×市公办中小学的育人目标[1]

学校类型	育人目标内容
公办小学	1. 培养有梦想、善学习、健身心、懂雅趣、敢担当的星辉少年 2. 精明勤奋、志存高远 3. 学问上求真，道德上求善，艺术上求美，体魄上求健 4. 培养自觉向上少年 5. 尚礼、尚真、尚行、尚志、尚新 6. 身心健康、习惯良好、个性鲜明、基础扎实、敢于担当、勇于创新的红色小新人 7. 乐学尚德 8. 培养“品德高雅　举止优雅　学识博雅　情趣文雅”之人 9. 德智双全 学创俱能 特长突出 身心两健 10. 基础扎实、发展全面、习惯良好、有所特长 11. 诚勤美人 12. 基础扎实、发展全面、习惯良好、学有所长、身心健康 13. 身心健康 习惯良好 乐学善思 阳光合群 14. 特别有爱心，特别善学习，特别能独立，特别会待人接物 15. 勤思、善问、笃行、乐创 16. 心灵美好、基础扎实、身心健康、个性张扬（有 2 所） 17. 通过加强学生公民素养的培养，引导学生“存善心”“行善事”“说好话”“做好人”，同时有着健康的体魄和积极心理品质，并养成良好的学习习惯，保持学习的积极性与主动性，成为具有健全人格和独立个性的受社会认可的现代合格公民 18. 培养全面发展的美少年 19. “自由 勇敢 乐观 向上”的小海燕 20. 五育并举，身心和谐的融达少年 21. 六美并举的阳光少年 22. 具有坚定的民族文化认同感，健康的身体机能和心理品质，扎实的知识机能，良好的学习习惯及能力
公办初中	1. 全面发展学生综合素质，充分发挥学生特长，着重培养学生的社会责任感、创新精神和实践能力，努力将学生培养成为具有民族胸怀和世界眼光的优秀人才 2. 有理想、有本领、有担当 3. “知书达礼”的新一代湖里中学人 4. “会做人、会求知、会合作、会生存”的，志向远大，健康快乐、全面发展的“志远少年” 5. 品行正、体魄强、会学习、有情趣、爱家国

[1] 表 5-3 来源：×市公办中小学的学校网站

续表

学校类型	育人目标内容
公办九年一贯制学校	1. 基础扎实、习惯良好、品格端正、多元成才 2. 大志，大仁，大气的社会英才 3. 好奇的孩子，敏锐的学习者，自信的接班人
公办完全中学	1. 为学生终身学习、终身发展打下坚实基础 2. 以塑造健康人格，培养“文理兼修，艺体见长”的合格人才 3. 德才兼备 知行合一 4. 旨在将学生培养成为新时期德智体美劳全面发展，且具有较强创新精神和创新能力的社会主义接班人

通过对表5-3的分析，发现在目标培养结构上，中小学校办学者在育人目标方面，比较关注的是“人的规格”的规定，而对“人的类型”较少做出明确规定。从表5-3中的35所学校的育人目标陈述中可以发现，在培养类型方面的基本导向上多数是正确的；在育人目标内容上，有个别中小学校提到要把中小学生培养成为合格的社会公民；也有个别中小学校提出要把中小学生培养成为“优秀人才或有用人才”。因此，×市公办中小学育人目标的现状如下。

（一）“人的规格”方面存在的共性

在“人的规格”方面，基本上是围绕身体素养、心理素养、科学素养、道德素养、审美素养、劳动素养和交往素养这七个方面进行提炼，它们有以下三个共同点：①大部分中小学校的育人目标中都提到要关注学生素养的全面发展。其中，多所学校的育人目标陈述中，明确提出“全面发展”的要求，个别中小学校的育人目标对“全面发展的人”需要具备的素养，有着明确的诠释。②所有中小学校确立的育人目标中，都提到道德素养方面，但是，它们在道德素养的关注点上有所不同。③中小学校对全面发展素养的关注点也存在差异，大部分中小学校集中在品德素养、科学素养、心理素养以及生理素养，对于审美素养、劳动素养和交往素养方面的关注较少。

（二）“素质结构”规定方面的共性

在“素质结构”规定方面，大部分中小学校办学者的育人目标制定具有三点共同之处：首先都强调学生的全面发展；其次在学生发展规格方面，都有提出自己的标准，但是不同学校的侧重点不同。以道德素养为例，个别中小学校强调文明习惯方面的培养，个别中小学校强调的是道德品质的培养，还有个别中小学校强调思想情操或者理想抱负方面的培养。最后，大部分中小学校都提到学生个性特长的培养。

（三）“中小学身心发展规律和阶段培养”方面的共性

在是否符合“中小学身心发展规律和阶段培养”目标方面，大部分中小学校办学者的育人目标制定也具有三个共同点：首先，大部分中小学校都考虑到中小学教育的基础性。有的中小学校明确提出学校要培养的是城市公民；有的中小学校明确提出要注重基本素养的培养；还有的中小学校强调对责任意识、自主能力、合作意识等的培养。总而言之，在素养各方面的关注点，中小学校基本认为该阶段的育人目标要以基本素养的培养为主。其次，大部分中小学校都考虑到学生身心方面发展的统一。也就是说，中小学校办学者在确立育人目标时，基本都把身体素质方面和心理素质方面的发展考虑进去。最后，中小学校对学生身心发展特点和需求的考虑不多，具体来说，是指中小学校办学者在确立育人目标时，对学生发展的阶段性差异与需求关注不够，出现中学阶段和小学阶段的育人目标在内容上一样，没有教育阶段的区分，导致小学和中学的育人目标出现趋同。

（四）契合“办学理念”方面的共性

在育人目标与学校办学理念的契合度方面，很多中小学校确立的育人目标和学校的办学理念之间内在关联度很小。案例29中，很难看出这两所小学确立的育人目标和办学理念之间具有什么样的内在联系。案例30中的三所小学，它们的育人目标和办学理念之间就有着较好的契合度。

案例29　×市两所公办小学的育人目标

×市某一所公办小学的办学理念是“以人为本，探寻规律，成就未来”，确立的育人目标是“身心健康、习惯良好、乐学善思、阳光合群”。×市另一所公办小学的办学理念是“启发童心，悟通造化”，确立的育人目标是“书卷气、雅气、志气、大气”。

案例30　×市三所公办小学的育人目标

×市××小学的办学理念是“让每一颗星星都熠熠生辉”，确立的育人目标是“培养有梦想、善学习、健身心、懂雅趣、敢担当的星辉少年”。学校办学者巧妙地把学校的理念融入育人目标之中。×市×区教师进修学校附属小学提炼的办学理念是“尚德厚知”，确立的育人目标是：“尚礼、尚真、尚行、尚志、尚新”。再比如，×市××小学，提炼的办学理念是“寨上再上，自觉向上”，确立育人目标是“培养自觉向上少年”，体现二者之间的契合。这些学校提炼的办学理念和确立的育人目标，完美地展示学校对办学理念、学校精神与学校特色、育人目标之间的认真思考。[1]

---

[1] 案例29、30来源：×市公办中小学的学校网站。

二、育人目标确立中的常见问题

通过对×市部分公办中小学育人目标的研究，结合收集到的其他学校的育人目标，发现当前中小学校办学者在育人目标确立方面存在以下常见问题。

(一) 缺乏育人目标

在调研的×市公办中小学的网站中，很多中小学校育人目标查阅不到。这种情况的出现，可以做三种解释：个别中小学校的办学者根本没有提出本校的育人目标，这主要是因为个别办学者误以为国家已经对中小学校的学生发展目标作出明确规定，学校只要按照国家规定来培养学生就可以，没有必要进行育人目标方面的探索；学校办学者确立了育人目标，但是在学校概况中没有体现出来，或者没有比较明确、统一的育人目标表述；学校办学者确立了本校的育人目标，但将它归在“学风”这一要素中。例如，在很多中小学的学校简介中，都有三风一训方面的介绍，但是不一定有“办学理念、发展定位、育人目标”的介绍。

(二) 育人目标确立过程不合理

育人目标和办学理念、发展定位一样，它的确立需要学校全体成员的共同参与，其中，学生的需求是学校需要重点考虑的。但是经过研究发现，很多中小学校育人目标的确立并不合理。具体表现在以下三点。

1. 育人目标设定仓促，缺乏了解和考证

当前中小学校育人目标的确立过程中，存在育人目标设定仓促，缺乏了解和考证的情况。例如，个别中小学校原先没有育人目标的明确表述，由于要参与评比、接受上级检查，或者发展规划文本中有这一方面的要求等，就临时提出学校的育人目标。由于在时间上过于仓促，导致学校办学者没有对学校历史传统、当前社会、教育、学生发展需求进行仔细研究，这样确立出来的育人目标，在执行过程中会出现脱节的情况。

2. 育人目标照搬模仿，缺乏考察和论证

当前中小学校育人目标的确立过程中，存在个别中小学校的育人目标内容照搬模仿，缺乏考察和论证。个别中小学校不重视育人目标的确立，或不清楚如何确立育人目标，只能简单地参考个别名校的育人目标，或照搬国家的教育目的，抑或是照搬当前流行的一些人才培养观，堆砌出华丽的口号。这些目标规格和学校实际并不契合，会造成执行过程中的困难。

3. 育人目标决策主体的单一性

当前中小学校育人目标的确立过程中，存在个别中小学校的育人目标决策主体的单一性。个别中小学校办学者在确立育人目标的过程中，没有经过严密考证，没有结合学校、教师、学生实际，没有听取老师、学生和其他相关人士意见，也没有邀请他们参与育人目标的讨论过程。换句话来说，育人目标的确立基

本上是校长或者是学校领导层面的事情。个别中小学校办学者也可能有邀请教师和学生参与育人目标的确立过程，但是往往由于不重视或者组织不到位等，没有展开深度讨论，导致他们的参与流于形式。育人目标确立之后，学校办学者也没有对教师和学生详细诠释学校的育人目标，只是把它当成文件上的内容。这样确立出来的育人目标，无法在实践中得以践行。

（三）育人目标内容方面的问题

当前中小学校确立的育人目标，从内容上来看，存在四个方面的问题。

1. 育人目标在内容设定上缺乏针对性

从当前部分中小学校确立的育人目标的内容来看，存在缺乏针对性的问题，即缺乏对学生发展的阶段性、顺序性的考虑，导致提出的要求过高。这种目标设定对学生发展来说，负担过重，没有发展意义。例如，有一所小学确立的育人目标是："丰富学生的文化底蕴，树立正确的价值观念，促进学生的发展，以适应21世纪对人才的需要"。这个育人目标设定并不合适，价值观培养确实重要，学校也都希望能够培养出社会需要的人才。但是，小学阶段的任务是，为学生成为社会公民做好准备，即培养社会公民的基本素养。从另外的角度来说，这所小学确立的育人目标中，对21世纪需要的人才素养规格、价值观等，虽然没有错，但是没有明确指明小学阶段应当侧重哪些人才素养规格，培养何种价值观。这样就导致学校教职员工在办学实践中，不清楚小学阶段应当侧重哪些人才素养规格，应当培养何种价值观，自然就不清楚要如何有效落实。

2. 育人目标设定在内容上过于高、大、全

从当前部分中小学校确立的育人目标的内容来看，存在设定过于高、大、全的问题。不少中小学校办学者在确立育人目标时，存在过于高大化、理想化的倾向，会造成在实践中无法具体落实的情况。例如，不少小学以"品德优良、素质全面、个性张扬"作为学校的育人目标，或是以"民族情怀，国际视野，现代品格，未来人才"作为育人目标。这些内容虽说没有错，但是过于理想化，一定要进行清晰诠释和细化。否则，在实践中学校教职员工并不清楚如何操作，会导致确立出来的育人目标流于形式。在案例31中，北京第一师范学校附属小学在育人目标的细化诠释方面做得比较到位，学校把每一项育人目标细化为清晰具体的可操作目标，教师和学生都能明确每一项目标的操作细则，这样就能够确保育人目标的顺利执行和有效实现。

案例31　北京第一师范学校附属小学育人目标

北京第一师范学校附属小学，确立的育人目标是"六乐行"，具体诠释是："乐于读书，勤奋为乐；乐于服务，助人为乐；乐于锻炼，健体为乐；乐于交往，

合作为乐；乐于参与，实践为乐；乐于开拓，创新为乐”。

3. 育人目标内容上趋同，缺乏个性化

从当前部分中小学校确立的育人目标来看，存在内容上趋同，缺乏个性化的问题。从所调查的×市公办中小学校确立的育人目标中，就存在很多趋同的内容。例如，不少中小学校把“合格+特长”确立为学校的育人目标，对于合格、特长却没有作出相应的解释。再比如，“习惯良好、基础扎实、学有特长、素质全面”，也是中小学校比较常见的目标表述。我国有那么多中小学校，出现相同的育人目标是正常的。但是，小学、中学确立的育人目标都是一样的话，就不太合适了。一方面表明中小学校没有把育人目标与学生身心特点相结合，另一方面表明中小学校缺乏对本校办学基础的考虑。

4. 育人目标缺乏配套的可行性规范

从当前部分中小学校确立的育人目标来看，没有确立和它配套的可行性规范。学校育人目标的实现不是短期就可以实现的，它的确立是曲折反复的，是一个不断研究、积累、修正的过程，学校需要制定出相应的可行性规范，检验目标执行的效果，并依据反馈，对目标进行再次修订等。很多中小学校的育人目标确立之后，没有对目标做出任何阐释，也没有提出相应的可行性规范。

（四）育人目标价值取向方面的偏差

中小学育人目标的确立，背后折射的是学校教育价值取向。当前中小学确立的育人目标，在价值方面，不少学校存在着一定的偏差。①在价值主体需求方面，确立的育人目标更侧重的不是学生主体需求，更多的是规范性目标，如“遵守纪律，文明有礼，勤于学习”“培养忠公爱国的人、培养自学自律的人、培养体强力壮的人”等。②在价值取向上存在偏差，以“成才”取向代替“成人取向”。学校教育对于个人发展的价值来说，包含“成人”和“成才”两个方面，侧重点的不同会带来一系列的不同。如，育人目标的规格标准不同，课程观、教学观、教师观等方面的不同，对学生的期许、要求也不同，进而影响学生的发展过程和方向。从当前中小学的育人目标来看，有不少中小学持着“成才”的价值取向。如“培养具有‘榕树’品格的社会有用之人”“大志、大仁、大气的社会英才”等育人目标。从这些内容来看，在价值取向上是一种“成才”取向，和基础教育的价值需求是不符的。“人才总是具有一定的职业性和专业性，因此，很难说基础教育是培养人才的。按照国际社会的共识，基础教育……是现代社会中每个人为在社会中生存和发展所必须接受的最低限度的教育。基础教育强调的是人的基本素质的全面而协调的发展，而不是职业和专业素质的培养。它实施的是基本的普通科学文化的教育，是非定向和非专门的，与职业性和专业性的教育有性质上的不同。因此，基础教育的目的定位于培养‘人才’显然不合适，‘成人’先于、重于‘成才’。”[1]

（五）育人目标的陈述问题

学校确立科学合理的育人目标，需要以一个科学合理的方式表述出来。从当前中小学育人目标的陈述来看，存在以下问题：一是育人目标在陈述上过于冗长、烦琐，不利于学校成员对育人目标的识记。例如，×市某所公办初中的育人目标是：“全面发展学生综合素质，充分发挥学生个性特长，着重培养学生的社会责任感、创新精神和实践能力，努力将学生培养成为具有民族胸怀和世界眼光的优秀人才”。二是育人目标表述上过于抽象、笼统，没有做出相应条目的解释，无法表明学校在素质规格方面的目标。例如，个别中小学直接把“德智体美等全面发展”确立为育人目标，这样的表述，体现学校对育人目标缺乏实质性的思考，没有结合学校需求、学生发展需求等，是一种空泛的目标陈述，师生不清楚学校要培养学生什么样的素养，以及应该如何培养等。三是育人目标在表述上重点不突出，出现以思路作为目标的情况。例如，×市某所公办小学的育人目标是“三以四让”，具体诠释是：“以人格塑造人格，以才干培育才干；以思想孕育思想。让阅读成为一种生活方式，让运动成为一种生活习惯，让艺术成为一种生活追求，让生活成为孩子们实践体验的舞台。在乐学中乐活，为孩子的终身幸福奠基。”这样的内容表述，仅是一种工作思路，实际上并没有表明学校对学生素质规格方面的目标，没有解释清楚学校重视的人格和才干涵盖哪些内容。

第四节　中小学育人目标的确立及其原则

一个科学、合理、规范育人目标的确立，和学校办学理念、发展定位一样，都需要学校共同体成员的参与。同时，育人目标的确立是一个需要不断摸索的、复杂的创造性过程，它的确立需要理论方面指引，也需要现实考量。

一、育人目标确立的过程

育人目标的确立，关键在如何选择学生发展的素质规格。它的选择，需要以国家教育政策法规、教育新趋势、社会发展需求作为共同的依据；对特定学校来说，需要结合本校学生的身心特点与发展需求，以及学校自身历史特色，确立出学校的育人目标。

（一）教育政策法规的解读

育人目标的确立，首要依据是国家的教育政策与法规。它是所有学校确立育人目标时要遵守的共性要求，是确立育人目标的政策依据和“法定意图”，

[1] 扈中平．教育目的应定位于培养“人”[J]．北京大学教育评论，2004，2（3）：24-29.

也是各级各类学校确立适合学校特色育人目标的总标准、总参照。我国的教育方针，规定着以下方面的内容：一是它规定各级各类学校育人目标的性质，具有一定的稳定性。我国的教育方针对学校的性质做出规定，即社会主义是我国教育性质的根本所在，是各级各类学校教育的性质所在。二是它规定各级各类学校教育的服务对象，它们会随着时代的变化有所不同。例如，我国在 1950 年制定的教育方针中，提的是“教育要为工农和生产建设服务”；在《中华人民共和国教育法》（2021 年修订版）中，提的是“教育必须为社会主义现代化建设服务、为人民服务，必须与生产劳动和社会实践相结合，培养德智体美劳全面发展的社会主义建设者和接班人。”三是它规定教育要培养的最终人才类型和规格，规定培养的人才类型是“建设者”和“接班人”，人才规格是“德智体美劳全面发展”。四是它同时也规定各级各类学校育人目标的重要内容，要求在育人目标中把“德智体美劳”等素质全部考虑进去，它包含两个层面，一是要求学生的所有方面（即德智体美劳）都得到发展，而不是只侧重其中的某一个方面；二是要求学生在每个层面的全面发展，而不是片面发展。例如，在“德”这个方面，不是单指品德方面的发展，还把政治素质和思想素质涵盖其中。五是它规定各级各类学校实现育人目标的重要途径或方式：“要坚持育人为本、德育为先，实施素质教育”，只有坚持这样的方式，才能够确保国家教育目的以及学校育人目标的实现。

总之，学校育人目标的确立，离不开对国家政策法规的认真解读。国家教育政策法规属于国家对教育的顶层设计，对人的培养方向、性质和任务等作出明确规定。在育人目标确立时，学校办学者必须以它作为目标确立的依据，它可以确保学校确立的育人目标不偏离国家总体要求。在确立育人目标过程中，学校办学者要确保在方向、性质上不发生实质性冲突。但是，学校办学者若是死板地套用国家的教育目的或者政策法规，只能在国家要求的框架上做一些形式上的补充，提不出符合学校实际的育人目标。换言之，学校办学者对国家的政策法规，如果没有进行正确解读，在确定育人目标时会产生不少问题。例如，不少中小学在育人目标确立时，对国家提出的“全面发展”产生误解，认为全面发展是德智体美劳各个要素的“均衡发展”或者“平均发展”，造成中小学的育人目标出现忽视学生个性培养的状况。

（二）*教育发展趋势的解读*

学校育人目标的确立，需要考虑当前教育发展的趋势。教育发展趋势预示着社会发展给教育带来的挑战和机遇，预示着教育需求以及人的发展需求的变化，预示着教育领域自身向前发展的方向。在确立育人目标中，学校办学者对教育趋势的解读，有助于学校确立科学合理、符合教育需要的育人目标，它是确保学校培养出来的人，不被社会所淘汰的一个重要保障。例如，终身教育理论的提出，意味着学习化社会的到来，这对于教育活动各个领域的影响是深远的。它对于义务教育学生的影响是：个体要发展出终身教育需要具备的基本知识、能力和素质。它对学校原来所培养个体的知识、能力和素质提出前所未有的挑战，要求学校在知识、能力、素质方面的培养做出相应调整，才能够应对学习化社会的需要。

学校办学者在确立育人目标时，要把教育发展趋势对学生发展带来的影响考虑进去。如果缺乏对教育发展趋势的解读、教育新观念的学习，会导致学校的育人目标过于陈旧或者落后于时代。例如“谦和、明德、纯洁、有恒”“诚勤美人”“大志、大仁、大气的社会英才”等育人目标在内容上是没错。但是，在育人目标上，仅侧重学生某一方面品德的培养，无形中使学生发展受到束缚。同时，学校办学者对教育发展趋势、热点的关注，需要理性对待，不是什么热点都可以套用到学校教育领域中。有的教育热点或者教育新趋势，它可能是当前社会需要关注的重大的、根本的问题，也可能是由于一些突发事件或者某些名人言论所引发的效应，可能仅是一时的或者表面的问题，需要慎重对待。

（三）社会发展需求的了解

学校办学者在确立或者修订育人目标的过程中，要把握当前社会发展新要求。一所学校育人目标的确立“必须从社会发展的客观需要出发，对受教育者身心发展的方向、内容和所要达到的水平做出切实规定，才能有效地指导教育活动，形成受教育者的合理的素质结构，提高受教育者自身的价值。”[1]

我国目前处于社会转型与发展阶段，它从宏观上和微观上影响着学校的生存与发展。一是在社会转型时期，人们处于新的社会环境，社会节奏加快，竞争激烈，为了适应环境，社会各个领域在人才的智力结构和综合素质结构方面都有新的要求，学校办学者也需要在育人目标方面进行相应的调整，以适应社会各个领域的人才需求。二是我国社会正处于科技高速发展时期，“数字技术为表达自由创造更多机会，为社会、公民和政治动员提供更多机会，同时也引发了令人关切的重大问题，例如，在网络世界中获取个人信息，这涉及隐私和安全等重要问题。”[2] 数字技术使人的生活方式以及价值观念发生改变，对人的生存与发展也带来了挑战和威胁。学校办学者在确立育人目标时，要把“数字国民”需要的素养考虑进去，如信息素养、创新精神、创新意识、实践能力、价值观培养等。三是在知识经济时代，人们之间的交流与合作日益增加，展现在人们面前的文化形态，日趋多元和复杂化，这为个体发展提供了丰富的可能性。但是，中小学校的办学者若是缺乏分辨能力、盲目追求时尚，就会迷失学校教育的方向。办学者在确立育人目标时，要把人文精神、合作精神和意

[1] 王道俊，王汉澜．教育学［M］．北京：北京人民教育出版社，1989：95.

[2] 联合国教科文组织．反思教育：向“全球共同利益的理念转变”［M］．联合国教科文组织出版，2015：26.

识、批判精神、国际理解、普世价值观等也融合进去，使人们能够具备新时代和环境所需要的新的素质。④社会转型对教育内部来说，它使社会个体在生存环境、生存方式、生活状态等方面发生改变。今日的学生无论是在思想上或者是童年经历方面，已经和教师学生时代所经历的、熟知的不同，学生拥有的未来也是不同的，这就需要教师、学校去探求适合今日社会生活需要的，能使学生适应今日生活的育人目标。

在不同社会发展阶段，人的发展环境不同，要面对的实际问题也不同，需要的知识、能力、素质也各不相同，这就对不同时期的人才素质提出不同要求。社会发展需要能解决实际问题，以及符合社会发展需要的人，人也只有在社会实践中才能够实现自身价值。所以，面对社会转型时期，社会提出多方面、多层次需求，学校办学者在确立育人目标时，要结合现今社会发展需求，把现代社会公民需要的基本素养融合进去，培养的学生才能够适应社会需要和促进社会发展。

（四）学生发展需求的调研

学生发展需求的调研，这是育人目标确立过程中的重要环节。中小学校的培养对象在年龄上是一样的，都是处于小学或者中学年龄段的学生。但是，一届一届的学生群体是不同的，他们在兴趣爱好、个性特征方面存在差异。同时，学生所处年代背景不同、家庭环境不同，学生自身素养也是不同的。学校办学者确立的育人目标是为“当下”的学生发展服务的，只有对学生发展需求展开调研，才能确立出符合学生发展需求的育人目标。

学生发展需求的调研，在调研内容上，可以围绕素养的各个领域展开，在各个素养领域的调研中，可以围绕知识、能力、素养三个内容进行调研；也可以从学生的思维、性格、好奇心、兴趣、爱好、习惯等方面进行调研。在调研对象上，对学生的直接调研是必不可少的。教师和家长的调查也是必不可少的。教师作为一线教育工作者，对于学生的水平、个性等有着比较直观的了解，对于学生需要具备的知识、能力、素养方面有着更实际的认识。通过调查他们对学生发展需求的认识，让他们参与到育人目标的确立过程中，能够确立出更贴合学生实际需要的育人目标。家长在学生的成长中承担着不可推卸的责任，学生在学校之外的各项表现，家长更加清楚，学生的性格、兴趣点、习惯等这些情况家长掌握得更为全面。进行学生发展需求调研时，也不能漏掉家长。家长作为学校教育的间接受益者，他们对于学生发展也有自身独特的需求，了解他们的需求也有助于为学校确立出多元的育人目标。

（五）育人目标要素的采集与确立

上述四个环节结束之后，学校进入育人目标要素的采集和确定阶段。这一阶段包含表 5-4 的 4 个步骤。每一个步骤的具体内容如下。

表 5-4　　育人目标要素的采集与确立

<table>
<tr><td>步骤 1</td><td colspan="2">育人目标要素的采集</td></tr>
<tr><td>步骤 2</td><td colspan="2">育人目标要素的分类</td></tr>
<tr><td rowspan="4">步骤 3</td><td rowspan="4">育人目标要素的筛选</td><td>全校大会：育人目标要素分类介绍</td></tr>
<tr><td>分组讨论：讨论、筛选三个要素并进行诠释</td></tr>
<tr><td>全校大会：小组汇报，讨论筛选的要素</td></tr>
<tr><td>全校大会：筛选共同认可的要素</td></tr>
<tr><td>步骤 4</td><td colspan="2">育人目标要素的论证与确立</td></tr>
</table>

①育人目标要素的采集。目标要素的采集，一方面，可以借鉴、参考国内外教育专家有关中小学生素质方面的培养要求，也可以参考国内外知名学校有关中小学生素质方面的培养要求。另一方面，学校育人目标的确立，需要调研学校处境、学生发展需求。学校要安排相关人员，分别负责相应的目标领域，尽可能全面地了解需要培养的素质要素。

②育人目标要素的分类。针对调研出来的所有要素，以一定的标准进行分类，对重复、类似的要素进行统计，了解每个要素出现的频率。出现频率很高，代表这个要素是学校成员们比较重视的素质点。

③育人目标要素的筛选。目标要素点的筛选，同样也可以分为四个步骤进行。

第一步，召开全校大会。召开全校会议，会议要有学生代表、家长代表等其他学校利益相关人士的参与。在全校大会中，介绍已经分类完成的目标要素，介绍每一个要素点出现的频率，对分类标准进行说明。

第二步，进行分组讨论。所有参会成员对这些素质要素进行讨论，在每个领域中，每组筛选出本组成员认为重要的三个要素。小组负责人的记录要包括小组成员对这些要素的诠释。

第三步，再次召开全校会议，初步筛选目标要素。各个小组代表汇报小组的选择情况、选择依据以及诠释。全校就这些目标要素进行集中讨论，消除分歧。

第四步，在每个领域中，筛选出所有参会者共同认可的素质要素。在筛选的过程中，会议主持人要向全体参会人员阐述学校的办学理念、发展定位以及学校特色等，以此为依据，厘清不同领域要素之间的关系，确定重点领域方面的要素，以一种完整的方式把育人目标表述出来。

④育人目标要素的论证与确立。一方面可以请教育专家进行指导，确保育人目标在内容上、表述上具备一定的科学性、可解读性。另一方面是再次召开全校大会，向大家传达最后确立的育人目标，听取学校全体人员的意见和建议，依据需要进行微调。通过这一系列环节，最终确立学校的育人目标。

（六）目标要素诠释及操作性设计

育人目标的实现，需要在实践中落实。因而，学校办学者必须对育人目标进行清晰的诠释：如育人目标的确立标准来自何处，各个要素的内涵、要素之间的关系等，这些都需要进行清晰、详细的诠释。

首先，育人目标诠释是一个关键的环节，很多中小学校有自己的育人目标，但是没有对它们进行认真诠释，当追问校长学校的育人目标内涵是什么，出现个别校长回答不出来，或者表示没有思考过的情况；也有不少校长解释说：学校是根据教育改革动向或国家政策，或者是借鉴某个优质学校的育人目标；抑或是根据某个教育专家的观点或者教育新观念等。这种情况，体现学校办学者对育人目标的确立存在认识上的偏差，或是缺乏科学、合理的确立过程。在确立学校的育人目标时，确实可以借鉴这些内容，但是，直接采用国家政策作为育人目标，会过于宏观；全部借鉴优质学校会缺乏针对性；把教育专家的观点确立为学校的育人目标，会过于抽象，需要赋予具体内涵。[1] 总之，当学校的育人目标确立出来之后，学校办学者有必要对每个要素的内涵进行认真诠释。例如：案例32、33中，两所学校在育人目标确立后，均对育人目标的每一个要素进行详细诠释，以确保全校师生对育人目标的深入了解，促使学校教师朝着这一目标培养学生。

案例32 北京市平谷二小育人目标要素的诠释

北京市平谷二小的育人目标是“做有梦想，肯投入；爱干净、有条理；有情趣、爱生活；讲诚信、负责任；懂感恩、会关爱；善学习、敢自主的现代少年”。学校对育人目标的每一个要素进行了详细的诠释。

以“有梦想，肯投入”为例，具体解释：“有梦想，指有理想、愿望和目标。梦想可以是职业理想——长大了我要做什么，也可以是人生理想——我要成为什么样的人；可以是希望我自己将来达到什么目的，也可以是希望我能帮助他人、团体实现什么愿望；可以是短期目标、具体目标，也可以是长期目标、宏观目标。有梦想的孩子应表现为：有自己的榜样或者目标；会为了自己的梦想安排自己的时间，有自我规划。肯投入，指聚精会神，全力以赴。肯投入的表现为：舍得放弃其他的需要，心甘情愿付时间、精力、热情；遇到困难、挫折不放弃；千方百计寻找解决问题的新途径、新方法、新方案；敢于面对失败，失败只是具体事情的失败，但换来的是自我的发展。”

除此以外，针对不同的学段，提出了更为具体的要求。依然以“有梦想，肯

[1] 李烈，季苹．从健康自我出发 八位校长对学生培养目标的再思考［M］．北京：教育科学出版社．2013：前言10.

投入”为例。低年级段的要求为：有想当科学家、音乐家等美好的梦想；专心听讲，并能完成学习任务。中年级段：有自己的偶像、喜欢了解偶像的优点，投入精力模仿、学习；对自己的理想进行重新认识，理想会有趋于现实性的改变；愿意和亲人、老师、伙伴交流自己的理想。高年级段：能把理想的确立与自己的兴趣、优势结合起来；为理想的实现肯付出时间、精力，舍得放弃其他追求、诱惑；能为理想实现确立短期目标、长期规划。[1]

案例 33　重庆珊瑚实验小学育人目标要素的诠释

重庆珊瑚实验小学在学校办学理念的指引之下，确立了相应的育人目标。育人目标具体内容为：“亲于做人，善于学习，勇于创造，趣于生活”。针对这一育人目标，学校办学者对每一个要素进行了仔细的诠释。

“亲于做人”：该要素的关键点是“爱”，因此学校在此项目标诠释是，在培养时需要做到：爱护自然、热爱集体、尊重他人、诚实守信。

“善于学习”：该要素的关键点是“学”，因此学校在此项目标诠释是，需要注重培养：学习能力、学习习惯、学习方法、学习兴趣。

“勇于创造”：该要素的关键点是“创”。因此学校在此项目标诠释是，在培养时需要做到：有好奇心、独立思考、敢于质疑、大胆实践。

“趣于生活”：该要素的关键点是“趣”。因此学校在此项目标诠释是，培养时需要做到：热爱生活、认识自我、适应环境、学会审美。[2]

学校办学者除了对育人目标的每一个要素进行诠释之外，还应该对育人目标的每一个要素进行具体化操作设计，使其真正落实到学校教育实践工作中，学校全体人员才会明确如何做，以确保学校育人目标的顺利实现。育人目标的操作性设计，属于一种行动性目标，它有助于师生在教育教学实践中加以操作。例如案例 34 中，北京市光明小学的育人目标是“培养健康、智慧、充满希望的学生”，该校办学者对每一个领域应该如何操作都有着详细的分目标以及实施方案。详见案例 34。

案例 34　北京市光明小学育人目标的细化

童心生活·课程延伸领域，包含：真情自主·自我卷入·光明教案；学

[1] 李烈，季苹．从健康自我出发 八位校长对学生培养目标的再思考［M］．北京：教育科学出版社．2013：112-113，116.

[2] 备注：该案例资料的获得来自本人于 2019 年 9 月底参加“福建省‘十三五’小学名校长后备人选高级研修班”，到重庆西南大学参加培训时，珊瑚实验小学校长分享的课件。

生节律·知识结构·光明课堂；游戏节·健康节·朗诵节·创造节·光明综合课程；

童心生活·空间延展，包含：全局·友谊·合作·教师团队建设；校级学生特长课程·校区学生特点课程·学段团队学生兴趣课程；

童心生活·家校延展，包含：健康自我·家校协同·班级生活；家长沙龙·《家长》杂志；学生自主训练社；

童心生活·管理延展，包含：学生档案·教师档案·数字管理；整体性·结构性·规范性·学校制度建设；大型校·多校点·组织结构和领导团队建设。[1]

育人目标的诠释以及操作性目标设计，不是学校领导层面单独决定，它也需要通过一系列的调研、对话、协商和论证。

二、育人目标确立的基本原则

中小学校育人目标的确立，事关学生未来发展的潜力，目标不清，会影响到基础教育的质量和发展，对今后人才发展的培养也会带来消极影响。中小学校在确立育人目标的过程中，受到许多因素的共同制约，如何才能够科学合理地确立？结合育人目标确立的理据和过程，本书认为，中小学校的办学者在确立本校育人目标过程中，应当遵循四个原则。

（一）全面发展与个性张扬相协调

全面发展与个性张扬相协调，是学校办学者确立育人目标的首要原则。

自古以来，个体的全面发展一直是教育追求的理想。我国教育方针也明确强调，中小学教育应当实现和确保学生的全面发展，要确保学生各项素质的全面养成和提高。有必要指出，全面发展并非每个方面的均衡发展或者方方面面的平均发展，而是要兼顾人的个性发展。例如，当马克思讨论到“多数个人”与“个人”的关系时，提到“‘人’类的才能的这种发展”“个性的比较高度的发展。”[2] 换言之，马克思认为人的全面发展是自由个性发展的基础。“这样看来，从内容上说，马克思所说的主要是个性的发展、丰富个性的发展、自由个性的发展。若主要从量的方面讲，是全面发展；若主要从内涵方面讲，是个性发展；综合起来讲，全面发展实质上是个性发展。注意到这一点，并不是要抛弃全面发展的提法，却是要引起对全面发展的实质的关注。”[3] 可见，中小学校的办学者对全面发展的理解不能过于狭隘，即：在学生发展过程中，学校办学者不能只注重某个领域中的单一要素的发展。以道德发展来说，很多人把它片面地理解

[1] 李烈，季苹．从健康自我出发 八位校长对学生培养目标的再思考［M］．北京：教育科学出版社．2013：147-148.

[2] 马克思，恩格斯．马克思、恩格斯全集（第26卷）［M］．北京：人民出版社．1973：124.

[3] 张楚廷．全面发展实质即个性发展——重温马克思全面发展学说的启示［J］．北京大学教育评论，2004，2（2）：70-74.

为道德认知的发展，这也是当前道德教育效果不佳的原因，道德发展应当是认知、情感、意志、行为等方面的协调发展，只有这样才是在道德素养这方面获得全面发展。二是指要关注学生个性的自由发展。因为“人的发展依赖于两个条件，即‘天资的存在和激发的存在’，所谓的‘天资’是指‘一定发展的可能性，而不是已经完成的发展’；‘激发是指天资发展的外界刺激和条件。天资是发展的推动力。”[1] “激发的存在”表明学生的发展并非能自然发生，是需要一定外界刺激的，外界刺激要起作用，就要学生具有一定的天资才可，中小学校的办学者要立足学生自身独特的个性或者兴趣。从学生本身来讲，人的个性本身是多层次的，“一方面，个性是‘整个精神面貌’，另一方面，个性又是‘独具的心理特征’。”[2] 每个学生都有独特的个性和天赋才能，学校办学者倘若不关注学生个性发展，如何做到学生的全面发展？况且，学生创造性的培养必须以个性的充分发展为基础。因此，在确立育人目标的过程中，确保全面发展与个性张扬的协调是极其重要的一条原则。

（二）需求性原则与适合性原则相结合

需求性原则，指学校办学者在确立育人目标时，要考虑学生的多元发展需求，以促进学生的多元发展。依据马斯洛的需求层次理论，中小学生的发展需求是多样化的。这些需求包含：学业性发展需求，即中小学生通过学校教育促进知识增长、能力增强、素养提升以及学业的成功，为今后继续升学或者进入社会奠定基础；精神性发展需求，即中小学生不仅希望获得学业发展，还希望通过学校教育获得其他方面知识、能力和素养的提升，如潜能的发挥、人格的完善等，以实现自身的全面发展；社会性发展需求，即中小学生作为未来社会公民的一员，无论是“成人”或“成才”，都需要融入社会，需要参与、服务社会，需要学生具有社会公民所需要的基本知识、能力和素养，中小学在育人目标确立时，要关注到学生的社会性发展需要；物质性发展需要，即中小学生发展过程中对于学校提供的各种学习条件、生活条件方面的需要，它是影响育人目标实现的物质保障。因而，中小学校的办学者在确立育人目标时，必须坚持需求性原则，使学生在各个素质领域的不同需要得到不同程度的满足。只有这样，确立出来的目标才是科学合理的，真正起到促进学生发展的作用。

适合性原则，指面对新的时代特征对于个人素养的新挑战，学校办学者要能够确立出合适的育人目标，使学生能具备适合时代需求的新素养。当代社会的新特征是全球化、信息化和学习化，这就对人的素养提出新的要求。置身于新社会背景下的学校，要想适应社会并求得持续发展，必须对学生的规格标准作出相应的调整，才能使学生适应全球化、信息化和学习化社会。全球化社会，要求学校

---

[1] 陈佑清．教育目的论［M］．武汉：湖北教育出版社，1994：37.

[2] 顾明远，等．教育大辞典［M］．上海：上海教育出版社，1988：433.

培养出的学生，既具有世界公民的基本素养，又具有一定的民族精神和国家意识；信息化社会，要求学校培养出的学生，必须具备良好的信息素养和信息意识；学习化社会，要求学校培养出的学生，要具备基本的学习力。所有这些要求学校办学者在育人目标方面加以调整，以使学生具备全球化、信息化、学习化社会所需要的素养。适合性原则也表明，确立的育人目标，不仅要适合学校学生的身心特征，而且也要适合学校自身的培养水平。

（三）层次性原则与可测性原则相结合

中小学校确立的育人目标，要遵循层次性原则。具体来说，层次性原则包含以下两个方面。

首先，从育人目标的学校内部层次性来说，要形成具备层次差别的可操作的育人目标体系。这是因为：一所学校的育人目标体系一般包括两个层次，第一个层次是国家法定的目标要求；第二个层次是对学校确立的育人目标进行进一步细化，包含学校总育人目标，学校依据学生年龄特点对学校总育人目标进行细化，针对育人目标的每个领域，制定出不同年级段的育人目标和要求，不同年级段的育人目标之间是上下衔接、层次递进的关系。其次，从育人目标的学校外部来说，不同级别、类型的学校，在确立育人目标时，要体现一定的差异性和多样性。如：小学和中学同属于基础教育，它们的共同任务是把学生培养成为社会合格公民和让学生掌握基本科学文化知识。但是，小学生和中学生在身心发展方面是有差异的，在身心发展需求方面是不同的。在育人目标内容或者规格上需要体现出一定差异。

总之，层次性原则的重要性，在于它能够对育人目标进行细目化、结构化，使育人目标更适合学生的个性特征、年龄特点，避免育人目标过于口号化或者概括化，导致在教育教学实践中难以操作和落实。

可测性原则，指在育人目标层次化过程中，行为目标的表达要具体、易于评估。育人目标是对学生经过一段时间教育后，学生最终要达到或者某个阶段要达到的知识水平、能力和素养的规定，它也是一种评价标准，是用来检验学校教育教学效果的。那么，确立的行为目标就要具有操作性，体现一定的评估要求。因此，育人目标细化为行为目标时，要避免使用“应该、可以”这样的表达方式。因为这种表达方式仅是一种意愿而非必须完成的要求。具体来说，要做到育人目标的可测性，可以按照以下建议：“用显性行为动词表述学生形成的可观察、可测量的具体行为；对于不好用外显性行为动词表述的目标，可以用内隐性行为动词加上有关说明或实例来表述；写出行为条件，即影响学生产生学习结果的限制或范围等；写出学生的表现程度，以评量学习表现或学习结果所要达到的程度。”[1]例如：在案例35中，北京市大兴区庞各庄镇第二中心小学提出“做最好的自己”的育人目标之后，对育人目标进行年级段细化，体现学校对育人目标的

［1］　李小融，等．多元化学校教育评价［M］．杭州：浙江教育出版社，2009：122-123.

层次性原则、可测性原则的关注。

案例 35 北京市大兴区庞各庄镇第二中心小学育人目标

北京市大兴区庞各庄镇第二中心小学的育人目标是“做最好的自己”，学校结合小学生的年龄特点、身心发展规律对学校育人目标进行细化。以道德素养为例，学校依照年级由低到高制定的目标内容是：勤劳守纪、团结谦虚、热情自信、乐观进取、宽容朴实、顽强自律。在同一年级，学校围绕目标内容进行进一步的分解。该校对育人目标细化和分解，环环相扣，确保学校育人目标最终实现。例如，表 5-5 中学校对一年级“勤劳”目标进行了进一步的细化和分解。

表 5-5 北京市大兴区庞各庄镇第二中心小学一年级第一学期教育目标：勤劳[1]

序号	行为目标
1	1. 学会自己整理书包；2. 能自己洗脚
2	1. 学会自己洗袜子；2. 能自己整理书桌
3	1. 能帮助家长洗碗；2. 学会自己包书皮

在案例 36 中，温州市城南小学围绕学校所坚持的“让每一个孩子精彩起来”的办学理念，提出个性化的学校育人目标——“培养有家国情怀的现代中国人和美的小使者”，不仅如此，学校办学者还依据学校实际状况、学校传统及未来需求，因地制宜对育人目标进行分解，提出城南学子必备的六大核心素养要求，并在此基础上制定出相对应的毕业生形象标准，使学校的育人目标可操作、可养成、可测量。

案例 36 温州市城南小学育人目标[2]

育人目标	发展维度	核心素养要求	毕业生形象标准
培养有家国情怀的现代中国人和美的小使者	运动与健康	强壮体魄 健康生活	有健康的体魄，BMI 指数达标，各项体育测试项目达标 热爱运动，有 2~3 项擅长或者喜爱的体育运动项目 有良好的作息规律与饮食习惯，合理安排自己的生活 能正确认识自我，善于控制自己的情绪

[1] 李华．北京市小学学校文化建设中育人目标现状研究［J］．北京教育学院学报，2015，29（6）：67-71.

[2] 陶晓迪．让每一个孩子精彩起来 学校管理的智慧与校长领导力［M］．上海：上海交通大学出版社，2019：36.

续表

育人目标	发展维度	核心素养要求	毕业生形象标准
培养有家国情怀的现代中国人和美的小使者	阅读与生活	知书达理 人文底蕴	热爱阅读，自主完成城南学生制定阅读书目，并大量阅读有益书籍 能根据自己的兴趣与爱好，合理安排自己的学习时间 掌握适合自己的学习方法，养成良好的学习品质 提升文化修为，开阔生活视野，具备良好的理解与表达能力
	数学与思维	发展思维 实践创新	对事物有好奇心，喜欢独立思考问题，分析问题 具有一定思维能力、推理能力和空间观念，能辩证看问题 喜欢动手操作，能够自主解决问题，有一些小创意 不刻板追求答案，喜欢从不同的角度提出问题、解决问题
	科学与技术	学会学习 科学精神	热爱学习，善于总结经验，有自己独到的学习方法与策略 喜欢科学实验与研究，能从实证中找到答案，不迷信权威 坚持实事求是，反对主观想象，反对独断与虚伪 能够从经验认知层面上升到理性认知层面，有一定的抽象能力
	品德与世界	责任担当 家国情怀	科学认识集体与个人的关系，具有一定的集体荣誉感 有一定的独立能力，乐于服务他人，乐于为家乡建设做贡献 认识个人、集体与国家的关系，具有国家荣誉感 初步了解世界各国的知识、文化，有一定的文化理解力和包容力

续表

育人目标	发展维度	核心素养要求	毕业生形象标准
培养有家国情怀的现代中国人和美的小使者	艺术与审美	艺术审美 生活情趣	热爱生活，热爱艺术，有1~2项自己擅长或喜爱的艺术项目 有一定的审美认知能力、判断能力和选择能力，坚持过雅性生活 喜欢美的东西，有一定的生活追求，精神富足 有一定的生活规划能力，坚持每年做成一件事，实现人生追求

（四）简洁性和清晰性相结合

不少中小学校在表述育人目标时，存在过于烦琐或者抽象的情况。在育人目标表达时，要做到简洁性和清晰性兼顾。

简洁性，指在表达育人目标时，语言要精练、简洁无歧义。精练的语言有利于校内外人员把握学校育人目标的全貌。清晰性，指确立育人目标之后，还要对其进行详细清晰的诠释和补充，使它更加明确。简言之，简洁性是为了避免确立的育人目标过于烦琐复杂，清晰性强调不能过于抽象概括，导致指导性不强。如“基础扎实，特长明显，和谐发展”的育人目标，确实做到简洁精练，但学校办学者如果没有进行进一步诠释或者目标细化，学校师生应该如何理解“和谐”，是哪些素质方面的和谐发展，达到什么程度才是特长明显？可见，这样的目标是不清晰的。例如37中，深圳市太子湾学校的育人目标，不仅具有清晰简洁的特点，同时，学校办学者对每个素质点的诠释也是相当到位的。

案例37　深圳市太子湾学校的育人目标

深圳市太子湾学校成立于2017年，坐落于前海蛇口自贸片区、深圳湾区、太子湾邮轮港区三区叠加的核心位置，紧邻深圳国际化程度最高的“海上世界”。学校结合当前的教育需求、所处的区域位置，学校所提炼的办学理念为“创先未来”，以“培养引领未来发展的创新型人才”作为学校的育人目标，并将育人目标进一步细化为：能够引领未来发展的创新型人才，包含“身心和谐、家国情怀、全球视野、创新精神、领袖品质”五个方面，每个方面也有具体的目标要求。其中，身心和谐包括“身体健康、心灵和美、品德雅致、艺术品位”四个方面；家国情怀包括“地域文化，中华文明”两个方面；全球视野包括“国际理解、交往体验”两个方面；创新精神包括“数理思维、科技创作、综合实践”三个方面；领袖品质包括“自我管理、团队引领”两个方面。

总而言之，育人目标是学校办学者希望学生要达到的未来状况，当学校办学者对其有着简洁清晰的目标诠释时，就能够制定出可供选择的行动方案，并能进行理性决策，还可以增进学校对学生发展任务的即时关注，找到行动的焦点，从事和育人目标相关的各种活动，避免其他无关的活动。简言之，简洁性、清晰性的目标是重要的，它能够促进学校建构起具体的策略以实现目标，确保在实现目标的过程中聚焦行动，持之以恒。

【本章导读】办学思想在学校发展过程中起着统整和引领的作用，但是这一作用的发挥，有赖于学校共同体成员的共同努力。无论是办学理念的提炼、发展定位的把握还是育人目标的确立，校长都起着相当重要的作用，但它又并非仅仅依靠校长一己之力就可以实现，它需要学校共同体的协同努力。因而，必须把学校共同体成员作为办学思想的实践主体，才能确保办学思想的顺利形成与落实，才能够切实有效地促进和引领学校的发展。换言之，学校共同体是办学思想形成与践行的主体，不同的学校共同体成员在办学思想的形成与践行中充当着不同的角色。同时，办学思想有效践行，离不开学校共同体的建设。学校共同体的建设，需要校长角色的清晰定位，需要形成“家庭—学校—社区”协同育人的格局，需要进行优质校园文化的建设，并组织公共性的协作性活动，以及不断完善制度和规则以保障学校共同体的建设。

第六章　学校共同体：办学思想形成与践行的主体与保障

学校办学理念的提炼、发展定位的把握、育人目标的确立过程，都离不开学校全体人员的参与；学校要实现好教育、好学校、好学生的理想追求，也离不开学校全体人员的通力合作。可见，办学思想的形成，离不开共同参与，这就要求学校要能够成为一个共同体。“共同体是以自然意愿进行结合，并对相应的理念与理想负有一定责任与义务的个人集合体。共同体的约束性可以将每个人从‘我’的集合体改造为集体的‘我们’，共同体的每个成员都是这种富有意义的关系网络的一部分”，[1] 共同体使个人获得身份感、归属感以及家的感觉。由于学校办学思想需要所有与学校利益相关人员的共同协作，那么就有必要使这些利

［1］ 裴其勇．专家型校长成长之路［M］．长春：东北师范大学，2016：70.

益相关人员成为学校共同体，使其参与办学思想的凝练之中，使其具有身份感、归属感、责任感，进而自觉主动地践行学校办学思想。简言之，学校共同体是办学思想的形成与践行的主体和保障。

第一节　学校共同体：办学思想形成与践行的主体

一所学校成功的关键是，学校所有的工作人员、家长、学生、教育专家和社区人士共同承担教育责任或者建立“教育上的合作关系”。同样，办学思想的形成与有效践行，不仅需要学校成为一个共同体，还需要学校共同体成员对自己在办学思想形成与践行中的主体地位和角色有着清晰的定位和认识。

一、校长：办学思想形成与践行的引领者和促进者

在学校共同体成员中，校长作为一名教育领导者，在办学中最重要的是对办学思想的把握和领导。托马斯·J. 萨乔万尼指出：“在任何学校，校长在很多方面是最重要的、最有影响力的人……正是由于他的领导，才确立了学校的风气、学习氛围、专业化水准、教师的精神面貌以及学生可能成为或不可能成为什么样的人的关心程度……”[1] 因而，校长作为学校共同体成员的最为重要的一员，在办学思想的形成和践行中，充当着学校办学思想凝练的引领者和促进者的角色。

（一）校长是办学思想凝练的引领者

在办学思想凝练中，校长引领者角色的发挥，主要体现在其对办学思想的形成、践行以及更新的顶层设计中。

在办学思想的形成方面，一所学校的办学思想不会自动形成或凝练，无论是办学理念的提炼、发展定位的把握，还是育人目标的确立等，都需要校长、学校领导团队以及学校全体师生员工的共同商讨。此时，就需要校长筛选出合适的办学思想筹备小组成员。这是因为虽然学校共同体成员是办学思想形成与践行的主体，但是在办学思想的凝练过程中，由于学生、家长、教师以及社区成员等，人员过于庞杂，不可能所有成员都参与其中，那么筛选哪些人作为代表，需要校长确立筛选的标准并做出决策。除此之外，在办学思想的形成过程中，学校共同体成员提出的想法可能是零散的、片面的，甚至是狭隘的、错误的。此时，倘若没有核心教育思想、管理思想、信念价值观的引领，学校共同体成员将难以形成共识，学校办学思想也难以凝练。那么，从一所学校办学思想的形成来看，往往校长对“学校教育、学校发展、人的发展”的思考会成为学校办学思想凝练的主

[1] 托马斯·J. 萨乔万尼. 校长学——一种反思性实践观［M］. 张虹，译. 上海：上海教育出版社，2004：117.

要来源。换言之，校长作为学校精神的领导者，这种领导就体现在能够形成个人的教育思想、信念、理想和价值观等，并以此内容为引领学校的核心，在接收、汇聚学校共同体成员提出的想法时，要能结合教育规律、学校发展历程、现有状态、外在环境等，从时代精神、价值追求、学校使命、学校整体发展等方面，对它们进行系统性思考，并通过与学校共同体的其他成员，如学校教职工、学生、家长以及教育行政部门等共同融合，最终引导学校共同体成员形成共享的信仰、愿景、价值，最终凝练出正确而先进的办学思想。

在办学思想的践行方面，校长要确保学校共同体成员理解并有效践行办学思想。由于学校资源、教师精力有限等，在践行办学思想的过程中，不可能面面俱到，因而在学校特色、教师发展、学生发展、课程建设、资源配置以及校园文化建设方面都要有所侧重。此时，就需要校长从顶层设计的角度，对这些方面进行有益的规划。以学校特色为例，学校可能有多种特色项目，某些特色项目更能凸显学校的办学思想。此时，校长应引领学校共同体成员专注于该项特色的发展。同时，针对其他的特色项目，校长要积极引领学校共同体成员积极思考，如何从纵深的角度挖掘该项特色项目，使其精神内核能够与学校的办学理念一致，并有助于学校发展定位以及育人目标的实现。

在办学思想的更新方面，校长的引领作用同样不可忽视。学校处在社会之中，社会需求是不断变化和发展的，学校要发展，就不能够被动应对这些变化。在保持办学思想稳定性的情况下，校长要能够主动带领学校全体成员对办学思想进行重新思考、诠释，使学校办学思想不断完善和更新。在办学思想的自主更新过程中，如何选择合适的更新点，确定学校新的发展定位，在课程上如何进行调整，在教师发展方面提供哪些支持，需要哪些制度保障等，都离不开校长的顶层设计与引领。

（二）校长是办学思想有效践行的促进者

一所学校办学思想形成之后，要被学校共同体成员认同和有效践行，并非易事，需要校长采取各种方式、方法来推进。

1. 及时诠释以促进办学思想的认同和有效践行

在办学思想形成之初，办学思想要获得学校全体成员的认同，离不开学校全体成员对办学思想的形成及其内核的清晰了解。此时，就需要校长召开全校大会或以其他多样化的形式向学校共同体成员诠释学校的办学思想。如：介绍办学思想的凝练过程，最终确立的办学思想是什么？其中办学理念、发展定位、育人目标是如何陈述的？在这个陈述背后包含着什么样的教育思想、理想、信念和价值观。除此以外，校长还应表明为了践行办学思想，学校会在哪些方面为教师提供支持，在课程方面进行哪些调整或更新，在学校制度方面给予什么样的规范和保障，校园文化方面将如何建设等。简言之，通过这样的诠释，使学校共同体成员对学校办学思想有着深入的了解，并在逐步理解的基础上实现对学校办学思想的认同。除此以外，学校不断有新进人员（教师、学生、家长等），校长要通过各种途径向新进人员阐释、宣传学校办学思想，促使新进人员更快地认识、理解、认同学校的办学思想。新进人员也才能够更快地融入学校环境中，自觉践行学校的办学思想。办学思想的阐释、宣传形式可以多种多样：在全校大会上的宣讲；将办学思想及其内核布置在学校宣传栏、墙体或者印制在家校联系簿、作业册等，通过这样的方式，一方面使学校共同体成员以多样化的方式不断加深对办学思想的理解并认同学校办学思想；另一方面也能使新进人员以较为便捷的方式了解学校的办学思想，并逐步认同和践行办学思想。

2. 办学资源的获取与配置以促进办学思想的有效践行

办学思想的践行，学校发展目标的实现，离不开办学资源的有效配置。众所周知，拥有资源意味着获得相应的利益。这是因为实践中的利益有外在利益与内在利益之分，“外在利益从特征上讲乃是竞争的对象，而在竞争中则必然既有胜利者也有失败者。内在利益诚然也是竞争优胜的结果，但它们的特征却是，它们的获得有益于参与实践的整个共同体。”[1] 与此对应，校长对办学资源的获取与配置就包含对显性资源和隐性资源的获取与配置。从显性办学资源来说，校长作为学校的领导者，有必要通过积极的沟通，与上级教育主管部门、社区、同行等争取尽可能多的办学资金或外部支持性条件等，并加以科学整合或合理配置，以支持师资发展，建设有益于办学思想践行的校园物质与精神环境。从隐性办学资源来说，主要是开发与利用隐性办学资源，即开发和利用学校的课程资源、文化资源，营造良好的学校精神或氛围、校风、教风、学风等，使这些都利于办学思想的认同与践行。以教师资源的开发和教风的营造为例，校长一方面要努力营造一种积极向上的合作风气，激发教师的工作热情，使教师能够朝着共同的方向努力；一方面校长还要对每个教师的学识、能力、素养、潜质等都有较为清晰的了解，以便围绕不同时期的办学目标所确立的工作重心，将教师安排到合适的岗位或者为教师提供相应的支持，以帮助教师顺利而有效地践行学校的办学思想。

总而言之，无论是从学校办学思想的形成或学校共同体成员对办学思想的践行，校长是最为重要的一个因素和角色。换言之，校长是学校共同体形成的带头人，也是学校共同体得以发展和延续的领导力量；校长是学校办学思想这一顶层设计得以形成的引领者和办学思想有效践行的促进者。

二、中层管理者：办学思想形成与践行的助力者和执行者

一所学校的中层管理者，人员实际上相当庞大，且一般是由各个学科教师担任并负责不同领域的管理工作，如各年段的年段长、教导主任、政教主任、后勤

[1] 阿拉斯戴尔·麦金太尔．追寻美德：道德理论研究［M］．宋继杰，译．南京：译林出版社，2011：242.

主任以及办公室主任、团支部书记等。作为中层管理者的教师，其角色不同于一般教师，他们向上要能够准确而迅速地领会校长的相关决策，以学校的核心利益为重，横向则要能够与同级部门协调联通，以确保学校的核心利益在每一个时期得以有效开展和实现；向下则需要执行与引领教师一起为实现学校核心利益而行动。简言之，中层管理者要认同、维护、积极实现学校的核心利益。学校核心利益最为外显的表现为：学校的办学理念、发展定位、育人目标以及与之相关的师生发展等，由此可知，中层管理者在办学思想的形成和践行中扮演着助力者和执行者的角色。

（一）中层管理者是办学思想的形成与践行中的助力者

首先，从办学思想的形成阶段，中层管理者需要起到上下协调的作用。学校办学思想的形成是群策群力的结果。但是这个结果的实现，仅凭校长的引领是无法完成和实现的，还需要有足够的人力去承担调研、分析以及协调各项工作等，而这个重担的最佳人选即学校的中层管理人员。中层管理人员需要领会校长此时的任务内容，并能够合理安排相应的人员去完成该项任务内容。以学校现状的了解为例，学校现状需要调研了解的内容较多，涉及学校的过去、现在和今后的人、财、物等各方面的状况。当校长提出需要了解学校现状，中层管理人员需要理清学校现状调研具体包含哪些方面，各个不同的方面需要多少人去调研，如何分配相应的任务，可以通过什么途径或方式来开展，预计多长时间等。这些细枝末节的事情，需要中层管理者能够拟出相应的执行方案，一方面将执行方案与校长沟通交流，以获取校长足够的支持；另一方面需要了解执行方案的教师在执行过程中可能遇到的各种问题，并给予一定的帮助或支持。

其次，在办学思想的认同方面，中层管理者也需要发挥阐释和沟通的作用。我们已经提及，一所学校办学思想形成之后，虽说也是学校共同体成员集体协商的结果，但也仅是代表大多数人的想法。学校共同体成员内可能还有少部分人并不认同学校的办学思想。那么学校中层管理人员就必须考虑如何有效地阐释、沟通和突破，使这些不一定认同学校办学思想的少部分成员，能够逐步明晰并践行学校的办学思想；反之，倘若无法使这些学校共同体成员短期内认同学校的办学思想，至少要能够在有效阐释与沟通的基础上，以确保这些成员不做出不利于办学思想践行的行为。

（二）中层管理者是办学思想践行的执行者

从学校管理的视角看，很多学校改革之所以见效慢或者失败，其中一部分原因在于中层管理者的执行力不强。换言之，很多学校的改革举措以及制度规范等，在落实的过程中，往往由于中层管理者在“上传下达”方面有意或者无意地缩减，导致原有的举措或制度规范等在执行过程中变形或者走样。因而，在办学思想的践行方面，离不开中层管理者的有效执行。在办学思想的践行中，学校共同体成员难免遇到各种各样的困难或阻力。此时，需要中层管理者能够在各自负责的领域中给予一定的帮助。一方面，当学校共同体成员在践行办学思想中遇到各种疑难杂症时，中层管理者能够坚持践行学校办学思想，并按照学校相应举措和规章制度等，为其解惑，找到症结所在，并提出相应的解决对策，以确保学校共同体成员在践行办学思想过程中能够朝着良性的方向发展。另一方面，当学校共同体成员在践行办学思想过程中，面对遇到的困难或者阻力，难免会出现部分成员的抱怨、质疑甚至打退堂鼓的情况。因而，中层管理者要持续关注办学思想践行过程中自身所负责模块的工作情况，并起到引领和监督的作用。除此以外，当出现抱怨、质疑、打退堂鼓情况时，中层管理者要在安抚这些成员情绪的基础上，坚定意志，主动带头执行并提升自身影响力，以自身的带头模范作用消除大家的顾虑，以带动学校共同体成员克服各项困难，齐心协力找出对策以顺利践行学校的办学思想。

总而言之，在办学思想的践行过程中，中层管理者是其中关键的一环。中层管理者在践行办学思想的过程中，立足于组织、实施、服务的思想，一方面坚守学校的核心利益，一方面融于一线教师队伍，找到准确而合理的支持学校办学思想的践行路径和方法。

三、教师：办学思想形成与践行的参与者和实践者

学校之所以会发展，最为关键的在于教师，他们在学校发展过程中起着主体作用，是学校办学思想形成与有效践行、实现的参与者和实践者。

（一）教师是办学思想形成的参与者

在办学思想的形成阶段，离不开教师的积极主动参与。首先，从学校现状的调研环节来看，需要发动大量的人力去收集，此时广大教师就是最为重要的人力因素。广大教师的积极参与是顺利完成调研以及校情分析工作的关键。其次，从办学思想的核心要素——办学理念的提炼方面来说，最为关键的是学校核心价值观的识别，而学校所识别出的价值观并非空中楼阁，是建立在全校教师对学校办学价值的共同认可的基础之上的，自然离不开对教师个人价值观的识别与关切，也只有这样，才有可能形成共享的价值观。再次，从办学思想的核心要素——发展定位的把握来看。学校的发展定位，是学校全体成员的共同愿景。共同愿景的确立，又是基于学校共同体成员个人愿景得以有效保证的基础之上所形成的。其中，教师个人以及教师团体的愿景显得至关重要。因而，教师的主动参与也是合理的学校发展定位确立的前提。最后，从育人目标的形成来看，最为核心的自然是国家对于人才培养规格的规定，但学校结合自身特色的个性化解读亦是关键。在个性化解读过程中，教师是和学生最为接近的群体，最为清楚学生需要具备什么样的学识、品质、能力或素养等。因而，教师的积极参与是制定适合学生发展育人目标的关键。

（二）教师是办学思想践行的实践者

办学思想能够顺利践行到学校的教育教学生活中，学生是否获悉和接受学校

的办学思想，关键就在于教师。罗塞塔·M. 科恩（Rosetta Marantz Cohen）指出："校长都很少和学生直接接触，因此也就理所当然地很少将管理文化和信念的微妙之处传递给学生。假如一所学校有一个强势的学校风气，这一定是教师传递、体现和交流的。实际上，教师是变迁的学校文化的稳定影响源。"[1] 换言之，教师凭借自身的知识、能力等主体性条件，在教育教学中诠释和践行办学思想。在办学思想的建构过程中，若是教师缺位，办学思想是难以被认可和在实践中践行的。首先，从办学思想的核心要素——办学理念的认同来看，办学理念主要是有关什么是好的教育的理想追求，而这种理想追求的实现，一方面融于学校的各项教育教学活动之中，另一方面又指引着教师的教育教学活动。然而，这种教育理想追求，倘若不被教师认同，教师如何在实践中以其为指引呢？倘若教师对教育的理解与学校办学理念发生偏差，那么，教育教学活动的主要开展者是教师，教师自然会按照自身的理解来开展教育教学活动，而非以学校的办学理念，这就有可能使学校的办学理念成为墙上的标语或抽屉里的文本，失去其在办学思想中的灵魂地位，办学思想的其他方面也自然无法得以实现。其次，从办学思想的核心要素——发展定位的实现来看。发展定位是有关学校未来发展的愿景，是有步骤、有重点地逐步实现。但无论从哪一个步骤、哪一个重点的实现来看，均需要广大教师的配合与投入相应的精力。倘若在哪一个环节，得不到教师的支持和配合，就可能延缓甚至阻碍学校发展定位的实现。再次，从办学思想的核心要素——育人目标来看，育人目标主要是学校想培养出什么样的学生，而育人目标的实现，关键在于教师。这是因为，育人目标的实现，主要依赖于学校各门课程与教育教学活动的有效开展。广大教师作为这些课程的主讲人，与学生朝夕相处，他们的教育教学活动是达成育人目标的关键。教师的行为、思想等在教学活动中的体现，直接影响到学校育人目标的实现。

四、学生：办学思想形成与践行的参与者

学生作为学校共同体的重要成员，在学校教育中处于主体地位，学校教育的所有活动都是为了学生的成长和发展，办学思想也不例外。一所学校之所以要凝练办学思想，究其根本就在于想更好地促进学生的发展。简言之，学生是学校教育教学活动的直接参与者。因而，在办学思想的形成与践行中，学生的参与是极其重要的。

首先，在办学思想的形成阶段，由于学生的需求、兴趣和特征是多样的，学校应当通过各种途径来了解和收集学生的发展需求，了解学生对学校各方面的看法。学校对学生需求的调研，有助于学校形成适合本校学生发展的办学思想。学

[1] Cohen, Rosetta. Marantz. Schools Our Teachers Deserve: A Proposal for Teacher-Centered Reform [J]. PhiDelta Kappan. 2002 (07): 532-537.（转引自：孙翠香．"利益博弈"中的变革力量 学校变革动力研究[M]．天津：南开大学出版社，2014：152.）

生作为发展主体，学生们对于学校教育是“最有发言权”的，他们十分清楚哪些东西是他们感兴趣的，哪一种方法或者模式对于自己学习有效等。让·鲁达克（Jean Rudduck）等人通过自己的一项调查研究表明：“访谈到的学生对学校系统中阻碍和支持他们学习的方面有相当深刻的理解……（他们）每个人都有自己对学校的担忧，即使是那些各门课程都取得优异成绩的学生。他们的谈话反映出，他们对学校应该是什么样的都有自己的看法，他们能够有准备地解释自己的观点，教师能够从与他们的协商中学习。”[1]

其次，在办学思想的践行中，一方面要让学生了解学校的办学思想，另一方面要多了解学生的想法。当学生了解学校的办学思想之后，对于学校所开展的各项教育教学活动，会持一种理解的态度，并积极参与其中。以育人目标为例，当学生知道学校的育人目标之后，了解到学校的各项做法是为了使自己在哪些方面获得更好的成长等，那么，学生更能以一种主人翁的态度，参与到学校组织的各项学习活动当中，积极主动地改善言行举止，使其符合学校所提的育人目标。当了解学生对践行办学思想过程中与自己相关的教育教学活动的看法之后，教师能及时调整教育教学方法来促进办学思想更好地落地。

五、教育专家：办学思想形成与践行的咨询者

教育专家在办学思想形成与实践中扮演着咨询者的角色。科学、正确办学思想的形成，离不开教育专家咨询者角色的发挥。这是因为，在社会变化和教育转型大环境下，教育领域不断涌现许多新项目、新教育术语等，这些对于中小学办学者来说是一个挑战，教育专家能够帮助中小学办学者更好理解、解读这些新术语、项目理念，使学校的办学理念保持先进。同时，教育专家也能够结合学校实际和时代需求，帮助学校办学者筛选出合适的学校特色项目，并帮助学校办学者找到核心发展点，进而提炼出合适的办学思想。除此以外，在办学思想初步形成之后，也离不开教育专家咨询者角色的发挥。一般来说，中小学办学者提炼出的办学思想，可能在语言陈述方面、统整性方面会存在一定的不足，而通过咨询教育专家，能够帮助学校办学者更为合理地陈述学校办学思想，使其不至于产生歧义或者偏差。

在办学思想的践行过程中，还需要教育专家充当咨询者的角色。因为中小学在践行办学思想的过程中，难免碰到一定的困难、障碍，而这些困难或障碍，往往是由于存在对办学思想的误读，或者缺乏一定的知识或者能力所致。此时，教育专家由于长期在从事相关的研究，更能把握住问题的内核，为学校办学思想的顺利践行提供建议或者知识方面的支持。教育专家也能够结合学校实际和时代需

[1] 转引自：孙翠香．“利益博弈”中的变革力量 学校变革动力研究［M］．天津：南开大学出版社，2014：203.

求，辅助学校对办学思想进行与时俱进的更新与诠释。教育专家高质量的研究成果以及研究取向等，对中小学起着舆论导向的作用，影响着学校教育价值取向，间接影响着中小学办学思想的实践。

六、教育行政部门：办学思想形成与践行的监督者和支持者

在办学思想的形成与践行方面，教育行政部门主要扮演着监督者和支持者的角色。教育行政部门角色的发挥，亦是办学思想顺利践行的保障。

在办学思想的形成与践行中，教育行政部门首先起着监督者的角色。在上述有关办学理念、发展定位、育人目标现状方面的调查可知，不少学校存在办学理念缺失、发展定位摆设、育人目标缺位等情况，此时，教育行政部门通过其督导作用的发挥，可以促使这些学校正视办学思想的提炼与践行。同时，教育行政部门出台的相关政策等，对学校办学思想起着价值导向和规范作用，即确保学校提炼的办学思想在方向上的正确性。他们通过督促学校落实国家基础教育的政策与法规，确保学校的办学思想能够朝向国家期望的方向发展。

在办学思想的形成与践行过程中，教育行政部门还扮演着支持者的角色。因为具有充足的教育资源是学校办学思想得以有效践行的保证，而教育行政部门一般是作为国家代理人的形象出现，他们对中小学办学，主要起着规范办学和教育资源分配的作用。因而，教育行政部门对教育资源的合理分配，为学校办学思想的践行提供充足的资源方面的保障。其次，教育行政部门还可以为学校办学思想的践行提供课程支持、师资培训支持等其他多项支持性服务。教育行政部门从较高的层面发挥其对各级各类学校的统筹管理，熟悉各个课程领域的教育专家。当学校办学思想践行过程中出现一些困难时，此时教育行政部门可以通过推荐教育专家等方式，帮助学校开展一系列的培训工作，以促进学校办学思想践行。

七、家长：办学思想形成与践行的支持者

家长是中小学教育的间接受益者，他们在办学思想实践中担负着支持者的角色。在办学思想的形成与践行阶段，家长的支持至关重要。

首先，从办学思想的形成来看，每一个家长将自己的孩子送到学校，对学校教育、对孩子在学校的发展都有着一定的期望。因而，学校需要了解家长对教育的看法、对学校的发展期望、孩子发展需求，了解家长对学校存在问题的看法与建议，并通过家长代表反馈给学校，这不仅有助于学校形成合理的办学思想，还有助于获得家长对所形成的办学思想的支持与认同。有必要指明，家长对办学思想的认同亦不会自动形成，需要学校通过各种各样的方式向家长介绍和宣传。

其次，在办学思想的践行阶段，离不开家长的有力支持。家长对于学校教育的看法以及培养孩子的观点，一方面是源于自己的教育经历，一方面是源于对现实社会的看法。因而，学校的办学思想要顺利践行，需要通过有益的交流和沟

通，以获得家长的认同支持，确保家校在观念上、行动上的一致，促进办学思想的有效践行。例如，当家长参与到学校相应的教育教学活动中，可以进一步了解孩子在学校的情况，亦可以全方位了解教师和学校，家长也更加支持和理解教师和学校的相关做法。除此以外，家长的支持，还可以为办学思想的践行提供有益的资源。例如，在践行办学思想的过程中，可能需要开设一些特色课程，学校教师不一定具备相应的知识或者能力，而家长群体庞大，所拥有的知识和才能更是多种多样。此时就可以通过获得家长的支持，使其参与到学校特色课程的建设或者实施中，从而为学校办学思想的践行添砖加瓦。总而言之，家长是学校办学思想践行的推动者，有助于协调学校内外关系，使学校和家庭形成教育合力，是学校办学思想形成与践行的支持者。

八、社区人士：办学思想形成与践行的协助者

学校是社区的文化中心，社区是学校的外部环境，二者之间是一种双赢的关系。这种关系的实现，离不开学校—社区作用的共同发挥，而这一作用的发挥，主要与社区人士有关。从学校的角度来说，社区人士对学校教育的支持与参与影响着一所学校办学思想的形成与践行。

首先，从办学思想的形成来看，办学思想形成过程中，其重要的一环是对学校外部环境的了解，而社区资源就是学校重要的外部环境，社区所拥有的自然资源、人力资源、地理位置等是否具有其独特的优势，可能成为一所学校的办学特色，甚至对学校办学理念的提炼，发展定位的确定会产生决定性的影响。例如，成都石室双楠实验学校，该校创校历史虽短，但学校所处地理位置具有独特优势，处于蜀汉文化名胜聚集地带，因而学校结合地域地理与文化传统，凝练出“智承武侯、学继文翁”的办学理念。

其次，从办学思想的践行来看，需要社区及社区人士的协助。办学思想的践行主要通过各式各样的教育教学活动以及个性化课程来实现，而这些个性化课程的开发和实施，可能涉及多样的专业知识或者技能等，而社区人士拥有丰富而多样的专业知识、技能和职业结构，他们的协助，可以有效地缓解学校教师、家长的教育压力，满足学生发展需求，形成合力，进而助力学校办学思想的有效践行。除此以外，在办学思想的践行过程中，学校发展重点、学校形象、学校的组织形态、课程设置等，也与社区人士的需要息息相关，所有这些都离不开社区人士的有效支持。

总而言之，社区人士在办学思想建构中起着协助者角色。学校与社区之间是一种双赢的工作，学校有助于社区凝聚力的形成，社区人士则可以为学校办学思想的践行提供有益的物质或精神方面的社区教育资源，协助办学思想的顺利形成和有效践行。

第二节 学校共同体建设：办学思想有效践行的保障

学校共同体是办学思想的实践主体，学校共同体成员在办学思想的形成过程中，不断地沟通、交流，识别出学校的共同价值，形成学校的共同愿景和目标；学校共同体成员在共享价值的指导下，整合和调整自己的行为，形成一股合力，齐心协力、持之以恒地践行办学思想，努力实现“好教育、好学校、好学生”的理想。然而，学校共同体并不会天然形成[1]，犹如斐迪南·滕尼斯在《共同体与社会》一书中所说：共同体通过某种积极的关系而形成的群体，统一地对内外发挥作用的一种结合关系，是现实的和有机的生命组合。换言之，共同体是由许多具有不同个体意志的群体组成，这些具有不同个体意志的群体之所以能够形成共同体而共同活动，在于他们对自己角色有着清晰的认知，理解共同体得以维系主要在于他们有着共同的利益与价值追求，而这些又必须通过不同群体之间的合作才得以实现。不同群体之间合作的实现，不仅需要具有良好的氛围，同时也需要具有组织制度加以保障。因而，有必要进行学校共同体建设，它是学校办学思想得以践行的有效保障。

一、清晰的校长角色定位：学校共同体建设的关键

学校共同体建设的关键，在于学校共同体成员对自身在共同体中的角色有着清晰的定位。在学校共同体内，存在着许多不同的群体，如家长群体、学生群体、教师群体等，这些群体有着不同的群体特征。也就是说，这些不同的群体，由于自身所处的立场不同，其利益追求、价值追求自然不同。即使在相同的群体内，也有着不同的利益与价值追求。要使这些具有不同利益、价值追求的群体，能够朝着同一个目标协同前进，就需要学校寻找到这些不同群体的共同利益和价值追求，而对共同利益和价值追求的寻找，离不开校长对自身角色的清晰定位。

校长作为学校的领导者，其对学校共同体建设的认识、态度以及领导方式等，影响着学校共同体建设的成功与否。这是因为校长的“领导之心塑造了领导之脑，领导之脑驱动了领导之手，接着，对决策和行动的反思又肯定或重塑了领导之心和领导之脑。”[2] 也就是说，校长有关学校共同体建设的思想、行动以及反思，影响着学校共同体的建设。以校长对学校的领导与管理来说，这些皆对学校所有利益相关者的行为会产生影响。当校长在思想上对学校共同体有着深入的认识，了解学校共同体构建的核心在于学校全体利益相关者能形成共享的价值观、愿景、合作等。当校长具备这样的思想，一方面，校长在领导和管理学校

[1] 斐迪南·滕尼斯．共同体与社会［M］．林荣远，译．北京：商务印书馆，1999：52.

[2] 托马斯·J. 萨乔瓦尼．道德领导：抵及学校改善的核心［M］．冯大鸣，译．上海：上海教育出版社，2002：10.

时，会以更加平等的姿态与教师、学生、行政人员等交流，分享其决策权，而教师、学生、行政人员等也能够自由地表达自己的观点，激发出以主人翁的心态参与到学校各项活动中的热情与责任感。另一方面，校长在领导和管理学校时，也能充分地发挥学校共同体成员的异质性和互补性。如开展跨学科活动时，校长就需要联合各学科教师；当校长在办学过程中，将碰到的办学困难、有关办学的思考等及时地向当地教育行政部门汇报沟通，对超越自身权限的事情，能主动请求上级协调和决策。那么，教育行政部门也会及时主动地给予一定的帮助和指导等。

简言之，校长对自身角色的定位与认识，对学校共同体的思想、行为及反思，是学校共同体建设以及稳健高效运转的关键。

二、“家庭—学校—社区”协同育人：织牢学校共同体的前提

学校共同体的构建以及稳健高速运转，离不开学校共同体内部所有成员的共同努力。换言之，在学校共同体的构建与运转过程中，成员之间需要形成一种积极互赖的情感关系，使共同体成员能够在一个稳定、安全、协作的环境中实现共同的利益和目标，而这个共同的利益或目标，概括来说，都是为了促进学生获得更好的发展。学生发展中学生自身主体作用的发挥至关重要，但也离不开学校、家庭、社区的帮助与参与。在学生发展的这三个关键场域——“学校、家庭、社区”中，学校对于学生发展的重要性不言而喻，然而，家庭、社区对学生的发展也是不容忽略的，它们是学生发展重要的环境。学生在学校外的生活与学习，潜移默化地影响着学生的发展。从家庭方面来说，家庭的教养方式以及对学校教育的看法与参与度，对于学生的全面发展起着极其重要的作用。从社区方面来说，良好的社区环境，是家庭教育和社会教育的延续，学生可以在一个更为广阔的环境中，拥有更多的资源和机会去发展自己的各项技能，并学会更好地处理与他人的关系，了解不同的文化与思想等。因而，要注重“家庭、学校、社区”的合作，形成一种协同育人的合力，它是形成稳固的学校共同体的前提。

要实现“家庭、学校、社区”三者的协同育人效果，首先，学校要给予家长更多的机会参与到学校教育中来，如重视家委会的建设及其家委会作用的发挥，家委会在“家庭—学校”这一纽带中，其作用不仅仅服务于学校的教育教学活动，还对学校的教育教学活动起到支持与充盈的作用。因而，学校可以通过赋予家委会更多参与学校教育的机会，如定期召开家委会共同商讨学校活动的开展，定期组织家委会或家长代表参加学校的校园开放日，参与学校的日常管理工作，邀请拥有相关技能或知识的家长参与学校的校运会、第二课堂、开讲座、课后服务或校本课程开发等。同时，学校也有义务为家长更好养育学生提供一定的亲职教育。学校办学者在调研的基础上了解家长在教育方面的需求，组织家庭教育方面的教师或专家，开展多种形式的亲职教育。如成立家长学校，围绕教育政

策解读，科学的育人观、家庭教育知识，亲子关系构建等内容，不断提升家长的家庭教育水平，与学校达成共同的教育理解，形成价值认同的共育体系，凝聚家长力量，形成合力。其次，家长自身也要主动配合，积极参与学校所开展的与家长参与学校教育相关的活动，家长会、亲子运动会、家庭教育讲座、家长沙龙、家长大讲堂等一系列有助于提升亲子关系、家庭教育水平的活动。同时，家长也应积极主动地和教师进行交流，及时了解孩子在学校的学习与生活情况，共同促进孩子全面发展。再次，从学校与社区的合作来看，最为直接的是学校所在的社区。因而，学校一方面要充分利用社区资源，结合社区的资源开发学校的校本课程或者第二课堂，也可以邀请社区的知名人士到校开讲座等，丰富师生的校园生活，为学校师生的发展赋能。另一方面，学校也要主动拉近和社区之间的关系。如在一些重大的节假日，可以主动为社区活动出谋划策，甚至提供一定的人力或智力方面的支持，在丰富社区人们生活精神的基础上，使社区变得更为宜居、安全，为学生的发展助力。最后，从学校所在的社区来说，当学校有所需的时候，社区应尽自己所能提供一定的人财物方面的支持，并努力营造一个安全社区环境。同时，社区在各个重大节日的时候，可以邀请学校师生共同设计相关活动，加强社区和学校之间的联系。

总之，“家庭—学校—社区”之间的互动、活动以及分享等，形成“三位一体”的共育效果，使学生在一个注重沟通、分享的环境中获得更快的发展，同时也是学校共同体得以建立和巩固的前提。

三、建设优质校园文化：学校共同体建设的必要条件

一所学校的校园文化是长期积淀的结果，同时也是一个不断解构和重塑的过程。校园文化的重塑和解构，其内核在于学校价值观的更新或更改，表现为学校的物质文化、精神文化方面的重塑或更新。上述已经提及，学校共同体的建设，核心在于学校全体成员形成共享的愿景和价值观，而学校文化正是围绕着学校的愿景和价值观的外在表现形式。因而，建设优质的校园文化，是学校共同体建设与发展的必要条件。

从优质物质文化的建设来看，学校应当创设良好的物质环境，使其有利于学校共同体成员的合作与交流，如优化学校的教师与学生的活动室、教师休息室、餐厅、操场、公共大厅等，使学校共同体成员能够便捷、舒适地在校园的各个公共场所开展交流与活动，促进学校共同体成员之间的协作。与此同时，在物质文化建设方面还应将学校的精神文化建设结合起来，如在学校的橱窗、布告栏、教室的门窗、开关灯，不定期地贴上各种彰显学校合作、交流或价值观的小标语，使师生潜移默化地受到影响或者认同学校的价值观等。同时还可以不定期地展示各学科教学或各项学校教育活动中，教师、学生、家长的各项作品、作业、活动成果、荣誉等，以提升学校共同体成员的认同感和自豪感。

从优质学校精神文化的建设来看，学校要注重学校共同体成员精神方面的成长。一方面学校要注重发挥办学理念对各项学校教育教学活动的统领作用，以办学理念为引领，围绕着学校发展定位和育人目标，优化教育教学活动，在教师、家长、社区特长或资源得以充分利用的基础之上，开发出独具学校特色的校本课程等，使学生的才智得以开发。另一方面，在校风、教风、学风、人际关系建设方面，为学校共同体建设积极营造一种合作互助的风气。以教师为例，相同学科以及不同学科之间教师的协作互助，不仅有利于教师个人知识提升，专业成长以及教师之间良好人际关系的建立，同时教师之间的这种协作互助的氛围，对于学生、家长等也起到了良好的示范作用，有助于学生之间、家长之间的互教、互学、互帮互助，从而使学校共同体成员之间的联结更为紧密。

四、组织公共性协作活动：学校共同体建设的有效途径

学校共同体的建设与稳固运转，在于成员之间能有关联，而这种关联的产生，除了依托于共同的愿景和价值观，还需要有一定的协作活动加以联结，在公共性协作活动中，共同体成员有着共同的目标和期待，在实现目标和期待的过程中，必然会碰到困难或挫折。此时，共同体成员需要共同去面对和解决，在解决的过程中，共同体成员得以有效地沟通，随着问题的解决或目标的实现，共同体成员之间的关系也更加密切，逐渐形成一个开放、信赖、支持性的关系。因而，学校应当多组织公共性协作活动，它是学校共同体建设的有效途径。

学校开展有助于学校共同体建设的协作性活动很多，其关键在于所开展的主题活动具有吸引力，可以使不同类别的学校共同体成员参与其中。如每一年都有几个固定的节日，可以按照节日开展相应类别的主题活动，这些节日类的活动与学校共同体成员均有一定的相关性，有助于学校共同体成员的共同参与。以中秋节为例，可以开展庆中秋字画展、诗歌朗诵、制作手工月饼、猜灯谜等校内外活动，并注重分工合作，使所有共同体成员都能在活动中互相协作而获得关系的进一步推进。除了节日主题类的活动之外，学校每学年也有一些固定的教育教学类活动，这些活动也应当扩大参与范围，尽可能使不同类型的学校共同体成员参与其中。以运动会为例，学校的运动会，其主体是学校的学生，但也可以适当加入几项适宜家长、教师展示风采的项目，如教工趣味运动项目、教工接力赛、师生接力赛、亲子接力赛等；以及有助于拉近亲子关系的趣味运动项目或者游戏等。

总而言之，多组织一些主题丰富，能使学校、家庭以及社区人员更多参与的公共性协作活动，即活动参与人员更为广泛、结构更加丰富，使群体成员在活动中通过交流、协作而加深相互之间的理解，从而使学校共同体成员的关系更为密切，让学校共同体成员个体有参与价值的基础上，有了使学校共同体更好发展的责任感，从而使学校共同体的运作效率逐步提升。

五、完善制度与规则：学校共同体建设的有力保障

学校共同体由许多不同的群体组成，虽说他们是基于共同的利益或者愿景联合在一起，但是这些群体也有自身的利益和追求，希望在学校共同体利益或愿景达成的同时，自身的利益或者追求也得以保证或者实现。虽说优质校园文化建设、公共性的协作活动都可以促进学校共同体的建设，但是这些不同群体的利益追求不同，何以达成利益和需求的平衡？这种平衡局面的形成，关键在于制度和规则，而制度就是社会的游戏规则；更正式的说法是，塑造人类互动、人为设计的约束。它们提供了人际互换的激励结构。[1] 从这个意义上来说，学校共同体内部存在着许多不同的关系网，如何维持人们之间和谐、合作、共享的关系，离不开一定的制度和规则。即学校共同体的建设以及优势的发挥，离不开完善的制度与规则，它们是学校共同体建设的有力保障。

约翰·罗尔斯在《正义论》中说："一种制度可以从两方面考虑：首先是作为一种抽象目标，即由一个规范体系表示的一种可能的行为形式；其次是这些规范指定的行动在某个时间和地点，在某些人的思想和行为中实现。"[2] 因而，学校在制度完善方面，一方面学校要从制度上规定，学校重视学校共同体的建设，并明确指出学校共同体的成员包括学生、校长、教师、学生家长、社区人士、地方教育管理人员、教育专家等，对不同成员在学校共同体中的角色和地位等作出清晰的定位，并指出学校共同体成员共同的目标、任务与愿景等。另一方面，要明确指出学校共同体成员在参与各项教育教学活动时，不同群体应当担负的责任、做事的边界，以及活动中应当遵循的规则，人与人之间交流合作的方式、态度等。需要表明的是，制度和规则的建立，是为了确保学校共同体成员能够以更加民主、平等、自由的方式参与学校的教育教学活动。因而，制度和规则的完善，不是对人的行为的"束缚"，而是一种具有人文气息的规范，本质在于加强学校共同体成员的关联性、自治性以及共享性，使学校共同体能够形成一个有效的互动机制，在教育教学活动中协同一致，共同践行学校的办学思想。

---

[1] 道格拉斯·C. 诺斯. 制度、制度变迁与经济绩效［M］. 刘守英，译. 上海：格致出版社，1994：3.
[2] 约翰·罗尔斯. 正义论［M］. 何怀宏，等译. 北京：中国社会科学出版社，1988：70.

参考文献

［1］陈桂生．学校教育原理［M］．2 版．长沙：湖南教育出版社，2000.

［2］艾·里斯，杰克·特劳特．定位［M］．谢伟山，等译．北京：机械工业出版社，2017.

［3］彼得·圣吉．第五项修炼——学习型组织的艺术与实务［M］．上海：上海三联书店，2003.

［4］彼得斯．教育与受过教育的人［M］．王承旭，等译．西方现代教育论著选［C］．北京：人民教育出版社，2001.

［5］波·达林．理论与战略：国际视野中的学校发展［M］．北京：教育科学出版社，2002.

［6］陈建华．基础教育哲学［M］．北京：北京大学出版社，2009.

［7］陈建华．中小学校发展规划［M］．北京：北京大学出版社，2013.

［8］陈玉琨．一流学校的建设——陈玉琨教育讲演录［M］．上海：华东师范大学出版社，2008.

［9］成彦明．办好学校的关键策略［M］．南京：南京大学出版社，2010.

［10］程振响．怎样当好校长：100 位优秀校长管理心得［M］．南京：江苏人民出版社，2010.

［11］陈丽，等．学校发展策划：理论、方法与实践［M］．重庆：重庆大学出版社，2005.

［12］范国睿．教育系统的变革与人的发展［M］．合肥：安徽教育出版社，2008.

［13］戈峰．现代生态学［M］．北京：教育科学出版社，2002.

［14］顾泠沅．校长的十二项专业历练 义务教育学校校长专业标准解读［M］．北京：北京师范大学出版社，2015.

［15］黄焯．校长怎样抓学校管理［M］．天津：天津教育出版社，2009.

［16］黄焯．学校管理专题十三讲［M］．北京：中国轻工业出版社，2008.

［17］简成熙．教育哲学导论［M］．台北：五南图书出版公司，2002.

［18］怀海特．教育的目的［M］．庄连平，王中立，译．文汇出版社，2012.

［19］金生鈜．理解与教育——走向哲学解释学的教育哲学导论［M］．北京：教育科学出版社，2001.

［20］莱文．教育改革——从启动到成果［M］．项贤明，洪成文，译．北京：教育科学出版社，2004.

［21］李烈，季苹．从健康自我出发 八位校长对学生培养目标的再思考［M］．北京：教育科学出版社，2013.

［22］李兴洲．学校功能与现代学校制度建设［M］．北京：开明出版社，2007.

［23］联合国教科文组织．反思教育：向"全球共同利益的理念转变"［M］．联合国教科文组织出版，2015.

［24］联合国教科文组织国际教育发展委员会．学会生存：教育世界的今天和明天［M］．北京：教育科学出版社，1996.

［25］刘铁芳．什么是好的教育——学校教育的哲学阐释［M］．北京：高等教育出版社，2014.

［26］刘京秋，哈维·奥威．校长管理手册：美国中小学校长成功管理之路［M］．北京：中国财政经济出版社，2007.

［27］路易丝·斯托尔，迪安·芬克．未来的学校：变革的目标与路径［M］．2版．柳国辉，译．北京：北京大学出版社，2010.

［28］罗兰·巴特．如何提升学校的内力［M］．张振成，译．北京：中国青年出版社，2006.

［29］帕姆·罗宾斯，哈维·B. 阿尔维．新校长成功策略［M］．常永才，等译．北京：中国轻工业出版社，2006.

［30］桑德拉·哈利斯．美国获奖中小学校长的建议［M］．方雅捷，等译．北京：中国青年出版社，2014.

［31］泰伦斯·E. 迪尔，肯特·D·彼得森．校长在塑造学校文化中的角色［M］．王亦兵，译．北京：中国青年出版社，2006.

［32］托马斯·J. 萨乔万尼．校长学：一种反思性实践观［M］．上海：上海教育出版社，2004.

［33］杨勇．教育如此迷人 好学校是如何成长的［M］．上海：华东师范大学出版社，2014.

［34］约翰·E. 丘伯，泰力·M·默．学习型组织之路——关于"学习型组织"的思考与探索［M］．蒋衡，等译．上海：上海三联书店，2003.

［35］约翰·I. 古德莱德．学校的职能［M］．沈剑平，译．台北：桂冠图书股份有限公司，1999.

［36］约翰·I. 古德莱德．一个称作学校的地方［M］．苏志新，等译．上海：华东师范大学出版社，2006.

［37］约翰·杜威．学习与社会．明日之学校［M］．朱经农，等译．北京：人民教育出版社，1994.

［38］赵国忠．校长最需要什么——中外教育家给校长最有价值的建议［M］．南京：江苏人民出版社，2008.

［39］赵中建．教育的使命——面向二十一世纪的教育宣言和行动纲领［M］．北京：教育科学出版社，1998.

［40］郑雅萍．服务育人：高校后勤育人的理论与实践［M］．杭州：浙江人民出版社，2009.

［41］John I. Goodlad. The Dynamics of Educational Change：Toward Responsive Schools［M］．New York：McGraw-Hill，1975.

［42］Aengus Kavanagh. Secondary Education in Ireland：Aspects of a Changing Paradigm［M］．Tullow：Patrician Brothers Generalate，1993.

［43］Carl D，Gickman Stephen P. Gordon，Jovita［M］．Ross-Gordon. Supervision of Instruction：A Development Approach［M］．Allyn& Bacon. A Viacom Company，1997.

［44］Robin Barrow. The Philosophy of Schooling［M］．Brighton，Sussex：Wheatsheaf Books LTD，1981.

后　记

在这本书的最后，我想借此机会表达我的感激之情，并分享一些个人的思考和体会。这本书的创作过程，是一次深刻的学术探索，也是一次心灵的旅行。本书从“办学理念、发展定位、育人目标”这三大核心要素深入探讨办学思想的凝练，同时强调学校共同体在办学思想形成和践行中的关键作用。在探索这些内容的过程中，我深刻领会到办学思想对于优质学校建设的重要性，也深刻体会到作为一名教育工作者的责任和使命。希望这些能够为读者提供有价值的见解，为实现基础教育的优质均衡发展贡献一份力量。

这本书是在博士论文的基础上完善而成的，前后历经多年。在本书的创作和完善过程中，得到众多师长、同门、同事及其他同学的帮助和鼓励，我将在此表达我对他们的感激之情。

首先，我必须向我的恩师——陈建华教授，表达最深切的感谢。他不仅用他那博大精深的学识和独特的视角，为我提供指导，还以极大的耐心和严谨的态度，帮助我审视和完善每一个细节。在我遇到瓶颈，甚至开始怀疑自己时，是他的鼓励和指导，让我重拾信心。他的支持和指导，是我能够顺利完成这本书的重要原因。

我要特别感谢闽南师范大学的李建辉教授和林培锦教授。在本书的最后修改环节，他们提供了宝贵的意见和建议，使本书的质量得到了显著提升。他们的专业知识和细心指导，对我来说是无价之宝。

我要向所有为这本书提供帮助和支持的老师，同门师兄妹、家人以及我的同事和朋友们表达我的感激之情。他们的每一句鼓励，每一次帮助，都是我能够坚持到最后，完成这本书的动力源泉。他们的支持和鼓励，是我最宝贵的财富。

我也要感谢闽南师范大学为本书的出版提供资助，以及我的编辑和出版团队，他们为这本书的成功出版付出了巨大的努力。他们的专业精神和辛勤工作，使得这本书得以顺利完成并呈现给读者。

最后，我要向所有的读者表达我的感谢，你们的支持和期待是我前行的动力。

再次感谢所有为这本书付出努力和心血的人。我希望这本书能够对读者有所帮助，也希望能够以此书表达我对所有帮助和支持我的人的深深感激，我将继续以不懈的努力，回报所有帮助和支持我的人。

作者